全国船舶工业职业教育教学指导委员会推荐教材
国 际 邮 轮 乘 务 管 理 专 业 系 列 教 材

酒吧服务与管理

主 编 裴俊伟 代洪迎 李 鹏

哈尔滨工程大学出版社
Harbin Engineering University Press

内容简介

本书根据酒吧的岗位工作内容和服务过程精心选取教学内容并进行合理编排。本书共分为六个项目：酒吧概述、酒吧器具与储备、无酒精饮料、酒精饮料、鸡尾酒、酒吧服务与管理，且每个项目都将理论与实践有机结合起来。另外，本书还配有大量的图片，既有视觉效果，又有利于学生对所学内容理解与掌握，具有较强的实用性和适用性。

本书既可作为高职高专院校酒店管理、邮轮管理、餐饮管理及相关专业的教材，也可作为调酒师培训学校的教材和调酒爱好者的自学用书。

图书在版编目（CIP）数据

酒吧服务与管理 / 裴俊伟，代洪迎，李鹏主编. --哈尔滨 : 哈尔滨工程大学出版社，2022.5

ISBN 978-7-5661-3491-2

Ⅰ. ①酒… Ⅱ. ①裴… ②代… ③李… Ⅲ. ①酒吧－商业服务－高等职业教育－教材②酒吧－商业管理－高等职业教育－教材 Ⅳ. ①F719.3

中国版本图书馆 CIP 数据核字（2022）第 076223 号

酒吧服务与管理

JIUBA FUWU YU GUANLI

选题策划 史大伟　薛　力
责任编辑 李　暖
封面设计 李海波

出版发行 哈尔滨工程大学出版社
社　　址 哈尔滨市南岗区南通大街 145 号
邮政编码 150001
发行电话 0451-82519328
传　　真 0451-82519699
经　　销 新华书店
印　　刷 哈尔滨市石桥印务有限公司
开　　本 787 mm×1 092 mm　1/16
印　　张 17
字　　数 425 千字
版　　次 2022 年 5 月第 1 版
印　　次 2022 年 5 月第 1 次印刷
定　　价 54.00 元

http://www.hrbeupress.com
E-mail:heupress@hrbeu.edu.cn

前　言

随着邮轮市场的高速发展和邮轮本土化的推进，邮轮旅游逐步成为国际旅游市场上潜力最大的一项旅游业务，中国也成为增长潜力最大的市场之一。同时，邮轮旅游也带动了我国酒店行业和酒吧产业的发展。酒吧产业所散发出的异国情调越来越受到人们的青睐，而作为酒吧灵魂人物的“调酒师”也日益紧俏起来。

为了满足职业院校教学需要，为酒店、邮轮等行业培养更多的技能人才，我们编写了《酒吧服务与管理》一书。本书作为国际邮轮乘务管理专业核心课程的参考教材，将会在邮轮人才培养体系中发挥重要的作用。我们立足岗位，突出实用性和专业性技能的培养，依据有关职业教育先进理论，结合酒吧的岗位工作内容，把本书分为六个项目，每个项目又分解成若干任务，使学生能在最短的时间里系统地掌握岗位所需要的素质与技能。

本书由山东交通职业学院裴俊伟老师、代洪迎老师和李鹏老师担任主编；由山东交通职业学院王付来老师、毕雯娟老师、张超老师，山东外贸职业学院李宁老师，山东青岛港湾职业技术学院郑玮老师和宋福震老师，以及济南市技师学院刘滨老师担任副主编。具体编写分工如下：项目一由裴俊伟老师、李鹏老师编写，其中任务四由刘滨老师编写；项目二、项目四、项目五由代洪迎老师编写，其中项目二中任务三由王付来老师编写，项目四中任务二的中国白酒部分及项目五中任务六的鸡尾酒创作由李宁老师编写；项目三由毕雯娟老师编写；项目六由张超老师编写；郑玮老师和宋福震老师负责提供图片及制作课后习题。本书由代洪迎老师、裴俊伟老师负责统稿及审核。

我们在本书编写过程中得到了南通四海船务发展有限公司、山东交通职业学院单位领导、哈尔滨工程大学出版社薛力编辑的大力支持，参考、引用了很多专家和学者的研究成果，在此表示感谢。

本书是顺应市场和职业院校教学的需要而编写的，由于编者水平有限，书中难免有疏漏和错误之处，恳请广大同人、专家学者和读者批评指正。

编　者

2022 年 2 月

目　录

项目一　酒吧概述

一、项目导读

酒吧一词来源于英文bar的谐音。美国西部卖酒的小店老板生怕酒客打起架来砸了他们的柜台和货架，所以在柜台外面架起了栏杆，bar就是“栏杆、横梁、棒条”的意思，从此，这样的小酒店就叫作“吧”。19世纪，美国的大饭店都开始开设酒吧，有的还同时设有法式餐厅和美式酒吧。在中国，酒吧是一个移植过来的公共空间。酒吧为人们提供了一个可以置身于西方氛围的空间，把关于西方的文化想象变成可以触摸、可以感受、可以体验的实在场景。酒吧最早是在对外开放力度较大的沿海大都市发展起来的。

酒吧根据经营方式、服务方式、风格、服务内容等分为不同种类，满足了不同群体的个性化需求，同时也为人们提供了社交活动的空间。通过对本项目中酒吧的定义、功能、组织机构、岗位职责以及员工素养的学习，酒吧从业人员能够加深对酒吧的认识，从而更好地适应工作岗位。

二、学习目标

【知识目标】

了解酒吧功能及种类。

明确酒吧组织机构及岗位职责。

了解酒吧从业人员应该具备的素质。

【能力目标】

能够在不同风格的酒吧环境下给顾客提供优质的服务。

能够对照酒吧岗位的工作职责和流程履行自己的职责并创新地进行工作。

【情感、态度、价值观】

强化学生合作意识，培养学生爱岗敬业、创新型服务的职业素养，树立积极主动、细节化、专业化的调酒专业思想。

任务一　酒吧定义及分类

一、酒吧的定义与功能

（一）酒吧的定义

酒吧最初指的是条形柜台，是指专门为顾客提供酒水和饮用服务的场所。后来随着酿酒业的发展，这种柜台逐渐从客栈、餐馆中分离出来，成为专门为顾客提供酒品和饮料服务的经营性场所。从世界范围来看，酒吧业发展迅速，酒品呈现多样化的发展趋势，同时经营特色趋向于多功能化、个性化和现代化。

现代酒吧多以商业酒吧为主体，以营业模式区分，一般具备大厅、小厅、包房等。大厅提供流行的慢摇音乐；小厅提供其他音乐模式，满足喜好不同的顾客需求；包房则是专为怕吵的顾客或是商务人士所提供的区域。因此，现代酒吧是综合了迪厅、夜总会、演艺吧、传统酒吧等多种形式而形成的。

中餐厅的酒吧也叫酒水部，专门负责酒水的供应与管理。经营品种较大众化，包括市场畅销的啤酒、国产白酒、进口洋酒、果汁等，以迎合本地消费者口味为准则。此外，酒吧经营场所由陆地延伸至海洋，遍布邮轮餐饮区、购物区和休闲娱乐区，成为顾客邮轮出游体验不可或缺的一部分。

（二）酒吧的功能及特点

酒吧种类繁多、风格各异，其功能大致可以分成以下几种：

1. 提供酒水服务并获取利润

酒吧主要功能在于销售酒水，以便于为顾客提供满意的酒水服务，这也是一般酒吧营业收入和利润的主要来源。只有酒水利润高，资金周转才能快，所以通过销售酒水获得丰厚的利润是酒吧的主要功能。

邮轮酒吧在数量上占有优势，其特色酒水相对较多。邮轮也利用一切机会促销酒水，个别邮轮有禁止携酒上邮轮的政策，从起航日开始，不同的用餐时间和用餐场所都会进行酒水促销活动。比如用销售鸡尾酒及各种饮料庆祝开航或者某种特定的活动，在休闲娱乐场所为顾客提供酒水服务等。

2. 传播文化娱乐功能

酒吧源于欧洲大陆，但bar一词到16世纪才有“卖饮料的柜台”这个义项，后又经美洲进一步演化、拓展，约20世纪50年代进入中国。酒吧进入我国后，得到了迅猛的发展，尤其在北京、上海、广州、成都等地，酒吧已经成为人们生活的一部分。酒吧所呈现的不仅是西方人的一种娱乐休闲方式，更是一个经常出现的公共交往空间。

酒吧本身就是一定文化的外在反映，人们前往酒吧消费，最看重的往往是其品位、档次和所展现出来的文化氛围，酒吧在很大程度上也承担了传播文化、娱乐顾客的这些功能。而且酒吧所特有的文化娱乐活动与设施，也是娱悦顾客身心的一种良好手段。北京有些酒吧最吸引顾客之处不是酒水，而是其提供的原创音乐等文化娱乐活动，这些酒吧几乎每天都安排国内外知名的摇滚、民谣乐队进行演出，在成为北京乃至国内摇滚演出大本营的同时，也以其独特的文化娱乐活动吸引了大量顾客光临，从而也为酒吧巩固了“牢不可破”的市场竞争地位。

酒吧文化是地域文化的缩影，汇聚了多种文化方式。邮轮上的酒吧更不例外，无论是酒吧的建筑文化，还是其装修风格，都折射出设计师对所处地域生活的感悟和追求，设计师努力营造出令人憧憬和遐想的空间，同时给予了消费者视觉上、听觉上前所未有的文化盛宴。邮轮酒吧所展示的地域文化以邮轮公司所属国家文化为主流，以邮轮航线途径国家地区文化为点缀，在同一艘邮轮上可以领略不同国家的文化魅力。

3. 提供公共生活空间

酒吧已经成为现代人休闲娱乐、结交朋友、享受艺术等社交活动的场所。邮轮不仅仅是交通工具，更是旅游的目的地。邮轮上的每个公共场所都是一处景点，各具风格的酒吧更是一道亮丽的风景线。酒水消费已经不是顾客去酒吧的主要目的，顾客更多的是为了增加生活的体验和情趣，或者是为了特定的活动，比如参加舞会、艺术拍卖会，观看娱乐演出等。在这个世界文化融合的特定场所，顾客们在一起喝酒、聊天，在闲聊中体会来自不同国家的风土人情，感受酒吧艺术氛围，充分享受艺术之美。

4. 满足不同群体个性化需求，为顾客提供精神享受和依托

顾客前往酒吧，其实更多的是为了放松身心，并获得一种精神上的享受和依托。在酒吧中，顾客可以谈天说地，可以开怀大笑，可以欣赏独特的现场音乐，能够体验到快感和刺激，并将压力释放出来，从而体会到久违的快感与生活乐趣。

酒吧一般具有以下特征：有特别的装修格调；配备一定数量和种类齐全的酒水，并有陈列摆设；有各种用途的酒杯，配备供应酒水必备的设备和调酒工具；营业时间长，一般从下午开始至次日凌晨。

酒吧发展已经由一开始的大众化向个性化的方向发展，目前几乎每个酒吧都有自己特定的主题，酒吧主题是否鲜明、前卫往往是其能否锁定较为稳定消费群体的关键。邮轮上除了餐厅中的服务吧之外，其余的酒吧基本都是针对不同群体的主题吧。

知识扩展

中国酒吧特色与地域发展

酒吧进入我国后，得到了迅猛的发展，尤其在北京、上海、广州、深圳等地，更是得到了淋漓尽致的体现：北京的酒吧粗犷开阔，上海的酒吧细腻伤感，广州的酒吧热闹繁杂，深圳的酒吧最不乏激情。总的来说，都市的夜空已离不开酒吧，都市人更离不开酒吧，人们需要在繁忙中遗忘、沉醉。

【北京】

北京是我国城市中酒吧最多的一个地方，总共有400家左右。经常去“泡吧”的人主要有在华的外籍人士、商人、白领阶层、艺术家、大学生及有经济能力的其他人员等。北京的酒吧一般装饰讲究、服务周到，而其经营方式更是各有特色。音乐风格、装饰风格的区别也决定了消费对象的情趣选择。北京的酒吧是国内最多种多样的：利用废弃大巴士搭建的“汽车酒吧”、与足球相关的“足球酒吧”、能观看电影的“电影酒吧”、充满艺术情调的“艺术家酒吧”、挂满汽车牌照的“博物馆酒吧”……北京的酒吧有大有小，生意也有好有坏。

【上海】

上海已出现基本稳定的三类酒吧，三类酒吧各有自己的鲜明特色，各有自己的特殊情调，由此也拥有各自的基本常客。第一类是校园酒吧，集中在上海东北角，以复旦、同济大学为依托，江湾五角场为中心。这类酒吧最大的特色就是前卫：前卫的布置、前卫的音乐、前卫的话题。变异夸张的墙面画，别出心裁的题记，大多出于顾客随心所欲的涂写。这类酒吧既不放流行音乐，也不放轻柔的音乐，从头到尾播放的都是摇滚音乐。每逢周末都有演出，常有外国留学生夹杂其中，裸着上身忘情敲打。第二类是音乐酒吧，这类酒吧主要讲究气氛情调和音乐效果，配有专业级音响设备和最新潮的音乐CD，时常有乐队表演。柔和的灯光、温馨的装饰，加上柔美的音乐，吸引了不少注重品位的音乐爱好者。这类酒吧的日常经营往往都有专业音乐人士在背后指点，有的经营者就是音乐界人士或电视台、电台音乐节目的主持人。第三类是商业酒吧，这类酒吧无论大小，还是格调，追求的是西方酒吧的温馨、随意和尽情的气氛。这类酒吧主要集中在大宾馆和商业街。

【深圳】

深圳最早出现的一间酒吧，既没有表演，也没有卡拉OK，人们只是在里面喝酒、聊天和跳舞。它的地方不大，装修也较随意，却很受人欢迎；座位虽然拥挤，但使人更亲近；舞池虽小，但DJ播出来的音乐却使人跳得疯狂。酒吧成为一种急速发展的亚文化现象，开始受到社会的关注，并吸引不同年龄、不同阶层的人去尝试和参与。各式各样的酒吧和DISCO开始在深圳流行起来，这种新的娱乐概念开始成为深圳生活的主流。深圳的酒吧最主要的特点是大型的音乐party及疯狂的电子音乐。那种强劲节拍的牵引和身处人群的参与感，令许多人几乎忘了自己。

1996年底，在欧美及日本风行多时的锐舞派对（rave party）和俱乐部文化（club culture）开始正式传入深圳。1997年10月举办的两场锐舞派对第一次让深圳人领略到它的疯狂魔力，由欧洲顶级DJ所带来的新兴电子音乐和舞曲令人疯狂起舞、通宵达旦，他们的精彩现场混音和打碟表演令人耳目一新。由锐舞派对所引发的音乐、时装和娱乐潮流在酒吧和DISCO里成为一道风景。

二、酒吧的分类

酒吧种类繁多，分类的方法也不尽相同。根据服务内容，可将酒吧分为净饮品酒吧、供应食品酒吧、娱乐型酒吧、休闲型酒吧、俱乐部沙龙酒吧；根据经营方式分类，可将酒吧分为附属经营型酒吧和独立经营型酒吧；根据风格，可将酒吧分为异地风情吧、美酒吧、美食吧、艺术吧等；根据服务方式，可将酒吧分为立式酒吧和服务酒吧等。由于现代酒吧服务功能的多样性，有时很难将某一酒吧进行归类。所以根据服务内容分类可能更适合邮轮酒吧。

（一）根据服务方式分类

1. 主酒吧（main bar或open bar）

主酒吧也叫英美正式酒吧或者鸡尾酒吧，在国外也称“English pub”或“cash bar”。这类酒吧的特点是顾客坐在酒吧台前直接面对调酒师，当面欣赏调酒师的操作，调酒师从准备材料到酒水的调制、服务全过程都在顾客的注视下完成。此类酒吧对调酒师的业务技术和文化素质要求较高。主酒吧不但要装饰高雅、美观、格调别致，有足够的靠柜吧椅，而且要在酒水和酒杯摆设中制造气氛，吸引顾客来饮酒，并让顾客觉得置身其中饮酒是一种享受。另外，酒吧视听设备应较为完善，并备有足够的靠柜吧椅、酒水、载杯及调酒器具等，其物品摆放要得体，突出特点。许多主酒吧的另一特色是拥有独特风格的乐队表演。

2. 酒廊（lounge）

这类酒吧形式在饭店大堂和歌舞厅最为多见，装饰上一般没有什么突出的特点，以经营饮料为主，通常带有咖啡厅的形式特征，酒吧格调及装修布局也与咖啡厅类似。但这类酒吧只供应饮料和小食，不供应主食。也有一些座位设置在酒吧台前，但顾客一般不喜欢坐上去。这类酒吧有两种形式，分别是大堂酒吧（lobby lounge）和音乐酒廊（music lounge）。

（1）大堂酒吧：一般在饭店里很常见，作为顾客临时休息、等人时的场所。一般出现在宾馆一楼大堂，多以提供咖啡、茶、饮料为主。但是目前高档星级酒店的大堂酒吧一般都设在高楼层的位置，突出酒吧环境的档次。在饭店大堂设置的酒吧，主要为饭店顾客服务，让顾客可以暂时休息、等人、候车等。

（2）音乐酒廊：早期的音乐酒廊在歌舞厅出现得比较多，现在的音乐酒廊相对比较少，其中包括歌舞厅和卡拉OK厅，饭店中的音乐酒廊多数是综合音乐厅，里面有小乐队演奏，有小舞池供顾客跳舞。

3. 服务酒吧（service bar）

服务酒吧是一种设置在西餐厅的酒吧，服务对象也以用餐顾客为主，在中、西餐厅中均有设置。中餐厅的服务酒吧较为简单，调酒师不需直接与顾客打交道，只要按酒水单供应就可以，酒吧摆设也以中国酒为主。西餐厅的服务酒吧除要配备种类齐全的洋酒之外，调酒师还要具有全面的餐酒保管和服务知识。西餐厅的服务酒吧要求较高，主要供应数量多、品种全的餐酒（葡萄酒），而且因红、白餐酒的存放温度和方法不同，需配备餐酒库和立式冷柜。在高星级饭店的经营管理中，西餐厅的酒库非常重要，因为餐酒水配餐的格调及水准均在这里体现出来。

4. 宴会酒吧（banquet bar）

宴会酒吧是指根据宴会标准、形式、人数及顾客要求而摆设的酒吧，其临时性、机动性较强，通常按鸡尾酒会、贵宾厅房、婚宴形式的不同而做相应调整，但只是临时性的，有很多种变化。如图1-1所示。

图1-1 宴会酒吧

5. 外卖酒吧（catering bar）

外卖酒吧是指根据顾客的要求在某一地点（例如大使馆、公寓、风景区等）临时设置的酒吧。它是宴会酒吧的一种特殊形式，一般在有外卖的情况下摆设。

6. 多功能酒吧 （grand bar）

多功能酒吧大多设置于综合娱乐场所，可以为午、晚餐的用餐顾客提供用餐酒水服务。如图1-2所示。

图1-2 多功能酒吧

7. 音乐酒吧 （music bar）

音乐酒吧是指根据酒吧主打的音乐类型而形成的一种以音乐为主题的酒吧。主要有以下几种形式；轻（清）吧 （light bar），主要以轻音乐为主的酒吧；爵士吧 （jazz bar），主要以爵士音乐为主的酒吧；迪吧 （disco bar）， 主要以迪斯科音乐为主的酒吧;慢摇吧（manyao bar）， 主要以中国式的“慢摇”音乐为主的酒吧。在穿插演出项目之外， 大多以 DJ 的慢摇舞曲作为主流。此类酒吧属于时尚店，生命力不长，属于时代流行产物，可在开设的一段时间里根据酒吧装修的豪华程度短时间内获利颇丰。如图1-3所示。

图1-3 音乐酒吧

8. 演艺酒吧（performing arts bar）

顾名思义，演艺酒吧以演艺为主导，演员与节目的质量、演出的形式都要精心打造，要根据地域文化的不同，结合顾客的品位来制作节目，还要在酒吧中体现时尚，引导时尚的概念，以吸引顾客。如图1-4所示。

图1-4 演艺酒吧

9. 客房酒吧（mini bar）

客房酒吧是指在客房里的小型吧，酒水品种少，规模小，客房酒吧是指离店时与客房其他消费一起结账。如图1-5所示。

图1-5 客房酒吧

10. 池畔酒吧（poolside bar）

其以出售热带饮品和点心为主。如图1-6所示。

图1-6 池畔酒吧

（二）根据服务内容分类

1. 供应净饮品的酒吧

相对于提供食品的酒吧而言，此类酒吧主要提供各类饮品，也有一些佐酒小吃，如果脯、杏仁、腰果、蚕豆等。一般娱乐中心的酒吧以及机场、码头、车站的酒吧都属于此类酒吧。

2. 供应食品的酒吧

（1）餐厅酒吧

绝大多数餐厅都设有酒吧或吧台，这种附属于餐厅的酒吧或吧台大部分只是辅助餐厅经营，仅作为吸引顾客消费的一种手段，所以其酒水销售的利润相对于单纯的酒吧要低，品种也较少。但目前在高档餐厅中，其品种及服务有增长趋势。

（2）小吃型酒吧

从一般意义上讲，有食品供应的酒吧的吸引力总是要大一些，顾客消费也会多一些，所以建议酒吧在有可能的情况下兼有小食品供应。因为食品与酒水的消费往往是相辅相成的，所以有食品自然会增加顾客消费。小食品往往是有独特风味且易于制作的小吃，如三明治、汉堡包、炸猪排、炸鱼排、 炸牛排等，或是地方风味小吃。在这种以酒水为主的酒吧中，小食品的利润高些顾客也能接受。

（3）夜宵式酒吧

这类酒吧往往是夜间的高档餐厅。夜间餐厅将其环境布置成类似酒吧的形式，有酒吧特有的灯光及音响设备。在产品上，酒水与食品并重，顾客可单纯享用夜宵或其特色小吃，也可单净饮用饮品，这种环境与经营方式对某些人也具有相当大的吸引力。

3. 娱乐型酒吧

这类酒吧的环境布置及服务主要是为了满足寻求刺激、发泄情绪的顾客，所以这种酒吧往往设有乐队、舞池、卡拉OK、时装表演等，有时甚至是娱乐为主、酒吧为辅，所以其吧台在总体设计中所占空间较小，而舞池较大。此类酒吧气氛热烈、活泼，强烈的灯光设计易使人冲动、兴奋，在这样的环境中，顾客心情会得到彻底的放松。大多数青年人较喜欢刺激豪放类酒吧。

4. 休闲型酒吧

此类酒吧通常也可称为茶座，是顾客在进行了一次紧张的旅行之后或公务之余松弛精神、怡情养性的场所。此类酒吧主要为寻求放松、谈话、约会的顾客而设，所以要座位舒适、灯光柔和、音响的音量小、环境温馨优雅。除其他饮品外，供应的饮料品种以软饮料为主，咖啡是其所售饮品中的一大项。

5. 俱乐部、沙龙型酒吧

此类是由具有相同兴趣、爱好、职业背景、社会背景等人群组成的松散型社会团体，谈论共同感兴趣的话题、交换意见及看法、定期聚会的场所，同时有饮品供应。如在城市中可看到的“企业家俱乐部”“股票沙龙”“艺术家俱乐部”“单身俱乐部”等。

（三）根据经营形式分类

1. 附属经营酒吧

（1）娱乐中心酒吧

娱乐中心酒吧附属于某一大型娱乐中心，此类酒吧往往只供应酒精含量低及不含酒精的饮品，使顾客在运动、兴奋之余，获得另外一种状态的休息和放松。

（2）购物中心酒吧

在大型购物中心或商场中也常设有酒吧。现代社会购物也是一种享受，此类酒吧往往为人们购物之后休息及欣赏其所购置物品而设，主要经营不含酒精的饮料。

（3）饭店酒吧

此类酒吧为旅游住店顾客特设，也接待当地顾客。酒吧最早是在饭店的初级形式——客栈中出现的。虽然现在已有许多酒吧独立于饭店而存在，但饭店中的酒吧仍是随饭店的发展而发展的，饭店中的酒吧往往是某一地区或城市中最好的酒吧。饭店中的酒吧设施、商品、服务项目较全，客房中可有小酒吧，大厅中可有鸡尾酒廊，同时还可根据顾客需求开展各种服务，如设歌舞厅等。

（4）飞机、火车、轮船酒吧

这类酒吧为旅客在旅途中消磨时光、提高兴致，飞机、火车、轮船上也常设有酒吧，但这类酒吧仅提供无酒精饮料及酒精含量低的饮品。

2. 独立经营酒吧

相对前面几类酒吧而言，独立经营酒吧与其他大类经营无明显的附属关系，一般单独设立。此类酒吧往往经营品种齐全，或经营其他娱乐项目服务及设施较好，交通便利。

（1）市中心酒吧

大部分市中心酒吧都建在市中心。市中心酒吧一般设施和服务都较全面，常年营业，顾客逗留时间较长，消费也较多。由于设在市中心的酒吧有很多，所以这类酒吧总是面临着竞争。

（2）交通终点酒吧

交通终点酒吧设在机场、火车站、港口等旅客中转地，旅客因某种原因需要滞留及等候时，为消磨等候时间、休息放松，会去酒吧消费。在这类酒吧消费的顾客一般逗留时间较短，消费也较少，所以座位周转率会很高。交通终点酒吧一般经营品种较少，服务设施也较简单。

（3）旅游地酒吧

旅游地酒吧设在海滨、森林、温泉、湖畔等风景旅游地，供游人在游览之余放松及娱乐，一般设有舞池、卡拉OK等娱乐设施，所经营的饮料品种较少。

（4）客房小酒吧

客房小酒吧设在酒店客房内，顾客可以在自己的房间内随意饮用各类酒水或饮料。这类酒吧在国内饭店并不多见，它是高级客房才有的。但随着酒吧业的不断发展，这类酒吧已被许多大饭店采用。

知识扩展

皇家加勒比上的酒吧

https：//www.rcclchina.com.cn/ 皇家加勒比国际邮轮网站。

悦音厅酒吧：在这里，您可以和爱人感受更亲密浪漫的度假体验，或漫步舞池，或静听蓝调布鲁斯的悠扬。当然，这也是那颗年轻的心尽情飞扬的地方，在我们精心设计的派对中结识新朋友或邂逅浪漫将成为这次旅行的纪念品！

机器人酒吧：想与朋友小酌一杯吗？那就到充满科技元素奇趣无穷的机器人酒吧吧，只需下达指令“Bio and Nic”，就会为您调制出属于您的独一无二的特饮。

思古诺酒吧：是一家皇家加勒比招牌酒吧，深受游客喜爱。在这家以航海为主题的酒吧内，你会看到人们聚在钢琴旁一起吟唱喜欢的歌曲。

波列罗酒廊：从招牌饮料到萨尔萨音乐，都带着拉丁式的火辣与热情。

270° 酒吧：是一个美食广场，您很容易找到它的位置，取用食物也很方便，在用餐的同时还可以观赏风景。您可以选择种类繁多的美味三明治，或者任何您喜欢的自制沙拉和汤羹。

星空酒吧：在阳光下玩了一整天，想要降降温吗?

池畔酒吧：泳池与冰镇啤酒或鸡尾酒搭配，会使人感觉更清凉。

阳光府邸酒吧：金卡套房顾客的专属区域，在面朝大海的落地窗前，一边享受日光浴，一边享用欧陆早餐和下午茶。

北极星酒吧：在这里，香槟、招牌鸡尾酒和美不胜收的景色，都能营造出令人振奋的氛围。

精致酒廊：这里拥有来自世界各地的葡萄酒，能够满足所有人群和各种类别葡萄酒爱好者的口味。

任务二 酒吧结构与吧台设置

由于文化的差异与经营特色的区别，每个国家、地区的酒吧都有自己的经营模式。同时同时因客游市场、服务功能以及空间大小等不同，酒吧结构也千差万别。

一、酒吧的结构组成

酒吧结构一般由以下几个部分组成：

1. 吧台

吧台是酒吧向顾客提供酒水及饮用服务的工作区域，是酒吧的核心部分，其大小、组成、形状也因具体条件的不同而有所不同。

2. 音控室（DJ 台）

音控室是酒吧灯光音响的控制中心。音控室不仅为酒吧座位区或包厢区的顾客提供音乐服务，而且要对酒吧进行音量调节和灯光控制，以满足顾客听觉上的需要，通过灯光控制营造酒吧气氛。音控室一般设在舞池区，也有根据酒吧空间条件将其设在吧台附近的。

3. 舞池

舞池是一般酒吧不可缺少的空间，是为顾客提供演出服务的区域。根据酒吧功能的不同，舞池的面积也不相等。小到 50~60 m^2，大到 150 m^2以上。通常舞池还附设小舞台，供演奏或演唱人员专用。舞池还设衣物、物件寄放处。舞台的设置以顾客能看到舞台上的节目表演为佳，应避免前座顾客遮住后座顾客的视线，并与灯光、音响相协调。

4. 座位区

座位区是顾客的休息消费区域，也是顾客聊天、交谈的主要区域。不同酒吧的座位区布置也各不相同，有卡座式，也有圆桌围坐式。不管怎样，座位区都是围绕它的功能性而设立的，一般以台号来确定座席。酒吧的饮料很多都是向座位区的顾客提供的。

5. 包厢

包厢也叫卡包，是为一些不愿被人打扰的团体或友人聚会提供的区域。包厢有大有小，一般要求内设舞池，有隔音墙、高级沙发、高级环绕音响、大屏幕电视机、电子点歌台等。

6. 卫生间

卫生间是酒吧不可缺少的设施，卫生间设施档次及卫生间的洁净程度反映了酒吧的档次。卫生间的设施及通风状况要符合卫生防疫部门规定的标准。

7. 娱乐项目区

娱乐项目区是酒吧吸引客源的要素之一，选择何种娱乐项目、规格及档次都要符合经营目标。酒吧娱乐项目有保龄球、台球、飞标、室内游泳、桑拿、按摩、卡拉OK、棋牌、电动游戏等。

8. 厨房

厨房是为顾客提供食物的地方，每个酒吧都有自己的特色食物，同时厨房还负责出品小吃、果盘、简餐等。

9. 衣帽间

衣帽间是为顾客提供的存放衣物的地方，一般都设置在酒吧进门的区域。

二、吧台的结构组成

吧台由前吧、中吧、后吧和服务过道组成。每个酒吧吧台的尺寸都会根据其自身条件和风格来决定。

1. 前吧

前吧即吧台，是顾客饮用酒水的地方，它通常位于酒吧的中心部位或正对门口处，是酒吧的“心脏”。吧台台前有吧椅，吧台的高度一般为110~120 cm，但这种高度标准并非绝对的，应随调酒师的平均身高而定。正确的计算方法应为：吧台高度=调酒师平均身高×0. 618。吧台的标准宽度应为41~46 cm。另外，吧台应向外延长一部分，即顾客坐在吧台前时放置手臂的地方约20 cm。台面厚度通常为4~5 cm，外沿常以厚实的皮、塑料包裹装饰。

2. 中吧

中吧即前吧下方的操作台，高度一般为76 cm，但也非一成不变，应根据调酒师身高而定。一般其高度应在调酒师手腕处，这样比较省力。操作台通常包括下列设备：三格洗涤槽（具有初洗、刷洗、消毒功能）或自动洗杯机、水池、拧水槽、酒瓶架、杯架，以及饮料或啤酒配出器等。

3. 后吧

后吧高度通常为1.75 m以上，但顶部不可高于调酒师伸手可及处，下层一般在1.10 m左右，或与吧台（前吧）等高。后吧实际上起着贮藏、陈列的作用，后吧上层的橱柜通常陈列酒具、酒杯及各种酒瓶，中间多为配制混合饮料的各种烈酒，下层橱柜存放红葡萄酒及其他酒吧用具。安装在下层的冷藏柜则用作冷藏白葡萄酒、啤酒以及各种水果原料。

4. 服务过道

前吧至后吧的距离，即服务人员的工作走道，一般在1 m左右，且不可有其他设备向走道突出。顶部应装有吸塑板或橡皮板顶棚，以保证酒吧服务人员的安全。走道的地面铺设塑料、木头条架或橡胶垫板，以减少服务人员长时间站立所产生的疲劳。

三、酒吧的设计原则

1. 吧台设置

吧台是酒吧空间的一道亮丽风景，选料上乘、工艺精湛，在高度、质量、豪华程度上都是所置空间的焦点。吧台用料可以有大理石、花岗岩、木头等，并与不锈钢、钛金等材料协调使用，因其空间大小和性质的不同，形成了风格各异的吧台风貌。从造型上看有一字形、半圆形、方形等，吧台的形状视空间性质及建筑风格而定。吧台是酒吧区别于其他休闲场所的一个重要空间标志，它应令人感到亲切和温馨，潜意识里传达着平等的观念。与吧台配套的椅子大多是高脚凳，尤以可以旋转的居多，它给人以全主位的自由，让人放松情绪。一般应注意以下几点：

（1）吧台位置的设置应视觉显著

顾客进入酒吧后应首先看到吧台，因为吧台是整个酒吧的核心，也是整个酒吧的标志。一般来说，吧台常常设置在酒吧的中心或正对大门处，目的是方便顾客点要饮品和渲染酒吧气氛。

（2）吧台位置的设置应考虑服务效率

合理设置吧台位置可让酒吧服务更为有效和快捷。让酒吧中每个位置甚至角落的顾客都能得到高效优质的服务。

（3）酒吧布局应有合理的活动空间

管理者应根据场地大小、功能区划分，并结合酒吧各部门生产服务流程的特点，综合设计出既能多容纳顾客，又不会让人感到拥挤和杂乱无章的合理布局。

2. 酒吧厨房设置

现代很多酒吧都向顾客提供小食品或简便食品、水果拼盘等，这样既可以满足顾客需求，又可以增加酒吧销售额。因此，酒吧应有厨房等的设施。酒吧的厨房应布置为统间式，即将切配、烹调、洗涤、点心制作都安排在一个空间内，这样具有空间紧凑、联系方便、自然通风的特点。由于酒吧所提供的大多是易食、易做的点心、快餐或其他食品，所以厨房面积可以小一些，设备、设施也可相对简单。一般情况下，其基本设施设备应包括：

（1）换气扇。在有条件的情况下应安装两种换气扇：一种是安装得低一点的进气扇，另一种是安装得高一点的排气扇。排气扇必须比进气扇风力大，需具有可擦洗过滤器。

（2）炉灶及烤箱、炸锅、电饭锅、加热保温配餐台等。

（3）冰箱、低温冷藏柜等。

（4）洗涤消毒设施及设备。

3. 酒吧内桌椅的设置

酒吧内桌椅的规格与形状要与地点、经营形式、建筑风格相适应。在选择桌椅前，同样应考虑目标市场的顾客。如目标顾客为追求高雅享受的人群，则桌椅应为制作及质地都较为精致的高档木制品；如目标顾客是在坚硬的地板上忙碌了一天的业务人员，则需要现代化舒适的桌椅或沙发，创造出一种放松舒适的气氛；如目标顾客为彻夜狂欢的年轻人，那么舒适的睡椅或长沙发最为理想。如果经营者想让顾客流动率加大，最好使用坚硬塑料椅和塑料桌面。

除桌椅的种类之外，还应注意桌椅的高度及斜度，要想鼓励顾客交谈或创造倍加舒适的气氛，桌椅的高度必须搭配合适。酒吧由于经营风格等的不同，其桌椅的尺寸也无统一规格。

知识扩展

“有音乐，有酒，还有很多的人。” 一般人对酒吧的认识似乎仅限于此，作为西方酒文化标准模式，酒吧越来越受到人们的重视。酒吧及其文化慢慢地不断延伸到城市的每个角落。北京的酒吧品种多多，上海的酒吧情调迷人……酒吧最不乏激情，它成为青年人的天下、亚文化的发生地。酒吧的兴起与整个国家的经济、社会、文化的变化密不可分，酒吧的步伐始终跟随着时代的步伐。

现在的酒吧设计流程主要包括前期市场定位与投资分析、室内设计风格确定、空间布局、商榷设计方案、装修施工，有些还包括营销策划分析等。

酒吧设计常以现代科技手段与原始复古的审美情趣为主调来渲染有独特文化品位的装饰效果；以别具一格的超现实文化艺术氛围来构造本设计的构思出发点；以雅静的深色调为背景来衬托高品位的艺术品陈设，以此来烘托高品位的文化氛围，并配以突出重点装饰的灯光照明设计，以增强空间的立体感与节奏感，呼应了主题思想。

酒吧设计始终是与商业关联，经营者通常对自己的酒吧已有定位，有时也会征询设计师的意见。酒吧设计不难，但要能招揽生意却是不易的，虽然这同设计没有绝对的关系，但身为设计师，当然是希望酒吧有好的生意，所以酒吧设计师要有市场触觉，帮助经营者寻求准确的市场定位，并通过设计表现出来。有的设计不一定新潮，但可以长久。有些商铺紧追潮流，但酒吧设计并不一定注重新潮。

任务三　酒吧的组织结构和岗位职责

由于文化的差异与经营特色的区别，每个国家、地区的酒吧都有自己的经营模式。酒吧也因其客游市场、服务功能以及空间大小等不同， 结构千差万别。邮轮酒吧工作人员的数量会根据其邮轮吨位、航线、游客数量的不同而有所差异，但是其组织结构大体一致。如图1-7所示。

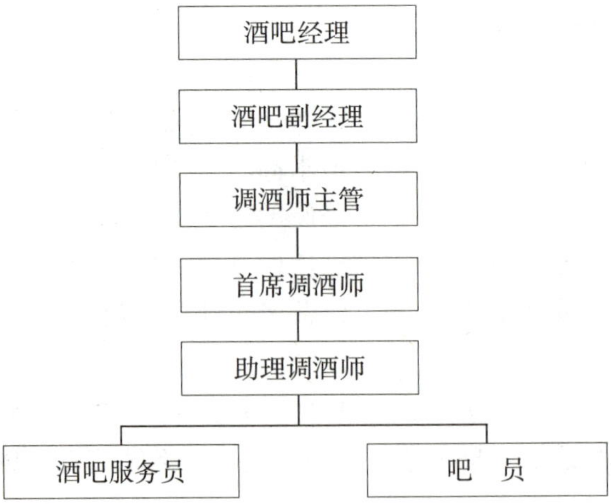

图1-7　酒吧组织结构

一、酒吧组织结构

陆地上的酒店有的也有酒吧，有些四星级或五星级大饭店会设立酒水部（beverage department），管辖范围包括舞厅、咖啡厅和大堂酒吧等。在国外或我国香港地区，酒吧经理通常也兼管咖啡厅。酒吧的人员构成通常由饭店中酒吧的数量决定。一般情况下，每个服务酒吧配备调酒师和实习生4~5人，主酒吧配备领班、调酒师、实习生5~6人。酒廊可根据座位数配备人员，通常10～15个座位配备1人。以上配备为两班制需要人数，一班制时人数可减少。例如，某饭店共有各类酒吧5个，其人员配备如下：酒吧经理 1人；酒吧副经理 1人；酒吧领班 2～3人；调酒师 15～16人；实习生 4人。

在邮轮上，由于亚洲航线酒水服务工作量不大，酒水部全体人员为40人左右，而欧美航线酒水服务量较大，一般人员配制为60人左右。

二、酒吧职员的岗位职责

（一）酒吧经理的岗位职责

1. 在餐饮部总监的领导下，做好酒吧部门各项工作的监督、管理、考核工作。

2. 负责对全体酒水团队成员进行日常岗位业务培训，确保他们的业务水平达到邮轮公司制定的服务标准。

3. 直接对餐饮部总监负责，并汇报本部门员工的职位晋升、工作要求、紧急事假和合同终止等情况。

4. 负责所有酒吧工作人员的排班工作。

5. 负责监督邮轮上所有酒水的销售点、船员酒吧、酒水储存间的正常工作，检查它们的运行情况，以确保其符合职业卫生安全标准、邮轮公司政策以及当地酒类监管条例；并根据日常消耗估算申领酒吧用品和酒水，控制成本。

6. 不断鼓励调酒师创新鸡尾酒，开展各种促销活动，最大限度地提高酒水销售量。

7. 检查监督酒水以及成品质量，确保酒水的配置、器皿及装饰物品的使用正确、卫生、安全。

8. 审核、签署酒吧各类领货单、维修单、酒水调拨单等。向餐饮总监递交酒水销售和成本报告，包括酒吧库存量的标准、酒水销售报告、酒水库存报告、酒吧服务员销售目标报告、酒吧员工评估报告。

9. 检查各酒吧每日工作情况，保证各酒吧处于良好的工作状态和营业状态。

10.制定并执行设备保养、酒水及物资管理制度，保证酒吧正常运行。

（二）酒吧副经理的岗位职责

1. 在酒吧经理的领导下，监督、管理本部门的日常工作，贯彻酒吧的规章制度、经营思路，确保本部门各项工作的顺利进行。

2. 协助酒吧经理制订销售计划，定期举行促销活动，提高酒水销售量，并合理控制成本。

3. 协助酒吧经理对本部门全体员工进行业务培训，以确保酒吧员工的业务水平、服务水平达到邮轮公司的标准。

4. 负责处理顾客投诉，以积极、礼貌的态度妥善处理顾客与酒吧员工之间发生的问题，对顾客提出的问题进行协助解决或做出合理的解释，与顾客之间保持良好的关系。

5. 监督、核查酒水盘点工作，负责每月酒吧用具的盘点。

6. 做好酒吧以及设备的维护与保养工作，负责填写所有设备保修单。

7. 确保酒吧工作人员接受过公共卫生条例的培训并熟悉培训内容，确保所有销售点的卫生状况达到标准。

8. 完成成本报表、套餐销售统计及一些顾客的个人签单报表。

9. 编排员工工作时间，合理安排员工加班、轮休，并根据岗位需要调动、安排员工。

（三）调酒师主管的岗位职责

1. 在酒吧副经理的领导下，监督、培训并检查下属的工作。

2. 协助酒吧副经理对全体酒水团队成员进行日常岗位培训，确保他们的业务水平达到邮轮公司的服务标准。

3. 与下属员工共同工作，在繁忙时段能协助不同酒水销售点调酒师和酒吧服务员工作。

4. 检查下属工作以及休息日情况，确保下属当班工作时穿着得体、整齐，徽章、胸牌佩戴齐备。

5. 在确保酒水质量的前提下，降低成本，使成本控制在酒吧经理设置范围之内。

6. 协助酒吧副经理核对酒水盘点工作。

7. 检查所有酒水和饮料的保质期。

（四）首席调酒师的岗位职责

1. 在调酒师主管的领导下，监督、扶持并考核下属的工作。

2. 为顾客提供专业周到的服务。

3. 确保当班酒吧正常运转以及服务质量达到邮轮公司的标准。

4. 协助调酒师主管对下属员工进行日常岗位业务培训，确保他们的业务水平达到邮轮公司制定的服务标准。

5. 通过各种销售技巧以及套餐销售等手段完成销售指标，并控制好成本。

6. 根据经营需要，及时补充各类酒水及物品。

7. 负责酒吧内的清洁卫生，保持良好的工作环境。

8. 做好营业前的各项准备工作，确保酒吧正常营业。

9. 及时、准确、专业地为顾客调制各类酒水，并按标准和程序正确地向顾客提供酒水服务。

10. 负责酒吧日常酒水盘点工作，核对酒水数量并填写每日销售盘点表。

（五）助理调酒师的岗位职责

助理调酒师职责与首席调酒师岗位职责相同，当首席调酒师不在岗时能够替代首席调酒师的工作。

（六）酒吧服务员的岗位职责

1. 负责各酒水销售点的酒水推荐和服务工作。

2. 在特殊活动和主题夜活动等场所做好服务工作。

3. 了解所供应酒水的特点并积极推销给顾客，努力完成或超额完成酒吧经理设定的销售指标。

4. 接收顾客点酒单并递交给调酒师，确保酒水规范出品。

5. 向每位顾客出示单独开具的账单，将账单副本留给顾客，核对完的账单送回指定地点。

6. 协助补给中的酒水销售点工作。

7. 遵守邮轮公司制服和卫生方面的相关规定，根据公共卫生条例和邮轮公司的有关规定，保持自己工作区域内的卫生清洁。

8. 参与邮轮公司组织的培训课程和会议，以便掌握晋升所必备的技能。

（七）吧员的岗位职责

1. 协助调酒师维护保管酒吧内所有设备、用具和器皿，确保这些物品清洁卫生、摆放有序。

2. 负责酒吧补给物品的领取和搬运，将冰块放入调酒师和服务员所需的容器内。

3. 经常检查器皿的质量、用量以及冰块的使用量，确保营业时能足量供应。

4. 负责操作洗杯机，并将干净的酒杯摆放就位，确保存放足量的清洗液和冲洗液。

5. 遵守邮轮公司制服和卫生方面的相关规定，根据公共卫生条例和邮轮公司的有关规定，保持自己工作区域内的卫生清洁。

6. 参与培训课程和会议，观察调酒师如何调制酒水，学习酒吧经营的知识，以便掌握职位晋升所必备的技能。

知识扩展

（一）调酒师

调酒师是指在酒吧或餐厅专门从事配制酒水、销售酒水，并让顾客领略酒的文化和风情的人员。

调酒师的工作任务包括酒吧清洁、酒吧摆设、酒水调制、酒水补充、应酬顾客和日常管理等。

调酒师一般分为英式调酒师和花式调酒师。英式调酒师很绅士，调制酒的过程文雅、规范，调酒师通常穿着英式马甲，调酒过程配以古典音乐。花式调酒起源于美国，特点是在较为规矩的英式调酒过程中加入一些花样的调酒动作，如抛瓶类杂技动作以及魔幻般的互动游戏，起到活跃酒吧气氛、增加娱乐性的作用。

英式调酒是一门技术，也是一门文化艺术。它是技术与艺术的结晶，是一项专业性很强的工作，主要存在于一些高级餐厅或者咖啡厅 。花式调酒就比较广泛，在各个大小酒吧或餐厅都可以见到花式调酒，花式调酒充满动感，观赏性强，是时下很多酒店的卖点，且花式调酒不仅动作优美，调出来的酒也非常奇特，受到年轻人的喜爱。

（二）国际调酒师协会

国际调酒师协会（International Bartenders Association，IBA），于1951年2月24日在英国托奎的格兰特酒店内由7个国家的调酒师协会创立，目的是成立一个国际组织以向世界展示最好的调酒师和鸡尾酒。

国际调酒师协会是一个非营利性组织，现由65个国家的调酒师协会组成，目前已是调酒行业的权威。

任务四　酒吧员工的职业素养

酒吧的成功不仅仅取决于饮料、酿酒制造，酒吧员工的职业素养还直接影响着酒吧的声誉和效益。酒吧员工的职业素养包括职业道德、仪容仪表、文化素质和专业素养。

一、酒吧员工的职业道德

1. 礼貌待人，热情服务，真诚待人

酒吧是休闲和社交场所，礼仪是维持人们正常交往的基本准则。

礼貌待人的要求：酒吧员工要使用敬语，语音柔和；肢体语言优雅大方；对待宾客一视同仁，杜绝以貌取人；先到先服务，严禁朋友优先。

热情服务的要求：微笑待客，真诚待人，防止因对熟客过分热情而给新客带来不快。

真诚待人的要求：对低单消费和高单消费的顾客一样热情，严禁对低单消费的顾客私下议论。

2. 干净卫生，安全第一

卫生与安全是鸡尾酒服务的最基本规范。因此，要求酒吧环境干净、卫生；设备、器具、用品干净卫生；调酒师个人干净卫生；调酒师操作干净卫生。卫生是安全的基础，防火、防灾是安全的保障。

3. 合理经营，忠于职守

合理经营是酒吧长期发展的保证。过高的毛利、偷工减料、以假充真、损害顾客利益的酒吧都是很难维持的，只有做到公平守信、合理经营，使顾客拥有物有所值的消费感受，酒吧才能生意兴隆。

酒吧员工在服务过程中要做好本职工作，洁身自好，严禁偷饮或用酒水送人情。

二、酒吧员工的仪容仪表

酒吧员工必须在任何时候都要保持仪容端庄、大方，仪表整洁、卫生。员工的整体形象代表了酒吧的形象，会给每位顾客留了鲜明的印象，尤其是直接面对顾客的调酒师。因此，调酒师的仪容仪表更为重要。

酒吧员工的仪容仪表主要有以下几个方面的要求：

1. 穿着制服要注意整洁。每天上岗前要细心地检查制服上是否有污渍、油渍；扣子是否齐全，衣裤是否有漏缝和破边，鞋子是否干净，袜子是否相配，是否佩戴工号牌。员工不能随意修改制服。

2. 酒吧员工在顾客面前要保持良好的精神面貌，应面带微笑、端正稳重。

3. 当班时不佩戴耳环，同时也不能佩戴过多的首饰。

4. 男员工应修面，头发不能过耳和衣领。女员工需要化淡妆。

5. 女员工头发应清洁，梳理得当，长发应盘结至头顶或脑后。

6. 工作区域内禁止穿拖鞋和凉鞋。

7. 不使用气味过浓的香水。

8. 确保双手无污渍，指甲修剪整齐，不涂抹指甲油。

经检查没有问题后才能上岗。

三、酒吧员工的文化素质

酒吧和调酒技术都是从国外传入的，目前使用的大部分酒水和鸡尾酒配方多数是外文，而且在酒吧内会经常接待外国顾客，因此，对酒吧员工在文化素质方面有一定的要求，特别是直接为顾客服务的调酒师，具体条件如下：

应了解世界发展史，熟知中国发展史，了解世界地理，熟知中国地理。

应掌握酒吧服务英语，能顺畅地和来自其他国家的顾客交流。

应掌握世界著名景点、旅游场所等的情况，便于为顾客提供细致的服务。

应具备一定的沟通能力，特别是语言表达能力，便于和顾客沟通、推销酒水、提高信息交流的质量。

应具备一定的计算能力，便于管理酒吧和控制酒水成本。

调酒师还应掌握调节原料色彩搭配的原理，了解调酒的背景音乐。

四、酒吧员工的专业素养

酒吧员工应当具有丰富的酒水知识，熟知调酒原料如何储存、保管，熟练使用调酒设备、用具，熟悉酒吧服务程序和管理技巧；还应具有娴熟的调酒技术、表演技巧、创新能力等。

知识扩展

为不同的顾客服务

你必须能够为许多类型的顾客服务，向其提出适当的销售建议，并给予良好的服务。

1. 胆小的顾客：耐心的讲解将使这种类型的顾客放心。即使是对天气的评论，也能让他感到宾至如归。

2. 攻击性顾客：此类型顾客必须在与其面对面时保持克制并用礼貌且务实的态度。善良和礼貌往往能把他变成一个稳重而有鉴赏力的顾客。

3. 挑剔易怒的顾客：这是最难服务的顾客之一，试着在他前面走一步，学习并掌握那些容易激怒他的东西。在招待挑剔的顾客之前，一定要把一切都做好。记住所有那些挑剔的顾客特别喜欢的小东西，即使它们可能对普通人来说很奇怪，但也许它们就是回头客大军的核心。

4. 过度亲昵的顾客：要彬彬有礼，避免长篇大论。远离餐桌，除非顾客真的需要服务。记住，永远不要用俏皮话来回答一句俏皮话，这样只会贬低自己，别让这类顾客觉得你粗鲁和不礼貌，从而影响这类顾客的饮酒进餐。

5. 独自一人的顾客：不要问他是不是一个人来引起他的注意。顾客可能很孤独，想找人谈谈，这时要友好，但不要忽视其他顾客。由于这类顾客没有人可以交谈，所以要尽快服务。这可能是你遇到的最挑剔的顾客。

6. 吵闹的麻烦制造者：不要卷入争论，轻声说话，不要对抗。拒绝参与对管理层、机构或其他人员的批评。

7. 盲人顾客：给盲人顾客安排可以带导盲犬的座位。不要在盲人顾客面前徘徊。如果有需要，一定要站得近一点，伸出援手。给盲人顾客发盲文菜单，要让盲人顾客感到被欣赏和重视。

8. 手或手臂受伤/残疾的顾客：安排他们尽快入座。要乐于助人，询问是否可以帮助他们，但不要太急于求成。要体贴，不要通过徘徊来引起这类顾客的注意。不要将坐轮椅的顾客安置在过道处。应让残疾顾客感到重要和被接纳。

任务五 酒水的概念及分类

酒水又称为饮料，是指能够供给人体水分及营养物质，并经过一定的生产工艺制作出来的可供饮用的液体食品。按照是否含有酒精，酒水通常分为酒精饮料（alcoholic beverage）和无酒精饮料（nonalcoholic beverage）两大类。

一、酒精饮料

（一）酒精饮料的定义

酒精饮料是指人们将含有淀粉和糖分的原料经过发酵、蒸馏、陈酿等工艺制成的一种含有酒精的饮料，即人们常说的酒。根据规定，酒精饮料的酒精含量一般为0.5%~75.5%，酒精的学名为“乙醇”，化学式为C_2H_5OH或CH_3CH_2OH。

（二）酒度

酒水的内部成分主要是乙醇，乙醇在酒水中的比重称为酒度。

目前国际上使用的酒度表示法有三种：

1. 标准酒度（alcohol% by volume）

标准酒度是由著名法国化学家盖·吕萨克提出的，它是指在20 ℃条件下，每100 mL酒液中含有酒精的体积（单位：mL），通常用“% Vol”或“GL”表示。

2. 英制酒度（degrees of proof UK）

英制酒度是18世纪时由英国人克拉克创造的一种酒度计算方法，用“sikes”表示。

3. 美制酒度（degrees of proof US）

美制酒度是指在60 °F（大约16 ℃）的条件下，每200 mL酒液中所含有的纯酒精的毫升数，通常用“proof”表示。

英制酒度和美制酒度的出现都早于标准酒度，三种酒度之间可以进行换算，它们的换算关系是1 GL=2 proof=1.75 sikes。

中国酒度采用的是标准酒度，是指在20 ℃条件下，每100 mL酒液中含有酒精的毫升数。

（三）酒的分类

1. 按生产工艺分类

按照生产工艺通常把酒分为发酵酒、蒸馏酒和配制酒三类。

发酵酒是指将水果或谷物等原料，经过发酵工艺制成的酒精含量比较低的酒。常见的发酵酒包括啤酒、葡萄酒、黄酒、米酒等。

蒸馏酒是指将含有糖分或淀粉的原料，经过发酵、蒸馏等工艺制成的酒精度含量比较高的酒。常见的蒸馏酒包括中国白酒、威士忌、白兰地、伏特加、特基拉、朗姆、金酒等。

配制酒是指以发酵酒或蒸馏酒为基酒，加入药材、香料等物质，经过浸泡、混合、勾兑等方法加工而成的，改变了其原酒基本风味的酒精饮料。常见的配制酒包括味美思、茴香酒、利口酒等。

2. 按用餐方式分类

按照用餐方式通常把酒分为餐前酒（aperitif）、佐餐酒（wine）、甜食酒（dessert wine）和餐后酒（liqueur）四类。

餐前酒又称开胃酒，是指在餐前饮用的，喝了以后能刺激人的胃，使人增加食欲的饮料。常见的餐前酒包括金巴利、仙山露、味美思等。

佐餐酒又称葡萄酒，是西餐的主要酒类。常见的佐餐酒包括红葡萄酒、白葡萄酒、玫瑰红葡萄酒等。

甜食酒一般配甜食饮用，其口味香甜。常见的甜食酒包括雪莉酒、波特酒、马德拉酒等。

餐后酒又称利口酒，其糖分多助消化。常见的餐后酒包括当酒、百利甜酒、加利安奴等。

3. 按酒精含量分类

按照酒精含量通常把酒分为低度酒、中度酒、高度酒三类。

酒度在20°以下的酒称为低度酒。常见的低度酒包括啤酒、葡萄酒等。

酒度在20°～40°的酒称为中度酒。常见的中度酒包括开胃酒、利口酒等。

酒度在40°以上的酒称为高度酒。常见的高度酒包括白兰地、茅台、威士忌等。

（四）酒的风格

所谓酒的风格，即酒的色、香、味、体，作用于人并给人留下对于酒的一种综合印象。酒品的风格是由酒的颜色、酒的香气、酒的口味和酒体组成的，不同的酒品具有不同的风格。

1. 酒的颜色

酒的颜色是人们首先接触到的酒品风格。世界上酒的颜色种类繁多。酒品色泽形成的途径有三个：第一来自原料本身；第二是生产过程中自然生色；第三是增色。增色又分为非人工增色和人工增色两种。

2. 酒的香气

香是继色之后作用于人的另一酒品风格。酒的香气十分复杂，不同的酒品的香气各不相同，同一酒品的香气也会各有不同。酒的香气的形成受很多因素的影响。

3. 酒的口味

味在酒品诸风格中给人的印象最深，是饮者最关心的酒品风格。酒味的好坏，基本上确定了酒身价的高低。名酒佳酿大都味道香醇，风格动人。人们常常用甜、酸、苦、辛、咸、涩、怪七味评价酒品口味风格。

（1）甜味可以给人以舒适、滋润、圆正、纯美、丰满、浓郁、绵柔等感觉，深受饮者的喜爱。酒品甜味主要来源于酒质中含有的糖分、甘油和多元醇类等物质，这些物质或本身具有甜味，或有助于甜味的突出。入口以后，使人感到甜美。

（2）酸味是世界酒品中的主要口味特点。酸味酒常给人以醇厚、甘洌、爽快、开胃、刺激等感觉。

（3）苦味是一种特殊的酒品风格。苦味切不可滥用，它具有较强的味觉破坏功能，人的苦觉可以引起其他味觉的麻痹。酒中恰到好处的苦味给人以净口、止渴、生津、除热、开胃等感觉。

（4）辛味又称为辣。酒品的辛味虽不同于一般的辣味，但可给人以强刺激，有冲头、刺鼻、兴奋、颤抖等感觉。高浓度的酒精饮料给人的辛辣感受最为典型。酒质中的醛类是辛味的主要来源。

（5）咸味源自少量的盐类，可以促进味觉的灵敏，使酒味更加浓厚。如墨西哥人常在饮酒时吸食盐粉，以增加特基拉酒的风味。

（6）涩味给人以麻舌、收敛、粗糙等感觉。

（7）凡是不属于以上口味的都称为怪味。怪味最大的特点是与众不同，给人难以表达出的感受。

4. 酒体

酒体是酒品色泽、香气、口味风格的综合评价，但不等于酒品风格。酒品的色、香、味溶解于水和酒精中，并与挥发性物质等混合在一起构成了酒品的风格。

二、无酒精饮料

无酒精饮料（non-alcoholic beverage）又称为软饮料（soft drink），它是指天然的或者经过人工配制的，能够提神解渴、补充能量的不含酒精的饮料。无酒精饮料包括茶、咖啡、可可、碳酸饮料、饮用水、乳饮料、果蔬饮料、无酒精鸡尾饮品等。

技能实训

一、酒吧市场调查

对本市的四个酒吧开展实地调查，分析酒吧的类型并完成表1-1。

表1-1 酒吧类型调查表

调查项目	酒吧1	酒吧2	酒吧3	酒吧4
酒吧名称				
酒吧地址				
酒吧结构				
酒吧容量				
人员配置				
卫生状况				
经营状况				
酒吧类型				
装修风格				

二、酒吧人员岗位职责展示

以小组为单位，讨论酒吧服务人员工作职责和注意事项。并组织一堂酒吧人力资源培训课，主题是“酒吧人员的岗位职责”。每组选择一名同学进行成果展示，其余同学聆听并记录要点。

练 习 题

一、填空题

1. 酒吧通常由（　　　　）、（　　　　）、（　　　　）、（　　　　）、（　　　　）、（　　　　）、（　　　　）、（　　　　）和（　　　　）组成。
2. 前吧至后吧的距离，即服务人员的工作走道，一般在（　　　　）m左右，且不可有其他设备向走道突出。
3. 助理调酒师的岗位职责通常与（　　　　）的岗位职责相同。
4. 欧美航线的酒水服务人员配置为（　　　　）人左右。
5.（　　　　）负责各酒水销售点的酒水推荐和服务工作。

二、选择题

1. 吧台的高度为 ________ m。

A. 0.9～1.0　　B. 1.10～1.20　　C. 1.20～1.30　　D. 1.30～1.40

2. 吧台的宽度为 ________ cm。

A. 60～70　　B. 70～80　　C. 40～50　　D. 50～60

3. 标准酒度是指在 ________ 条件下，每100 mL酒液中含有酒精的体积（单位：mL）。

A. 18 ℃　　B. 20 ℃　　C. 22 ℃　　D. 24 ℃

4. 低度酒是指酒度在 ________ 以下的酒。

A. 14°　　B. 16°　　C. 18°　　D. 20°

5. 后吧高度通常为 ________ m以上。

A. 1　　B. 1.2　　C. 1.5　　D. 1.75

三、判断题

1. 仪容仪表是调酒师给顾客的第一印象。（　　　　）
2. 调酒师只能根据传统配方调制酒水。（　　　　）
3. 女调酒师可以化淡妆，可以涂指甲油。（　　　　）
4. 调酒师在服务过程中，尊重他人和平等待人是必须坚持的原则。（　　　　）
5. 调酒师要专心工作，不用回答顾客无关工作的问题。（　　　　）

四、简答题

1. 设计酒吧吧台的原则有哪些？
2. 简述调酒师的工作职责。
3. 酒吧服务员和吧员有哪些区别？
4. 酒吧的功能有哪些？
5. 酒吧根据服务内容可分为哪些类型？

项目二　酒吧器具与储备

一、项目导读

“工欲善其事，必先利其器”，意思是说：工匠想要使他的工作做好，一定要先让工具锋利。那么，调酒师要调出一杯色、香、形、味俱佳的鸡尾酒，需要准备哪些器具和材料呢？本项目主要从酒吧常用设备、器具、杯具、储备几方面详细描述。

二、学习目标

【知识目标】

认识酒吧常用设备、器具及杯具，并掌握其英文名称。

了解酒吧常备酒水的种类。

【能力目标】

掌握各种器具及杯具的使用及保养方法。

能够正确识别各种酒类。

【情感、态度、价值观】

强化学生认真、细致的工作态度。

任务一　酒吧常用设备及器具

一、酒吧常用设备

1. 冰柜（cooler）

酒吧中的冰柜主要是用来冷藏、冷冻酒水饮料，保存酒品和调酒用品的设备，主要分立式冰柜和卧式冰柜两种。立式冰柜主要用于冷藏葡萄酒、香槟酒、水果、奶类及其他易变质食品等，温度一般设置为4~8 ℃。如图2-1所示。卧式冰柜主要用于冷冻小冰块和冰激凌等，温度一般设置在0 ℃以下。如图2-2所示。

图2-1　立式冰柜

2. 制冰机（ice maker）

制冰机是酒吧不可缺少的设备，它是一种将水通过蒸发器由制冷系统中的制冷剂冷却后生成冰的制冷机械设备。每个制冰机只能制成某一形状和型号的冰块，如方形冰块、圆形冰块和菱形冰块等。在选择使用制冰机时需要考虑两个因素：24小时的制冰量和冰块的大小与形状。如图2－3所示。

图2-2 卧式冰柜

图2-3 制冰机

3. 碎冰机（ice crusher）

碎冰机是将大冰块磨成小碎冰的小型电器。如图2-4所示。

图2-4 碎冰机

4. 洗杯机（glass washing machine）

洗杯机是用于清洗杯具的专用机器。洗杯机内有自动喷射装置和高温蒸汽管。清洗杯子时，一般将酒杯先放入杯筛再送入洗杯机，调好程序后按下按键即可自动清洗。有些先进的洗杯机还有自动投入清洁剂和催干剂装置。如图2-5所示。

图2-5 洗杯机

5. 扎啤机（draft beer machine）

扎啤机是提供生啤酒的设备，它由制冷机、扎啤桶、二氧化碳气瓶组成。它的工作原理是用二氧化碳气瓶里的高压二氧化碳气体把扎啤桶里的啤酒压出，使啤酒进入制冷机，然后从出酒嘴流出。经过扎啤机的啤酒凉爽、口感好。如图2-6所示。

图2-6　扎啤机

6. 搅拌机（blender）

搅拌机用于调制分量多或材料中有固体难溶物的饮料。如图2-7所示。

图2-7　搅拌机

7. 榨汁机（juice squeeze）

榨汁机是一种可以将果蔬快速榨成汁的机器。如图2-8所示。

图2-8　榨汁机

8. 咖啡机（coffee machine）

咖啡机是专门制作咖啡的机器，可分为半自动咖啡机和全自动咖啡机两种，如图2-9、2-10所示。大型酒吧和咖啡厅通常使用半自动咖啡机。

图2-9　半自动咖啡机

图2-10　全自动咖啡机

9. 咖啡研磨机（coffee grinder）

咖啡研磨机也称为咖啡磨豆机。磨豆机可分为手动磨豆机（图2-11）和电动磨豆机两种，其中电动式又分为单品磨豆机（图2-12）和意式磨豆机（图2-13）两种，其品牌和型号多样。不同种类的咖啡，其研磨程度也不一样。

图2-11　手动磨豆机

图2-12　单品磨豆机

10. 苏打水气泡机（soda machine）

主要用来自制苏打水。如图2-14所示。

图2-13　意式磨豆机

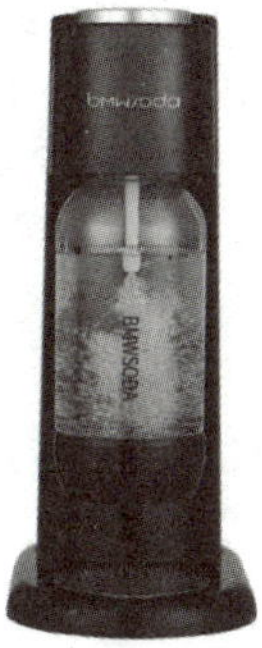

图2-14　苏打水气泡机

11. 咖啡保温炉（coffee warmer）

将煮好的咖啡装入容器放在咖啡保温炉上，主要用于保温。如图2-15所示。

图2-15　咖啡保温炉

二、酒吧常用器具

1. 摇酒壶（shaker）

摇酒壶又称摇酒器或雪克壶。最常见的有标准摇壶（standard shaker）和波士顿摇壶（Boston shaker）两种。

标准摇壶也称为英式摇壶，由壶盖、滤冰器及壶体三部分组成，以不锈钢材质居多。常见的有250 mL、350 mL、550 mL三种型号。如图 2-16所示。

标准摇壶的使用方法包括单手摇和和双手摇和两种。

单手摇和的方法：用惯用手（一般为右手）的食指按压壶盖，拇指放在壶身左侧，中指在壶身右侧按压滤冰器，无名指和小指在壶身右侧，手心不能接触壶身。摇和时，注意手臂尽量拉直，用手腕的力量使摇壶左右摇晃，同时手臂自然上下摆动。

双手摇和的方法：左手大拇指放在壶身左侧按压滤冰器，中指按住壶身底部，其他手指自然下放；右手大拇指按压壶盖，中指和无名指夹住壶身，其他手指自然下放。壶头朝向调酒师，壶底朝外。

波士顿摇壶也称为美式摇壶，主要由金属壶身和上盖玻璃杯两部分组成，适合双手使用，常用于花式调酒，所以也被称为花式摇酒壶。如图2-17所示。

图2-16　英式摇壶

图2-17　波士顿摇壶

2. 量酒器（jigger）

量酒器又称盎司器，是调制鸡尾酒和其他混合饮料时用来量取各种液体的标准容量杯。通常由不锈钢制成，两端容量一大一小，每个量酒器两头均可使用。最常用的量酒器组合有15 mL和30 mL，30 mL和45 mL，45 mL和60 mL。如图2-18所示。

量酒器的使用方法：用左手的中指和食指夹住量酒器中间最狭窄的地方。

3. 吧匙（bar spoon）

吧匙常用于搅拌或调和饮品，通常为不锈钢制品。吧匙一端为叉，另一端为匙，中间部位呈螺旋状，匙浅、柄长。叉状一端常用于从瓶中取出樱桃、橄榄等。匙状一端常用于搅拌，也可以测量材料的分量（如1茶匙）。如图2-19所示。

吧匙的使用方法：用惯用手（一般为右手）的中指和无名指夹住吧匙中间螺旋状部分，用拇指和食指握住吧匙的上部进行搅拌。搅拌时，用拇指和中指扶住吧匙，用中指指腹和无名指背部按顺时针方向转动吧匙，搅拌10圈左右，酒液冷却后停止。注意：往杯中放入吧匙或取出吧匙时，应使吧匙背面朝上。

图2-18　量酒器

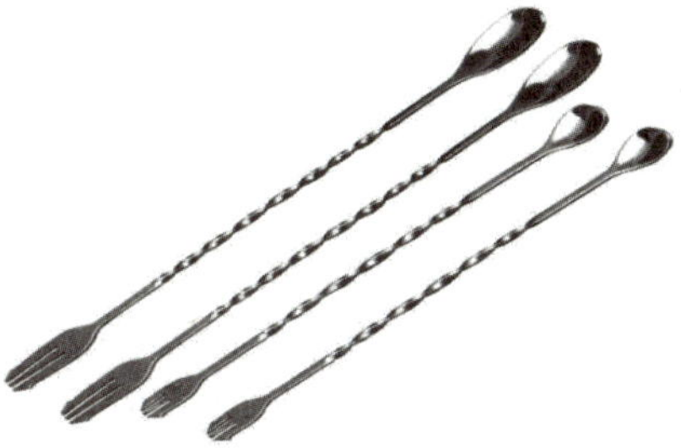

图2-19　吧匙

4. 调酒杯（mixing glass）

调酒杯是一种厚玻璃器皿，杯身较大，有杯嘴，内侧底部呈圆形，是调制不需要摇和、只需搅拌的鸡尾酒时常用的杯型，容量为480~510 mL。如图2-20所示。

5. 滤冰器（strainer）

滤冰器又称滤网，主要用于过滤冰块，通常和调酒杯配合使用。器具呈扁平状，含一圆形过滤网，不锈钢丝卷绕在一个柄上，并附有两个耳形的边。如图2-21所示。

6. 碾棒（muddling stick）

碾棒用于压榨果汁或捣碎原料，包括不锈钢和木头两种材质，碾棒一头是平的，用于碾碎固状物或将原料捣成糊状，另一头是圆的，用于碾碎冰块。如图2-22所示。

图2-20　调酒杯

图2-21　滤冰器

图2-22　碾棒

7. 酒嘴（pourer）

酒嘴安装在瓶口上，用于控制酒水的流量，减少冲力，也可用于切酒。酒嘴由不锈钢或塑料制成，分为慢速、中速和快速三种型号。酒嘴是专门为花式调酒设计的，目的是使调酒表演更加连贯、顺畅。如图2-23所示。

8. 榨汁器（lemon squeezer）

榨汁器用于压榨柠檬或橙子等果汁丰富的水果，包括塑料制品和不锈钢制品。如图2-24所示。

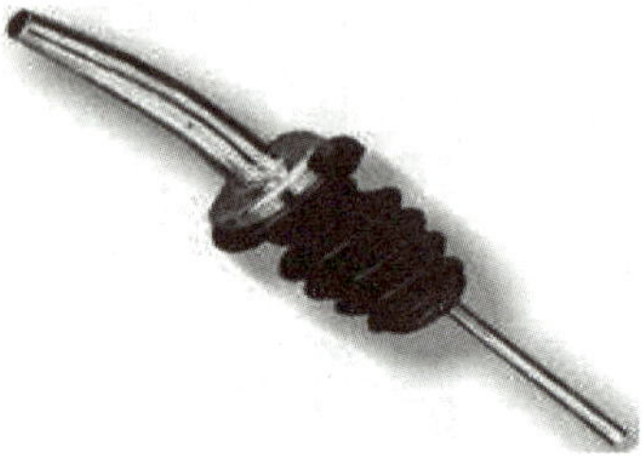

图2-23　酒嘴

图2-24　榨汁器

9. 冰桶（ice bucket）

冰桶可用于盛放冰块，通常分为不锈钢和玻璃两种材质，根据型号其大小各不相同。如图2-25所示。

图2-25　冰桶

10. 冰夹（ice tongs）

冰夹用于夹取冰块，常和冰桶一起使用。如图2-26所示。

11. 冰铲（ice scoop）

冰铲用于盛铲冰块，多用不锈钢或塑料制成。如图2-27所示。

图2-26　冰夹

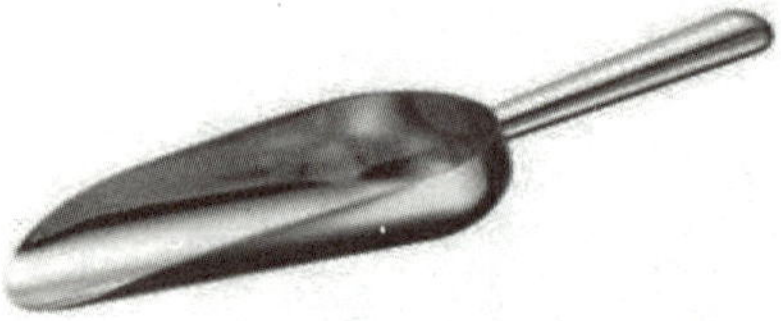

图2-27　冰铲

12. 砧板（cutting board）

砧板主要在切水果、蔬菜和制作装饰品时使用，酒吧常用的砧板有塑料和木头两种材质。如图2-28所示。

13. 吧刀（bar knife）

吧刀用于切水果或其他装饰物，常为不锈钢材质。如图2-29所示。

14. 宾治盆（punch）

宾治盆用于调制和盛放量大的混合饮料，容量大小不等，多为不锈钢和玻璃两种材质，一般配有宾治勺。如图2-30所示。

图2-28　砧板

图2-29　吧刀

图2-30　宾治盆

15. 开瓶器（bottle opener）

开瓶器种类有很多。有用于打开啤酒瓶、饮料瓶时使用的工具，即瓶起子；有专门用于开启各葡萄酒软木塞的工具，即侍者刀，如图2-31所示。它由螺旋钻头、锯齿刀、海马刀和手柄四个部分组成，形状类似折刀。

16. 搅拌棒（mixing stirrer）

搅拌棒大多是塑料制品，主要供顾客搅拌杯中饮品时使用，有时还起到装饰酒水的作用。如图2-32所示。

17. 糖盅（sugar bowl）

糖盅主要用于盛放砂糖。上咖啡时常配有糖盅。如图2-33所示。

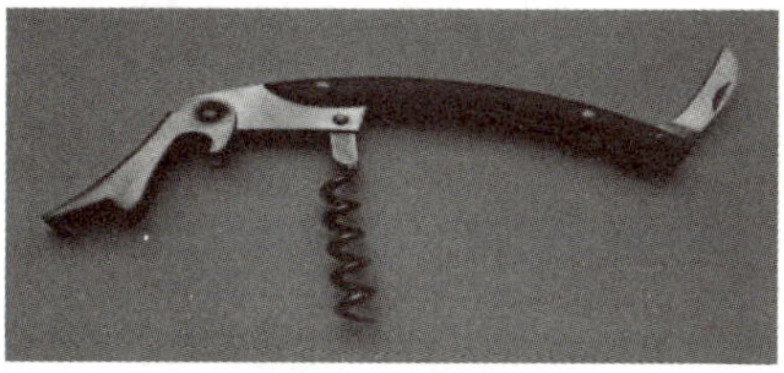

图2-31　侍者刀

图2-32　搅拌棒

图2-33　糖盅

18. 奶盅（milk jug）

奶盅主要用于盛放淡奶或牛奶。如图2-34所示。

19. 鸡尾酒签（cocktail pick）

鸡尾酒签用于装饰或固定装饰物。有不锈钢、塑料、木头等材质，颜色、款式可随意定制。如图2-35所示。

20. 吸管（straw）

吸管用于长饮杯饮料的服务。可根据个人喜好选择吸管的粗细、颜色等。如图2-36所示。

图2-34　奶盅

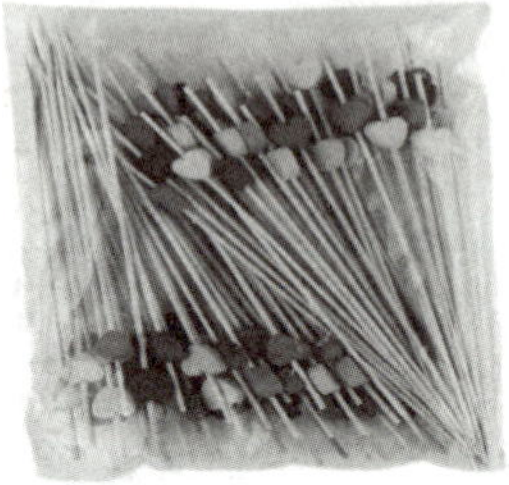

图2-35　鸡尾酒签

图2-36　吸管

21. 杯垫（coaster）

杯垫可用来垫杯子，起到隔热、隔冷作用；还可用做宣传，部分酒水厂商或酒吧将自己专属的标识图案印刷在杯垫上，在顾客饮用酒水的过程中，使顾客加深印象，起到较好的宣传作用。杯垫可选用硬纸、塑料、竹子等材质，形状各异，一般可重复使用。如图2-37所示。

22. 酒水托盘（tray）

酒水托盘是进行酒水服务的工具，用于放置酒水、饮料和小食等，形状、大小不等。如图2-38所示。

图2-37　杯垫

（a）　（b）

图2-38　酒水托盘

23. 香槟塞（shutter bottle champagne）

香槟塞通常作为瓶塞使用，通常有不锈钢和塑料两种材质。如图2-39所示。

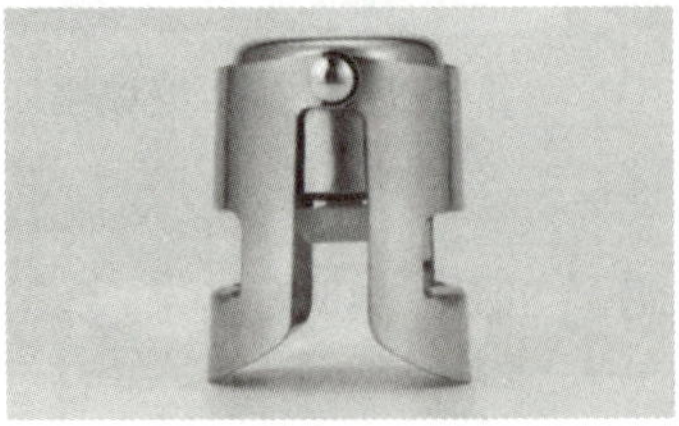

图2-39　香槟塞

24. 漏斗（funnel）

漏斗是将酒水从一个容器倒入另一个容器的工具，通常为不锈钢材质。如图2-40所示。

25. 擦杯布（towel）

擦杯布是用于擦拭杯子的清洁用布，以吸水性强的棉质材料为佳。如图2-41所示。

图2-40 漏斗

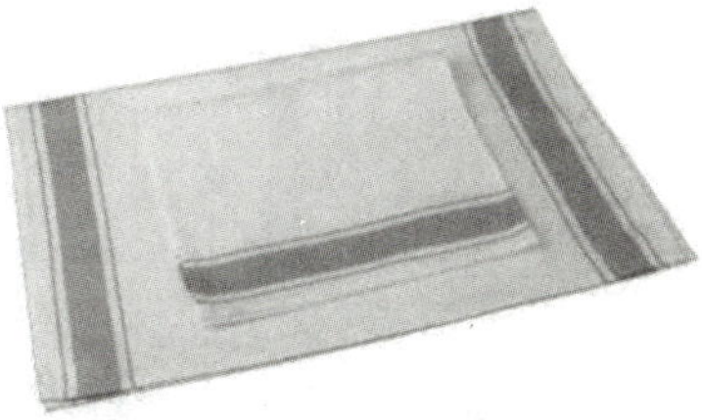

图2-41 擦杯布

26. 滗酒器（decanter）

滗酒器是用来盛放葡萄酒的玻璃器具。使用滗酒器可使品尝葡萄酒成为一种庄重的仪式。如图2-42所示。

27. 肉豆蔻磨粉器（nutmeg grater）

肉豆蔻磨粉器主要是磨制和盛放肉蔻粉的器具。如图2-43所示。

图2-42 滗酒器

图2-43 肉豆蔻磨粉器

任务二 酒吧常见杯具

1. 鸡尾酒杯（cocktail glass）

鸡尾酒杯有时也可称为马天尼杯（martini glass），是一种倒锥形的带柄玻璃杯，容量规格通常为98 mL，调制鸡尾酒以及饮用鸡尾酒时使用，是最常见的鸡尾酒杯。如图2-44所示。国际经典鸡尾酒通常使用这种杯型，如红粉佳人（pink lady）、干马天尼（dry martini）、旁车（side car）等。

2. 碟形香槟杯（champagne saucer）

碟形香槟杯是一种杯口宽而浅的碟形杯，常用于喜宴庆典上香槟塔的搭建。其杯口大，杯身扁，便于稳定地堆叠。其容量规格为120 mL。如图2-45所示。

图2-44　鸡尾酒杯

图2-45　碟形香槟杯

3. 长笛形香槟杯（champagne flute）

长笛形香槟杯杯身窄长，杯口小，越靠近杯口处越小，这种形状可令酒的气泡不易散掉，令香槟更可口。其容量规格一般为150 mL。如图2-46所示。

4. 郁金香香槟杯（champagne tulip）

郁金香香槟杯杯身细长，因形状似郁金香花而得名，杯口小，杯肚大，便于更好地聚拢酒的香气。其容量规格为126 mL，一般用于饮用法国香槟地区出产的香槟酒，以及其他国家和地区出产的葡萄汽酒。如图2-47所示。

图2-46　长笛形香槟杯

图2-47　郁金香香槟杯

5. 玛格丽特杯（Margarita glass）

玛格丽特杯是碟形香槟杯的变体，其杯柄较高，杯身下半部分小、上半部分大，杯口处还常抹有盐或放置酸橙等作为装饰，是专门用于盛装玛格丽特鸡尾酒的杯子。其容量规格通常为150~180 mL。如图2-48所示。

图2-48　玛格丽特杯

6. 葡萄酒杯（wine glass）

葡萄酒杯通常分为红葡萄酒杯和白葡萄酒杯。地区不同，葡萄酒杯的形状也是不一样的。红葡萄酒杯和白葡萄酒杯外观上相似，主要区别在于杯肚的大小和开口的大小，红葡萄酒杯比白葡萄酒杯的肚子相对更大，敞口更开。因为大多数红葡萄酒的香气相对更浓郁，大肚子和大敞口也更有利于醒酒，使葡萄酒加速氧化，能够让香气更多地展现出来。红葡萄酒杯的常用容量规格为300 mL、330 mL；白葡萄酒杯的常用容量规格为250 mL、330 mL。白葡萄酒杯的容量通常小于红葡萄酒杯的容量。如图2-49所示。

（a）红葡萄酒杯　（b）白葡萄酒杯

图2-49　葡萄酒杯

7. 白兰地杯（brandy glass）

白兰地酒杯的杯口小而杯肚较大，有利于聚拢白兰地的香气。杯脚相比葡萄酒杯较低，可使酒香更充分散发。饮用时一般用手掌托住杯身。其容量规格一般为240 mL。如图2-50所示。

8. 古典杯（old fashioned glass）

古典杯又称老式杯、平底杯、岩石杯、宽口矮脚杯，是经典的杯型，在酒吧中非常常见。它的杯沿较宽，杯底较厚。因此，一些非液体成分可以直接在杯中搅碎。古典杯适用于各种饮料，很多加冰鸡尾酒都会采用这种杯型（例如经典的加冰威士忌）。其容量规格一般为180~300 mL。如图2-51所示。

图2-50　白兰地杯

图2-51　古典杯

9. 柯林杯（collins）

柯林杯的杯身呈圆柱形，一般瘦且长，口径小。这种杯型常用来盛装一些原料是以气泡元素（如苏打水或起泡酒）为基酒的鸡尾酒，这样可以更好地延长气泡保留的时间。其容量规格一般为300 mL左右。如图2-52所示。

10. 飓风杯（hurricane glass）

飓风杯的杯柄很短，杯身很长且呈曲线形，整体形状类似于一个花瓶，杯口顶部则类似于喇叭口。一般来说，这种杯型适合混合冰镇类饮料，在热带地区非常常见。如图2-53所示。

图2-52　柯林杯

图2-53　飓风杯

11. 爱尔兰咖啡杯（Irish coffee mugs）

爱尔兰咖啡杯是用来饮用爱尔兰咖啡的杯子，采用抗热材质做成。其容量规格为210 mL。如图2-54所示。

12. 雪莉酒杯（sherry wine glass）

雪莉酒杯是专门饮用雪莉酒的杯子，其容量规格为60 mL。如图2-55所示。

13. 波特杯（port glass）

伯特杯的形状和雪莉杯类似，是专门用于盛放波特酒的杯子。其容量规格为360 mL。如图2-56所示。

14. 果汁杯（juice glass）

果汁杯主要用于盛装各种果汁，其型号较多，其容量规格一般为180 mL。

15. 奶昔杯（milk shake glass）

奶昔杯主要用于盛装奶昔，有时也可盛装某些鸡尾酒或软饮料。如图2-57所示。

图2-54　爱尔兰咖啡杯

图2-55　雪莉杯

图2-56　波特杯

图2-57　奶昔杯

16. 啤酒杯（beer glass）

啤酒杯种类繁多，常见的有扎啤杯（图2-58）、皮尔森杯（图2-59）和品脱杯（图2-60）。扎啤杯是最常用的啤酒杯，一般玻璃较厚，容量较大，而且带有把手。由于杯壁较厚，长时间握杯不会影响啤酒的温度，较适合畅饮。皮尔森杯是继扎啤杯之后应用最广的啤酒杯，口大底小，呈圆锥形，杯壁较薄。在酒吧中，女士们常用皮尔森杯饮用啤酒。品脱杯一般呈圆柱形，杯口较宽，接近杯口处有一圈凸起。这种凸起有助于延长泡沫和酒液气味保留的时间。

图2-58　扎啤杯

图2-59　皮尔森杯

图2-60　品脱杯

17. 利口酒杯（liqueur glass）

利口酒杯也被称为彩虹杯。外形矮小，底部有短握柄，上方呈圆直状，用于盛装利口酒，最适合彩虹酒类。其容量规格有30 mL、60 mL、90 mL。如图2-61所示。

18. 子弹杯（shot glass）

子弹杯又称为烈酒杯，用于盛装不加冰块的烈酒。其容量规格大约为30 mL，子弹杯盛的烈酒可一饮而尽。如图2-62所示。

图2-61　利口酒杯

图2-62　子弹杯

19. 果冻杯（sherbet）

果冻杯主要用于盛装冰激凌和果冻。如图2-63所示。

20. 高脚水杯（water goblet）

高脚水杯用于盛装矿泉水和冰水，多见于豪华西餐厅。如图2-64所示。

图2-63　果冻杯

图2-64　高脚水杯

任务三 酒吧储备

一、酒精饮料

酒精饮料在酒吧经营中扮演着最重要的角色，并且是获得利润最主要的来源，主要包括蒸馏酒、发酵酒和混配酒三大类。常见的酒精饮料品牌如下：

1. 蒸馏酒

蒸馏酒主要包括以下六种：

（1）白兰地

调制鸡尾酒时多用普通型的白兰地，高档白兰地一般用于净饮。

（2）威士忌

威士忌的主要产地有苏格兰、爱尔兰、美国和加拿大。目前很多人喜欢净饮威士忌；有些人在古典杯里加入冰块，然后把威士忌淋在冰块上再饮用；还有人在威士忌中加入苏打水。

（3）金酒

金酒是不可缺少的基酒之一，也是调酒消耗量最大的酒品，是鸡尾酒的“心脏”。

（4）伏特加

伏特加是调酒消耗量较大的酒品，无色、无味的伏特加多用于调制鸡尾酒酒品，有色、有味的调味型伏特加多为净饮。

（5）朗姆酒

朗姆酒分为淡色朗姆酒和浓色朗姆酒两种，淡色朗姆酒多用于基酒，浓色朗姆酒多用于净饮。

（6）特基拉

特基拉是酒吧常备酒品之一，是墨西哥的国酒，一般用特基拉调制基酒。

2. 发酵酒

发酵酒主要指啤酒和葡萄酒，是邮轮上销量最大的两种酒品。

（1）啤酒

用啤酒制作的鸡尾酒营养丰富，爽口、消暑，在夏季较受欢迎。

（2）葡萄酒

葡萄酒是西餐的配餐酒，也可以作为基酒，调出的鸡尾酒温和爽口，深受女性喜爱。

3. 混配酒

混配酒主要指开胃酒和利口酒，它既可作为基酒，也可作为辅助酒品；既可为鸡尾酒增色添香，也可改善口感。

二、无酒精饮料

1. 碳酸饮料

酒吧中的碳酸饮料通常作为鸡尾酒的配料使用，它能降低鸡尾酒的酒度、爽口清凉、口感清新。常用的碳酸饮料有雪碧、可乐、七喜、汤力水、姜汁汽水、苏打水等。

2. 果汁

果汁是调制鸡尾酒和无酒精鸡尾酒的重要配料，酒吧常备的果汁有柠檬汁（lemon juice）、橙汁（orange juice）、番茄汁（tomato juice）、菠萝汁（pineapple juice）、苹果汁（apple juice）、葡萄汁（grape juice）、莱姆汁（lime juice）、西柚汁（grapefruit juice）等。

柠檬汁：浅黄色、味酸。

橙汁：橙黄色、酸甜。

番茄汁：红色、味酸。

菠萝汁：金黄色、味酸。

苹果汁：青绿色、味甜。

葡萄汁：紫色、酸甜。

莱姆汁：青黄色、味酸。

西柚汁：浅黄色、酸涩。

3. 糖浆

糖浆是具有香味、甜度很高的浓缩液体，用于改善鸡尾酒的口味和增加甜度，酒吧常用的有接骨木花糖浆（elder flower syrup）、红石榴糖浆（grenadine syrup）、绿薄荷糖浆（green mint syrup）等。如图2-65～图2-67所示。

图2-65　接骨木花糖浆

图2-66　红石榴糖浆

图2-67　绿薄荷糖浆

4. 乳饮料

乳饮料可以改善饮料口味、增加香滑度。酒吧常用的乳饮料有鲜奶、酸奶、豆奶等。

5. 茶

邮轮上提供的茶以袋装茶为主，一般有红茶和绿茶两种。

6. 咖啡

咖啡既可单独出售，也可以用于调制鸡尾酒。

三、调味料

1.丁香（cloves）

丁香气味芳香浓烈，味道辛辣，主要起到增香调味的作用。

2. 豆蔻（nutmeg）

豆蔻气味芳香，味道辛辣，在酒吧中豆蔻可用于调味。

3. 肉桂（cinnamon）

肉桂气味芳香，味道辣而甜，在酒吧中肉桂常用于调制花式咖啡。

4. 胡椒（pepper）

胡椒有黑胡椒和白胡椒之分，气味芳香，味道辛辣，在酒吧中胡椒主要用于调制一些特殊口味的鸡尾酒。

5. 盐（salt）

食盐用于为某些酒水增添味道以及挂霜杯时使用。

6. 辣酱油（worcestershire sauce）

辣酱油是一种综合酱油、醋、蒜的餐食调味品，在酒吧中用于调制一些特殊口味的鸡尾酒，如血腥玛丽等。

7. 奶油（cream）

奶油分为低脂奶油和高脂奶油。低脂奶油中脂肪含量一般在18%以上，高脂奶油中脂肪含量一般在45%以上，在制作鸡尾酒时常用高脂奶油。

8. 柠檬苦精（ bitter lemon concentrate）

在苏打水中加一点柠檬苦精，可代替汤力水使用。

四、水果

在调制鸡尾酒时，可将水果榨成汁为鸡尾酒增添味道，也可以将水果切成片状、块状或其他形状作为装饰物。

1. 橙子（orange）

橙子可用于榨汁，作为调酒配料，也可将橙子切成橙角、橙片，放在杯口作为装饰物。

2. 柠檬（lemon）

酒吧里柠檬多用于酒品的装饰， 可切块、切片，还可榨汁。其汁液可以改善和提高鸡尾酒的口味。如果配方中有柠檬汁，最好用鲜柠檬，因为鲜柠檬的味道和芳香与浓缩或瓶装的柠檬汁有很大区别。

3. 菠萝（pineapple）

菠萝既可以榨汁来调制鸡尾酒或混合饮料，也可以作为装饰物使用。

4. 樱桃（cherry）

酒吧多使用罐装樱桃，主要用于鸡尾酒的装饰。

5. 橄榄（olive）

橄榄作为鸡尾酒的辅助材料之一，主要用来装饰，如鼎鼎大名的“马天尼”就必须用橄榄装饰。

6. 小洋葱（onion）

小洋葱多为罐头制品，常作为饮料装饰物，开罐后应冷藏保存。

五、蔬菜

调制鸡尾酒时，蔬菜常用来装饰鸡尾酒。

1. 黄瓜

黄瓜多切成片，作为装饰物使用。

2. 西芹

西芹的茎和叶可作为装饰物使用，比如“血腥玛丽”鸡尾酒就使用西芹作为装饰物。

3. 西红柿

西红柿既可榨汁，也可切成片作为装饰物使用。

六、其他物品

其他物品包括棉织品、清洁用品、文化用品等。

技能实训

1. 酒吧设备与器具辨识

完成酒吧设备与器具辨识表（表2-1）。

表2-1 酒吧设备与器具辨识表

器具名称	英文名称	使用方法	用途

2.酒吧杯具辨识

完成酒吧杯具辨识表（表2-2）。

表2-2　酒吧杯具辨识表

杯具名称	英文名称	杯具容量	用途

练 习 题

一、填空题

1. 标准摇壶由 ___________、___________和 ___________ 三部分组成。
2. ___________ 用来量取各种液体的标准容量杯。
3. ___________ 用来控制倒出的酒量。
4. __________ 杯是一种倒锥形的带柄玻璃杯，调制鸡尾酒以及喝鸡尾酒时经常使用。
5. __________ 杯用于盛装不加冰块的烈酒，通常为净饮酒。
6. 葡萄酒杯通常分为 __________ 和 __________ 两种。
7. 饮用白兰地时通常使用 __________ 杯。
8. __________ 用于压榨果汁或捣碎原料。
9. 调酒杯的英文名称是 __________ 。
10. 邮轮上的茶以 __________ 为主。

二、判断题

1. 碎冰机是将大冰块磨成小碎冰的小型电器。（　　　）
2. 卧式冰柜主要用于冷藏葡萄酒、香槟酒、水果、奶及其他易变质食品，温度一般设置在4~8 ℃。（　　　）
3. 配制酒主要指的是啤酒和葡萄酒。（　　　）
4. 每个制冰机只能制成某一形状和型号的冰块。（　　　）
5. 子弹杯也称为彩虹杯。其外形矮小，底部有短握柄，上方呈圆直状。（　　　）

三、名词解释

1. 鸡尾酒杯
2. 柯林杯
3. 啤酒杯

四、简答题

1. 简述吧匙的使用方法及其用途。
2. 简述碟形香槟杯、长笛形香槟杯和郁金香香槟杯的区别。
3. 简述酒吧有哪些常用的基酒种类。

项目三　无酒精饮料

一、项目导读

无酒精饮料即“酒水”中 的“水”， 是指不含酒精或酒精含量低于0.5%的饮品。无酒精饮料的作用主要是解渴、提神及补充人体水分。无酒精饮料是近现代食品工业的产物，主要包括软饮料、果蔬饮料、乳品饮料等。随着食品工业的发展，必然会出现越来越多的新型软饮料，以满足人们多样的需求。

软饮料也叫碳酸饮料，是指在一定条件下压入二氧化碳气体的软饮料，但不包括因发酵自身产生二氧化碳的饮料。

果蔬汁饮料即以水果蔬菜为原料制作的不含酒精的饮料。从20 世纪20 年代初期开始，食品中的维生素和其他营养成分的意义与作用逐渐为人们所认识，因此，新鲜水果和蔬菜的消费迅速增加。目前，果蔬饮料的消费热仍然持续上升。果蔬汁饮料无统一的国际标准，其标准一般由各个国家自行制定。

乳品饮料一般是指牛乳或以牛乳为原料制成的各种饮料。

二、学习目标

【知识目标】

了解无酒精饮料的种类。

【能力目标】

正确识别各种无酒精饮料。

掌握与无酒精饮料相关的服务技能。

【情感、态度、价值观】

强化学生合作意识，提高学生对饮品的热爱。

任务一　茶

茶属于山茶科，为常绿灌木或小乔木植物，植株高达1~6 m。茶树喜欢湿润的气候，其在我国长江流域以南地区有广泛栽培。茶树叶子制成茶叶泡水后饮用，有强心、利尿的功效。茶树种植3年就可以采摘叶子，一般在清明节前后采摘长出4~5片叶子的嫩芽，用这种嫩芽制作的茶叶质量非常好，属于茶中的珍品。

中国是世界上最早人工栽培茶树、最早加工茶叶、茶类最为丰富的国家，因此中国被誉为茶的祖国和茶文化的发源地 。

图3-1 神农氏

（资源来源：https://new.qq.com/rain/a/20210920a056sg00）

一、茶的起源与发展

（一）茶的起源

茶文化的过程——“茶之为饮，发乎神农氏，闻于鲁周公”。兴于唐，盛于宋，普及于与明清。上古时期的神农（图3-1），因发现火种造福人类，被称为炎帝。神农尝百草的故事大家都非常熟知了，神农是个知识渊博的学者，更是一位经验丰富的植物学家，并且有着很高的卫生觉悟——喝开水。相传，有一天神农在一棵茶树下，支起锅煮水喝，几片嫩叶飘入锅中，使锅内的水变得清澈鲜美，芳香四溢，喝完后神清气爽，于是，茶就被发现了。

（二）茶的发展

1. 远古时期

人们从野生的茶树上采下嫩枝，先是生嚼嫩叶，随后将鲜叶加水煎煮成汤汁引用。

2. 秦汉年间

茶叶在蜀地作为一种饮品，并将其推广。

3. 魏晋南北朝时期

茶饮开始走入普通百姓家，成为生活的必备品，“粗茶淡饭”观念逐渐形成。《广雅》中提到有用葱、姜、橘子等材料与茶一起烹煮成羹，也有在茶中加米做成茗粥的。南北朝以后，士大夫品茗清谈，坐而论道。饮茶风尚的形成，逐渐由南向北、自上而下普及。

4. 唐代

唐代是茶文化走向兴盛的时期，也是茶叶产区大规模普及的时期。唐开元之后，饮茶活动达到空前规模，成为国饮。皇室专门成立贡焙，采造研制宫廷用茶。民间“城市多开店铺，煎茶卖之，不问道俗，投钱取饮”（参见《封氏闻见记》）。陆羽《茶经》的问世使“茶事大兴”，茶叶日益兴盛。

5. 宋代

宋代制茶“盛造其极”，重在趣味。一方面是市民日常饮茶的世俗情趣，另一方面是文人追求的精致雅趣。宋人还发展了一些新颖独特的趣性饮茶，如斗茶、分茶。

6. 元、明、清代

元代出现了机械制茶。到了明代，中国饮茶法又发生了一次大的变革。洪武二十四年（1391年），明太祖废除福建建安团茶进贡，禁造团茶，改茶制为芽茶，也就是散茶，从此改变了中国人饮用末茶的习惯。而这种散茶，不需蒸青而直接烘焙，保留了茶叶的本色、真味。明末清初时期，茶的饮法逐渐变成如今直接用沸水冲泡的瀹饮法。这也极大地推动了绿茶、黑茶、白茶、黄茶、乌龙茶、花茶等茶类的迅速兴起和发展。

7. 现代

茶文化逐渐成为我国的热门话题，各种国际国内茶文化研讨会、茶文化接连不断，各地茶叶博物馆、茶艺馆相继兴起，茶艺、茶道、茶礼、茶仪表演百花争艳，茶叶著论和书刊空前繁荣，中国茶艺一时繁花似锦。

二、基本成分及茶的功效

（一）茶的营养成分

随着科学技术的发展，到了19世纪初，茶业的成分才逐渐明确起来。经过现代科学的分离和鉴定，茶叶中含有机化学成分达450多种，无机矿物元素达40多种。茶叶中的有机化学成分和无机矿物元素含有许多营养成分及药用成分。有机化学成分主要有茶多酚类、植物碱、蛋白质、氨基酸、维生素、果胶素、有机酸、脂多糖、糖类、酶类、色素等。

（二）茶的功效

1. 茶水可使血管中血清胆固醇和纤维蛋白含量降低，从而降低血脂、软化血管。
2. 茶水有收敛、消炎等作用，能预防肠道传染病。
3. 茶水可分解烟草中的某些毒素，尤其能抑制尼古丁对人体的危害。
4. 茶水有抗菌、抗病毒、消毒等作用。可清洗小伤口，止血、止痛等作用相当明显。
5. 茶水漱口可预防龋齿生成，有利于口腔卫生。
6. 茶叶有抑制细胞突变与癌变的作用，而且有抑制癌细胞生长和扩散的作用，长期饮茶能降低食管癌、胃癌、肠癌等消化道肿瘤的发病率。
7. 茶水可提神醒脑、清热解毒，具有明目、消滞、减肥的功效。

三、茶的产区（表3-1）

表3-1 茶区的分布及特点

茶 区	省 份	特 点	主产茶	名优茶
西南茶区	云南、贵州、四川及西藏的东南部	中国最古老的茶区，还是中国大叶红茶的主产区	红茶、绿茶、黑茶（普洱）	滇红、工夫红茶、普洱茶
华南茶区	广东、广西、福建、台湾、海南	最适宜茶树生长的茶区	红茶、乌龙茶、白茶、黑茶、花茶	福建安溪铁观音、六堡茶
江南茶区	浙江、湖南、江西、安徽南部	中国茶叶主产区，年产量占全国产茶总量的2/3	绿茶、红茶、黑茶、花茶	六安瓜片、太平猴魁
江北茶区	河南、陕西、甘肃、山东、山西、江苏	中国最北部的茶区	绿茶	信阳毛尖、崂山矿泉茶

四、茶的分类

中国是茶叶大国，茶叶历史悠久、品种繁多，不同的茶叶，其冲泡方法和饮用方法也各不相同。

目前茶叶分类尚未有统一的归类方法，所以按照不同的标准有不同的分类方法。比如按季节可分为春茶、夏茶、秋茶、冬茶；按生长环境可分为平地茶、高山茶、有机茶；按发酵程度可分为绿茶（不发酵）、黄茶（微发酵）、黑茶（后发酵）、青茶（半发酵）、白茶（轻度发酵）、红茶（全发酵）等六大茶类。这种分类方法已被业界广泛采用。

（一）绿茶（图3-2）

图3-2　绿茶

绿茶是中国饮用最普及的茶类，亦是中国历史上出现最早的茶类。绿茶是不发酵茶，发酵程度为0。一般通过杀青、揉捻、干燥等程序制作而成。这类茶的颜色是绿色，泡出的茶汤是黄绿色。著名的绿茶品种有西湖龙井、洞庭碧螺春、安吉白茶、黄山毛峰、太平猴魁等。

绿茶的冲泡技巧有以下几种。

上投法：先在洁净透明的玻璃杯中倒入八分杯75~85 ℃的温开水，然后投入茶叶，茶叶在杯中会以不同的优美姿态下沉，待茶叶完全下沉后即可品饮。这种方法适用于外形紧结，细嫩重实的名优绿茶，如碧螺春、君山银针、高山玉芽等。

中投法：先在洁净透明的玻璃杯中倒入1/3杯85~90 ℃的温开水，然后投入茶叶，待茶叶舒展后，再向杯中注满八分杯的水，使茶叶在水中充分浸润，待茶叶完全下沉后即可品饮。这种方法适用于茶形松展、细嫩的名优绿茶，如黄山毛峰、太平猴魁等。

下投法：先在洁净透明的玻璃杯中加入适量茶叶，然后再倒入85~90 ℃的温开水至八分满，待茶叶出汤后即可饮用。这种方法适用于叶张扁平或宽大的茶叶，如竹叶青、黄山毛峰、西湖龙井等。

（二）红茶（图3-3）

红茶是一种全发酵茶叶，经过萎凋、揉捻、发酵、干燥等工艺加工而成。茶叶色泽乌黑，泡出的茶叶底红亮，具有浓郁的水果香气和醇厚的滋味。常见的著名品种有祁门红茶、正山小种、滇红、川红等。

图3-3　红茶

红茶的冲泡过程如下。

1. 准备茶具

茶器：白瓷盖碗、公道杯、茶杯、茶巾、烧水器。

容量：100~120 mL。

水温：95~100 ℃。

投茶量：5 g红茶（茶水比例1: 20）

泡红茶常用的主泡器皿为白瓷盖碗，白色杯简洁大方，冲泡方便，出汤顺手，但要掌握好拿捏的姿势，不然还是会烫手的。

2. 冲泡步骤

第一步：温杯。

先烧开一壶水，用开水将盖碗以及茶具烫洗一遍，既可以去除异味，又可以提高盖碗温度。温杯之后快速倒掉水，然后立即剪开泡袋，倒入红茶。

第二步：投茶。

红茶的投茶量不宜过多，以免茶汤过浓，造成轻微的苦涩；投茶过少，则口感平平，“也无风雨也无晴”。一切刚好才是最好，所以红茶的投茶量一般为5 g（注水量则为100 mL左右）。

第三步：冲泡。

一切准备工作都已做好，接下来就是冲水了。冲水原则为高温之水冲泡、环壁注水、快出水（高温意味着95 ℃以上）。

首先，提起水壶，沿着盖碗杯壁环壁注水，是成全一杯好茶的“利器”。在环壁状态下，水流缓慢地流入盖碗中，浸润每一片茶叶。

前后时间不过3~5 s。快出汤是红茶冲泡的主旋律，尤其是前四冲，出水速度尽可能快。在第五冲之后，可以适当坐杯。

坐杯时间参考。前三泡5 s左右，第四泡开始10 s、15 s、20 s左右，好的红茶冲七泡左右不成问题。具体时长可根据个人口感喜好微调。

当然，红茶洗不洗茶并不重要，其实只要购买正规的茶叶是可以不洗的，洗茶基本上没什么必要，若是散茶，即便要洗茶，洗茶的速度也要快，快进快出。

第四步：分汤

注水之后5 s就可以准备出汤了，首先将盖碗拿起，将茶汤均匀滤入公道杯，然后将茶汤倒入茶杯，细细品饮。

（三）乌龙茶（图3-4）

图3-4　乌龙茶

乌龙茶亦称青茶，是半发酵茶或全发酵茶，其品种较多，是中国几大茶类中独具鲜明中国特色的茶叶品类。乌龙茶的制作方法介于绿茶和红茶之间。制茶时，经轻度发酵和局部发酵，然后采用绿茶的制作方法将其进行高温杀青，使茶叶七分绿、三分红，故又称“绿叶红镶边”。乌龙茶品尝后齿颊留香，回味甘鲜。著名品种有铁观音、大红袍、冻顶乌龙、水仙等。

乌龙茶的冲泡步骤如下。

第一步：取茶。

先将干茶从茶叶罐中取出，盛入茶盘中，观察干茶的形状与色泽，了解茶叶品质特性。

第二步：温杯烫具。

用沸水冲洗盖碗、茶杯，冲泡盖碗时，先将盖翻过来微倾于盖碗上，用沸水沿边烫洗，目的是提高茶器的温度，有助于乌龙茶的茶性得到淋漓尽致的发挥。

第三步：放置茶叶。

参酌茶叶特性，放置盖碗容量1/4的茶叶，茶叶铺满盖碗底部即可。

第四步：冲泡。

以沸水冲入盖碗，沿边注水，冲满即刻盖好，冲泡开水温度以95～100 ℃为宜。如沸水温度不够，用于冲泡乌龙茶的劲力则不足，泡出的茶香味不全，而乌龙茶茶叶较为紧致，耐泡度较高，使用100 ℃的水温冲泡更利于茶汤滋味与香气的释放。

第五步：冲泡时间。

冲泡时间由短变长，第一次短，而后逐次延长。温润乌龙茶后，第一泡适宜浸泡大约15 s，品饮后可再根据茶汤的浓淡，确定出汤的最佳时间。

从第四泡开始，每一次冲泡均应比前一泡延长10 s左右。好的乌龙茶七泡仍有余香。因此，冲泡乌龙茶一般不超过7次。

泡茶因时间长短不同，茶汤中可溶物的量与质亦是不同。因此，冲泡茶的时间长短直接影响茶汤品质。

（四）白茶（图3-5）

图3-5　白茶

白茶是不发酵茶叶。人们采摘了细嫩、叶背多白茸毛的芽叶，加工时不炒不揉，晒干或用文火烘干，这样白茸毛就完整地保留下来，这也是它呈现白色的缘故。其汤色素雅，初泡无色、毫香明显。著名品种有白毫银针、白牡丹、贡眉、寿眉等。

冲泡白茶饼，建议使用白瓷盖碗茶具。白瓷盖碗泡茶可还原白茶真实味道，利用盖碗泡茶，更利于茶友们细细品味白茶盖香。

所谓盖碗聚香，即拿起盖碗的盖子，凑近鼻尖，嗅着白茶香气，仿佛置身在茶园中一样。

容器大小方面，选择120 mL白瓷盖碗即可，大小合适，方便拿捏。在冲泡时，流程可分为四大步。

第一步，撬茶。

根据冲泡需求，撬下薄片状的白茶饼。120 mL白瓷盖碗，搭配6 g白茶即可。

第二步，烫壶温杯。

冲泡前，先用沸水将茶器都烫洗一遍，以保证茶香纯净不受外界因素干扰。

第三步，注水。

冲泡白茶饼，最佳水温是100 ℃，沸水能让茶香充分释放，还能让果胶物质分解开，以保证茶味充足。

茶饼注水时，最好采用环壁注水的方式，这种注水方式可让白茶饼充分浸润在沸水中。

第四步：出汤。

注水后，不必迟疑，直接盖上杯盖，8 s左右倒出茶汤。

前四冲，以8 s快出水为好。第五冲以后，可根据茶汤浓淡程度调整出水时间。汤水淡了，适当坐杯可让汤水重新回复醇厚风味。

（五）黄茶（图3-6）

图3-6　黄茶

黄茶是轻微发酵类茶叶。黄茶的品质特点是“黄叶黄汤”。这种黄色是在绿茶制作程序中加入“闷黄”工艺逐渐形成的。在绿茶炒青实践中，鲜叶杀青后若不及时揉捻，或揉捻后不及时烘干或炒干，堆积过久，也会变黄；炒青杀青温度低，蒸青杀青时间过长，也会发黄。所以在炒制绿茶的实践中，就发明了黄茶类茶叶。黄茶芽叶细嫩，显毫，香味鲜醇。由于品种不同，因此在茶片选择、加工工艺上有相当大的区别。著名品种有君山银针、蒙顶黄芽、北港毛尖、鹿苑毛尖、霍山黄芽等。

黄茶冲泡：

1. 备具

冲泡黄茶最好的茶具为玻璃杯，玻璃杯可以直接观赏黄茶的冲泡姿态，以及欣赏汤色。当然用盖碗也是可以的。

2. 投茶

投茶量过多，是导致茶汤过苦过涩的主要原因。黄茶一般的投茶量为7 g左右，茶水比例一般为1∶50，即7 g干茶需要350 mL的水。

3. 水温

黄茶通常分为黄芽、黄小茶、黄大茶。像较嫩的芽茶，可用85 ℃的水温冲泡，此温度指的是烧开后晾置的温度。

4. 出汤

黄茶鲜爽，好喝的就是头几泡，不需要洗茶，头泡即可直接品饮，更显出黄茶的清香。如使用的是盖碗，则6 s左右即可出汤；如使用的是玻璃杯，则浸泡3 min左右即可饮用。

（六）黑茶（图3-7）

图3-7　黑茶

黑茶是全发酵茶叶。由于原料粗老，黑茶加工制造在过程中一般堆积发酵时间较长，因为其叶色多呈暗褐色，故称黑茶。在加工工艺上，黑茶有自己独特的工艺。著名品种有湖南黑茶、老青茶、四川边茶、六堡散茶等。

黑茶冲泡：

冲泡黑茶时，较嫩的茶多透少闷，粗老茶则多闷少透，粗老茶也可煮饮。每种茶都有各自的特点，只有真品黑茶才有其特定功效。

第一步，投茶。将大约15 g黑茶投入飘逸杯中。飘逸杯是泡黑茶时很好的茶具，它可以实现茶水分离，更好地泡出黑茶。

第二步，冲泡。按1∶40左右的茶水比例用沸水冲泡。由于黑茶比较老，所以泡茶时一定要用100 ℃以上的沸水，才能将黑茶的茶味完全泡出。

第三步，茶水分离。如果用飘逸杯冲泡黑茶，直接按杯口按钮，便可实现茶水分离。再将飘逸杯中的茶水倒入茶杯，直接饮用即可，也可直接用飘逸杯饮用。

知识扩展

（一）春茶、夏茶、秋茶和冬茶的区别

1. 春茶

一般指由越冬后茶树第一次萌发的芽叶采制而成的茶叶，称其为春茶。春茶由于茶树营养物质丰富，故而叶肉肥厚，芳香物质和维生素含量较高，滋味鲜爽，香气强烈，外形条索、紧结重实。春茶约3月下旬萌芽，一年分四季采制，谷雨至立夏（4月中下旬—5月上旬）为春茶，产量占全年总产量的40%~45%。

2. 夏茶

夏季生产加工的茶叶，即称夏茶。夏茶新梢生长迅速，但很容易老化。茶叶中的氨基酸、维生素的含量明显减少，花青素、咖啡因、茶多酚含量明显增加，味显苦涩。6月初—7月上旬采制的茶叶为夏茶。

3. 秋茶

秋茶，顾名思义，就是秋季产的茶。由于秋天降水少，气候干燥，在茶叶的长成、采摘和制作过程中都能最大限度地保持茶叶的香气。在冷干的温度下制成的茶叶不仅内质保持较为完好，茶叶内含水分少，也更显香气。秋茶的汤色、滋味在春茶和夏茶之间，香气平和，在营养成分方面秋茶一般不如春茶。

4. 冬茶

大约在10月下旬开始采制。冬茶是在秋茶采完后，气温逐渐转冷后生长的。

（二）茶多酚含量最高的茶

茶多酚含量最高的茶是绿茶，绿茶中茶多酚的含量为22.49%，白茶中茶多酚的含量为13.78%，黄茶中茶多酚的含量为16.71%，乌龙茶中茶多酚的含量为12.78%，红茶中茶多酚的含量为7.93%，黑茶中茶多酚的含量为15.51%，由此可见，绿茶是茶多酚含量最高的茶叶。

茶多酚在六大茶类中变化不一，其含量由高到低分别为绿茶、黄茶、黑茶、白茶、乌龙茶、红茶，而且前三名的杀青类茶比后三名的萎凋类茶的含量平均高58.6%，其中差异最大的是绿茶和红茶，两者之间的茶多酚相差1.8倍。

影响鲜叶茶多酚含量的因素：

1. 从整棵茶树来看，茶多酚含量最高的是新梢，其次是老叶、茎、根（根中含量较低）。

2. 在新梢中，芽梢的茶多酚含量低于第一叶，从第一叶开始，其含量随叶位的增加而减少。

3. 一般而言，气温高、光照强或光照时间长，茶多酚含量会增加，反之则会减少。所以，同一环境生长的茶叶，夏茶的茶多酚含量最高，秋茶次之，春茶最低。

4. 一般茶树超过一定的海拔高度（约500 m）时，茶多酚的含量随海拔增加而减少。

5. 一般情况下，大叶种相对中小叶种茶叶的茶多酚会更高一些。

6. 不同色泽的茶叶在化学组成上是有差异的，紫色芽叶中的茶多酚含量较高，黄绿色芽叶次之，深绿色芽叶含量较低。

结论：茶多酚基本上是按发酵度高低排序，随着发酵度的增大，茶多酚的含量会减少。

任务二　咖　　啡

一、咖啡的起源与种植

（一）咖啡的起源

1. 牧羊人的故事（图3-8）

图3-8　牧羊人的故事

有关于咖啡由来的传说有好几种，其中为人熟知的是牧羊人的故事。根据罗马一位语言学家罗士德・奈洛伊（1613—1707）的记载：大约 6 世纪时，有位阿拉伯牧羊人卡尔代某日赶羊到伊索比亚草原放牧时，每只山羊都显得无比兴奋，雀跃不已，他觉得很奇怪，后来经过细心观察发现，这些羊是吃了某种红色果实才会兴奋不已，卡尔代好奇地尝了一些，发觉这些果实非常香甜美味，食后自己也觉得精神非常爽利，从此他就时常赶着羊群一同去吃这种美味果实。后来，其神奇效力也就流传开来了。

2. 雪克・欧玛的故事

另一个传说是与阿拉伯半岛上的守护圣徒雪克・卡尔第之弟子雪克有关。欧玛在摩卡是很受人民尊敬及爱戴的酋长，但因犯罪而被族人驱逐。雪克・欧玛因此被流放到该国的俄萨姆，在这里偶然发现了咖啡的果实，这是1258年的事。一日，欧玛饥肠辘辘地在山林中走着，看见枝头上羽毛奇特的小鸟在啄食了树上的果实后，发出极为悦耳婉转的啼叫声。他将此果实带回并加水熬煮，不料竟发出浓郁诱人的香味，饮用后原本疲惫的感觉也随之消除。欧玛便采集了许多这种神奇的果实，遇见有人生病时，就将果实做成汤汁给他们饮用，使他们恢复了精神。由于他四处行善，受到信徒的爱戴，不久他的罪得以赦免，回到摩卡后，他因发现这种果实而受到礼赞，人们推崇他为圣者。而当时神奇的治病良药，据说就是咖啡。

（二）咖啡的种植

一般来说，咖啡栽种在山坡地上。咖啡从播种、生长到结果，需要3~5年的时间，从开花到果实成熟则需要6~8个月的时间。由于咖啡果实成熟时是鲜红色，且形状与樱桃相似，所以又被称为“咖啡樱桃”。咖啡生长过程如图3-9所示。

播种 —40天→ 发芽 → 小树苗 → 咖啡树

→ 结果 → 成熟 → 采摘

图3-9　咖啡生长过程

二、咖啡的种类及产区

南北纬回归线25°之间的环状地带，是咖啡的自然生长区，所以称为coffee belt，还有另一个名称叫作coffee zone。

（一）常见的咖啡原种

1. 阿拉比卡

阿拉比卡种的原产地在埃塞俄比亚高原，16世纪经由阿拉伯地区传入欧洲，在所有的咖啡中，阿拉比卡种的咖啡占75%~80%，它绝佳的香气让其成为全世界人们都喜爱的咖啡品种，世界著名的蓝山咖啡、摩卡咖啡等几乎全是阿拉比卡种。

这种咖啡豆品种都不耐病虫害，但是在味道和咖啡因含量方面都优于罗布斯塔。阿拉比卡种咖啡豆如今主要的产地为南美洲（阿根廷与巴西部分地区除外）、中美洲、非洲（肯尼亚、埃塞俄比亚等地，主要是在东非）、亚洲（包括也门、印度、巴布亚新几内亚的部分区域）。

2. 罗布斯塔

不适合阿拉比卡种咖啡生长的高温多湿地带就是罗布斯塔种咖啡生长的地方，罗布斯塔种具有独特的香味与苦味，仅仅占混合咖啡的2%~3%，整杯咖啡就成了罗布斯塔味，所以它的风味特别鲜明。

它一般被用于速溶咖啡、罐装咖啡、液体咖啡等工业生产咖啡上，咖啡因的含量在3.2%左右，远高于阿拉比卡种的1.5%。主要生产地为印度尼西亚、越南，以及以科特迪瓦、阿尔及利亚、安哥拉为中心的西非。

3. 利比里亚

利比里亚种即大粒种，原产于利比里亚和马来西亚等少数国家，对于高温或低温、潮湿或干燥等各种环境，皆有很强的适应能力，它的风味较阿拉比卡种来说会差一些，故仅在西非部分国家（利比亚、科特迪瓦等）内交易买卖或者栽种，供研究使用。

它的栽培历史比其他两种咖啡树稍短，利比里亚咖啡树适合种植于低地。它的树干又高又壮，有18 m，树叶大而坚韧，果实和咖啡豆也很大。它的种皮紧贴种仁，成熟时为朱红色。

（二）咖啡的产区

1. 巴西

被誉为咖啡界“巨人”的巴西是世界最大的咖啡生产地，占世界产量的1/3，对于巴西来讲，最有挑战性的是当地时常发生的自然灾害，但这一点在其足够大的种植面积上得到了很好的弥补。巴西的咖啡从等级上来讲，因其简单粗暴的工业政策，特优等的咖啡也许只有少数，但另一方面，巴西的咖啡又常是混合咖啡相当好的选择。

2. 哥伦比亚

哥伦比亚是咖啡第三大产地。不得不提的是，哥伦比亚温和的气候和秀美的山川，让其成为一个“天然牧场”，一年四季都是收获的季节。其咖啡豆口味浓郁，回味无穷，因此常常有人把“哥伦比亚”和“高品质”联系到一起也就无可厚非了，因为哥伦比亚顶尖的高级咖啡确实令人爱不释手。

3. 印度尼西亚

印度尼西亚咖啡中最出名的便是苏门答腊的曼特宁。高级曼特宁口感独特，其世界首屈一指的品质，令其拥有相当多的咖啡铁粉。一说起来，曼特宁咖啡的浓香便已经在舌尖、喉咙浮现了。

4. 埃塞俄比亚

关于咖啡豆的起源一直流传着两个传说，其中之一就是源自埃塞俄比亚。埃塞俄比亚人一直有着用比较原始的方式采收野生咖啡豆的传统，加上高海拔环境的孕育和水洗的处理方式，因此其咖啡风味顺滑柔和，拥有复杂而浓郁的果香，且巧克力味极其突出。野生和自然的环境锻造出了埃塞俄比亚咖啡的旷野，但其种植和采收方式的局限导致产量也相对较低。比较知名的如耶加雪菲，不妨用心品味一下它的风味。能遇到好喝的咖啡是件幸福的事情，只要一杯，就算不喝咖啡的人也会爱上。

5. 秘鲁

秘鲁咖啡种植区在海拔900~2 050 m，得天独厚的天然环境使得咖啡豆更加香醇。随着种植方式的改善，秘鲁咖啡的产量也在提升。秘鲁也是极品咖啡的产地之一，其咖啡如今受到越来越多的人的钟爱。

6. 危地马拉

独树一帜的碳烧味，可可香和浓郁微强的酸度是危地马拉咖啡的标签，香醇略具野性的口感中，却有明显的回甘，是让人欲罢不能的精品咖啡之一。它一直提醒着我们，曾经有一段神秘的安提瓜岛历史随着咖啡豆的香气弥漫至今。

7. 肯尼亚

肯尼亚与埃塞俄比亚相邻，因其气候水土和处理方式的独特性，肯尼亚咖啡的风味特点也极其独特。另外，1 500~2 100 m的海拔也造就了其极致芳香的咖啡特性，而且肯尼亚的栽培和管理制度受英国影响，目前已经相当完善。

8. 哥斯达黎加

哥斯达黎加的咖啡豆是世界上极度出众的，其味道浓郁、温和且极酸。这里之所以有高品质的咖啡，跟哥斯达黎加细心的处理方式是分不开的，尤其是哥斯达黎加的中部高原，土壤独特的内部结构使得咖啡豆的品质也与众不同。

9. 牙买加

提到牙买加，就会想到该国的蓝山咖啡。众所周知，堪称完美的蓝山咖啡目前市场上很难买得到，大部分都已被日本买下。

10. 也门

对于也门来讲，咖啡产量最大的威胁就是其动荡的政治环境，加上种植的随意性，导致产量不稳定，但不得不提的是，也门的摩卡咖啡在世界掀起的浪潮有目共睹，至今仍是搭配综合咖啡不可或缺的。

三、咖啡豆的烘焙

咖啡豆的烘焙简单来说就是炒生咖啡豆，借着加热，使颜色发生变化，在焙豆过程中，将咖啡豆通体加热，使豆子完全弹起才是正确的，直到热度完全渗透到生豆内部，使咖啡豆充分膨胀，这样咖啡豆才会散发出特有的香味。

咖啡豆的烘焙程度可分为轻度、中度和深度三种。轻度烘焙的咖啡豆，豆子颜色较浅，且多酸味；中度烘焙的咖啡豆，豆子颜色比轻度烘焙豆略深，有恰到好处的酸味和苦味；深度烘焙的咖啡豆，由于烘焙时间较长，豆子颜色较深，味道则以苦味为主。咖啡豆烘焙着色对比如图3-10所示。

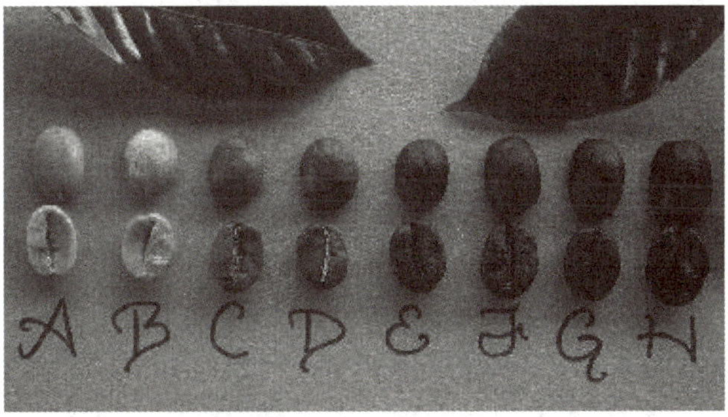

（A）生豆　（B）6 min　（C）一爆　（D）一爆后1 min
（E）二爆　（F）二爆后10 s　（G）二爆后35 s　（H）二爆后55 s

图3-10　咖啡豆烘焙着色对比

四、咖啡名品

（一）咖啡豆品牌

1. 蓝山咖啡豆

蓝山咖啡豆主要产于中美洲牙买加的高山地区。海拔1 800 m以上的蓝山地区的咖啡才能授权使用“牙买加蓝山咖啡”（blue mountain coffee）的标志，占牙买加蓝山咖啡总产量的15%。蓝山咖啡豆所制作的咖啡口感细腻，香郁醇厚。

2. 摩卡咖啡豆

真正的摩卡咖啡豆产于阿拉伯半岛西南方的也门共和国，生长在海拔900～2 400 m的陡峭山侧地带，也是世界上最古老的咖啡豆。摩卡咖啡拥有全世界最独特、最丰富、最令人着迷的复杂风味：红酒香、干果味、蓝莓味、葡萄味、肉桂味、烟草味、甜香料味、原木味甚至巧克力味。摩卡咖啡口感独特，层次多变。

目前以也门所生产的摩卡咖啡为最佳，其次为埃塞俄比亚生产的。

3. 曼特宁咖啡豆

曼特宁咖啡豆主要产于印度尼西亚的苏门答腊岛，当地的特殊地质与气候培养出其独有的特性，具有相当浓郁厚实的香醇风味，并且带有较为明显的苦味与碳烧味，苦、甘味更是特佳，风韵独具。印度尼西亚是咖啡产量大国，其咖啡产地主要在爪哇岛、苏门答腊岛和苏拉威西岛。罗布斯塔豆种占总产量的90%，而苏门答腊岛的曼特宁则是稀少的阿拉比卡豆种。这些树被种植在750～1 500 m的山坡上，神秘而独特的苏门答腊岛赋予了曼特宁咖啡香气浓郁、口感丰厚、味道强烈、略带有巧克力味和糖浆味的特殊风味。

4. 哥伦比亚咖啡豆

哥伦比亚咖啡豆主要产于哥伦比亚。其豆子香醇厚实，带点微酸，但口感强烈，并有奇特的地瓜皮风味。

5. 瑰夏咖啡豆

瑰夏咖啡豆产于巴拿马的翡翠庄园。其花香味突出，水果甜味和质感持久。

6. 康娜咖啡豆

康娜咖啡豆产于夏威夷，产量少，价格高，仅次于蓝山，有强烈的酸和甜味，口感温顺滑润，口味极佳。

7. 爪哇咖啡豆

爪哇咖啡豆产于印度尼西亚的爪哇岛，阿拉伯种。酸度相对较低，可作调配精致的芳香型咖啡，口味极佳。

（二）意式经典咖啡（图3–11）

图3–11　意式经典咖啡

1. 意式浓缩咖啡（espresso）

espresso在意大利语中是“快速”的意思，当热水在高压的作用下快速穿过咖啡粉时，咖啡的精华被充分地萃取出来，就完成了一件浓郁、芳香、高醇度、苦中带有焦糖味的咖啡艺术品。

2. 卡布奇诺（cappuccino）

咖啡、牛奶、奶泡的比例为1:1:1。由于意式浓缩咖啡上的奶沫酷似天主教卡布基教会教士所穿的披风上的帽子，并由此得名。将卡布奇诺、牛奶和奶泡按比例调和，使意式浓缩咖啡少了卡布奇诺的苦，多了奶泡的香醇滋味，这使意式浓缩咖啡拥有更容易被接受的口味。

3. 拿铁（latte）

咖啡、牛奶、奶泡的比例为1:2:1（1:7:2）。与卡布奇诺的不同之处在于，拿铁拥有更为浓郁的奶香，大量的牛奶和奶泡充分调和了意式浓缩咖啡厚重的味道，使其口味变得温顺，可以作为初尝咖啡者的首选推荐。

4. 摩卡（mocha）

mocha在意大利文中意为巧克力，mocha自然就是巧克力咖啡的意思了。当香醇的咖啡、浓郁的牛奶和甜腻的巧克力三者完美地结合在一起时，任何人都无法抗拒它那诱人的魅力。

5. 美式咖啡（Americano）

美式咖啡通常以1:5或1:7的比例加入过滤水制成。美式咖啡源于第二次世界大战时，美军在欧洲行军，喝不惯欧洲的意式浓缩咖啡，嫌它味道太浓烈，于是便加入热水，美式咖啡应运而生。可以将美式咖啡视作意式浓缩咖啡的“远房亲戚”。惯常的美式咖啡做法是在意式浓缩咖啡中冲入热水，冲散了牛奶的保护膜，因而咖啡味较淡。

6. 玛琪雅朵 （macchiato）

玛奇雅朵在意大利语中有“印记、烙印”的意思，所以玛奇雅朵是将一层薄薄的奶泡加入杯中后再倒入咖啡液。焦糖玛奇朵：意式浓缩+焦糖+牛奶+奶泡+焦糖酱裱花。

7. 康宝蓝 （con panna）

与玛奇雅朵齐名，在喝时配一块巧克力或者太妃糖最佳。

8. 阿夫加朵 （affogado）

介于冰与热、咖啡与甜点之间，简单地说就是浓缩咖啡冰激凌.

五、咖啡豆的研磨

（一）咖啡豆的研磨器具

研磨咖啡豆的器具有很多，但大体上可分为手动式研磨机和电动式磨机两大类。

手动式研磨机的优点是价格低，缺点是不够均匀，研磨时易发热、速度慢，香味挥发较多。

电动式磨豆机价格较高，但磨出的豆子颗粒均匀，因其速度快，所以减少了香味挥发。

（二）咖啡豆的研磨程度

咖啡豆因研磨颗粒的大小不同，冲泡出来的口味也有差异。研磨越细，苦味越浓；研磨越粗，酸味越重。

咖啡豆的研磨程度大致分为五类：极细研磨、细度研磨、中细研磨、中度研磨、粗研磨。应根据不同的咖啡器具及咖啡豆种类选取适合自己的研磨程度。

六、咖啡豆的储存

咖啡豆在储存时，应注意以下几点：

第一，咖啡豆应放在密封袋或密封罐中，以保持新鲜。

第二，咖啡豆应放在通风良好的地方。

第三，咖啡豆不要靠近刺激味强的物品。

第四，咖啡豆最好现磨现用。

七、常见的咖啡制作方法

（一）过滤式

过滤式咖啡主要利用滤纸和滤网过滤咖啡。过滤式所需要的器具（图3-12）简单又容易操作。

图3-12　过滤式咖啡壶

手冲壶：此种水壶与一般水壶不同的是，它的壶嘴比较细，且位于壶身的下部，这样的好处是便于调节水流粗细，从而达到控制水流的目的。

分享壶（滤壶）：一般为透明玻璃材质，并带有刻度，易于观察和把控萃取量。

滤杯：常用的滤杯有单孔、双孔和三孔三种形式。

滤纸：其型号要与所用的滤杯相对应。

温度计：用于观察、控制手冲壶中的水温。

操作步骤：

（1）先将滤纸放入滤杯中固定好，并用水轻微打湿滤纸；

（2）将研磨好的咖啡粉倒入滤杯中；

（3）将滤杯放入分享壶上；

（4）用手冲壶直接将沸水由外向内以画圈方式注入，使所有的咖啡粉都能与水接触；

（5）咖啡液经滤纸滴入分享壶中，滴入完毕即可饮用。

（二）虹吸式

虹吸壶（图3-13）主要利用蒸汽压力造成虹吸现象来煮泡咖啡。虹吸壶煮泡设备包括上壶、下壶、支架、壶盖、搅拌棒、滤布、酒精灯（卤素灯）。

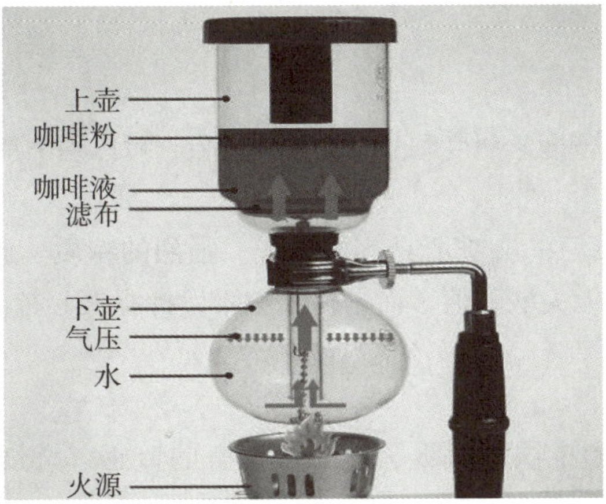

图3-13　虹吸壶

虹吸壶大多分为3人份和5人份，每一人份的标准为120 mL水，每一人份使用的咖啡粉量为10~12 g，并进行粗研磨。

操作步骤：

（1）首先准备2条毛巾（干、湿各一条）、量杯、热水。用干毛巾擦干下壶，加入160 mL热水。

（2）将滤网直接放入上壶，拉紧滤布上的链条，找平滤布。

（3）下壶中的热水加热至有水纹后，垂直将上壶插入下壶塞座。

（4）水滤过滤布一指后，加入咖啡粉。

（5）“十字”搅拌5 s，停20 s；再次“十字”搅拌5 s，停顿20 s；第三次“十字”搅拌5 s后，迅速旋转搅拌并同时撤走酒精灯。

（6）用湿毛巾擦干下壶降温至咖啡完全下落。

（7）上壶摇晃拔出后摇匀下壶中的咖啡倒出。

（三）意式咖啡的制作

准备器具：半自动咖啡机、电动式磨豆机、粉锤、粉碗、咖啡杯。

准备材料：综合咖啡豆。

操作步骤：

（1）打开咖啡机电源开关，将粉碗及咖啡杯预热。

（2）摘下粉碗，擦拭干净。

（3）打开电动式磨豆机，把粉接入粉碗中。

当手柄中的咖啡粉形成“山”形后，用手指铺平粉碗中的咖啡粉。

（4）用粉锤按压咖啡粉，将咖啡压平、压紧。

（5）按半自动咖啡机上的制作咖啡键，先放水，让温度达到合适萃取的温度，然后扣上粉碗，放好已经温过的杯子。

（6）按萃取按钮，萃取30 mL左右的咖啡。

（7）关闭咖啡机的萃取按键。

一杯新鲜的意式浓缩咖啡表面应浮着一层厚厚的油脂。

八、咖啡术语

1. 风味（flavor）

风味是香气、酸度、苦度、甜度和醇度的整体印象，可以用来形容对咖啡的整体感觉。

2. 酸度（acidity）

酸度是所有生长在高原的咖啡所具有的酸辛、强烈的特质。此处所指的酸、辛与苦味或发酸（sour）不同，也无关酸碱值，而是促使咖啡发挥提振心神与涤清味觉等功能的一种清新、活泼的特质。

3. 醇度（body）

醇度是调理完成的咖啡饮用后舌头对咖啡留有的口感。醇度的变化可分为清淡（如水）、淡薄、中等、高等、脂状，甚至浓稠。

4. 气味（aroma）

气味是指调制完成后，咖啡所散发出来的气息与香味。bouquet是比较不常用的字，专指研磨咖啡粉的味道。气味通常具有特异性，并且是综合性的。用来形容气味的词有焦糖味、炭烤味、巧克力味、果香味、草味、麦芽味、浓郁、丰富、香辛等。

5. 苦味（bitter）

苦是一种基本味觉，感觉区分布在舌根部分。深色烘焙法的苦味是刻意营造出来的，但最常见的苦味发生原因是咖啡粉用量过多，而水太少。苦味并不是发酸的同义字。

6. 清淡（bland）

生长在低地的咖啡，口感通常清淡、无味。咖啡粉分量不足而水太多的咖啡，也会形成同样的清淡效果。

7. 咸味（briny）

咖啡冲泡后，若是加热过度，将会产生一种含盐的味道。有部分咖啡店的咖啡属于这种味道。

九、咖啡与生活

（一）喝咖啡的好处

1. 喝咖啡对皮肤有好处

咖啡能够加速肌肤的新陈代谢，加速排出废旧角质，淡化由循环不畅导致的黑眼圈；另外就是抗氧化，常饮咖啡能让肌肤细胞保持充沛活力、防止细胞氧化、对抗衰老。

2. 喝咖啡能防癌抗癌

咖啡中蕴含的多酚类物质是一种强抗氧化剂。每天喝点咖啡，对防癌抗癌都有一定效果。

如果女性每天能饮用咖啡，那么乳腺癌的发病率会有所降低，即使有乳腺癌家族史的女性也是一样。这是由于咖啡可以减少具有致癌作用的雌激素的产生。

3. 饭后喝咖啡养胃助消化

饭后喝咖啡对胃部健康是有好处的。但相对的，如果在空腹的状态下喝咖啡，分泌的胃液会损伤胃黏膜，进而损害胃部健康。

爱吃肉的人最好饭后喝杯咖啡，这样做可以很好地解油腻、助消化。此外，咖啡中可溶性膳食纤维的含量比橙汁都高，咖啡因还能刺激肠道加快蠕动。因此，喝咖啡有缓解便秘的效果。

4. 喝咖啡保护肝脏

最近这些年来，很多研究表明，喝咖啡能够大大地降低患有肝硬化和肝癌的风险，咖啡中含有的多酚类物质对肝脏也会起到保护作用。每天喝点咖啡，这样能够很好地修复肝细胞。

喝咖啡可帮助酗酒、超重、有糖尿病或铁负荷过量的人降低患肝病的风险，但没有证据表明咖啡和茶能减少人们因脂肪肝或病毒性肝炎而患慢性肝病的风险。

5. 喝咖啡可防止放射线伤害

放射线伤害已经成为目前较突出的一种污染和危害。尤其是家用电器的辐射：电脑、微波炉、电视机，等等。有研究显示，喝咖啡可能有助于防止放射线伤害。

6. 喝咖啡可缓解运动酸痛

运动后喝两杯咖啡，有助于缓解肌肉酸痛症状。一项研究报告指出，喝咖啡可以帮助人们缓解运动过量造成的肌肉疼痛。咖啡因虽然有缓解运动疼痛的效果，但往往只对不常饮用咖啡的人有效。

7. 喝咖啡能解酒

咖啡中的绿原酸可避免酒精中毒。咖啡将使由酒精转变而来的乙醛快速氧化，分解成水和二氧化碳而排出体外。

8. 喝咖啡可预防胆结石

有研究认为，含咖啡因的咖啡能刺激胆囊收缩，并减少胆汁内容易形成胆结石的胆固醇，喝咖啡能降低人们患上最常见的、比较痛苦的胆结石病的风险。

9. 喝咖啡可预防抑郁

规律饮用咖啡的人，饮用后会觉得愉快、烦躁感少了，心境得到改善。烦躁或情绪低落时，喝杯咖啡确实能让人心情平静。

10. 早餐喝咖啡可提神醒脑

早餐喝一杯咖啡不仅可以提神醒脑，而且有助于促进排便。有些习惯早上喝咖啡的人甚至发现，如果早餐不喝咖啡，就感到排便不畅。

（二）喝咖啡的守则

1. 短时间内不要饮用太多咖啡。短时间大量饮用高浓度咖啡有可能导致心脏负担过重，使人出现心跳加快、心律不齐等症状。很多人喝了咖啡之后觉得心慌气短，就是因为他们不耐受高剂量的咖啡因。咖啡因对心脏能直接产生作用，甚至引起心脏病。

2. 喝酒时、喝酒后不宜饮用咖啡。酒精与咖啡同饮，或是酒后用喝咖啡的方式“解酒”，都会对身体造成伤害。因为酒精会抑制大脑活跃度，而咖啡因的作用则是刺激中枢神经和肌肉，加快血液循环。如果酒与咖啡同饮，会增加心血管负担，加重酒精对人体的损害。

3. 缺钙者不宜饮用咖啡

国外有研究表明，咖啡会加快钙的流失。连续饮用2杯咖啡，体内的钙会损失10~15 mg。同时，咖啡中的单宁酸会降低钙的吸收。这说明，容易缺钙的人，如老人、儿童、孕妇等，都不适合饮用咖啡。同时，常喝咖啡的人也要多补钙，以中和其影响。

4. 空腹喝咖啡

咖啡中含有的咖啡因可以加速新陈代谢，如果空腹喝咖啡有可能引发心慌、心悸，对于低血糖患者可能加重其低血糖症状。同时，咖啡因会刺激胃酸分泌，如果你是胃炎患者，咖啡因会对胃部产生较大的刺激。因此建议早上吃完早餐再喝咖啡较好。

知识扩展

咖啡礼节

【怎样拿咖啡杯】在餐后饮用的咖啡，一般都是用袖珍型的杯子盛出。这种杯子的杯耳较小，手指无法穿出去。但即使用较大的杯子，也不要用手指穿过杯耳再端杯子。咖啡杯的正确拿法，应是拇指和食指捏住杯把儿再将杯子端起。

【怎样给咖啡加糖】给咖啡加糖时，砂糖可用咖啡匙舀取，直接加入杯内；也可先用糖夹子把方糖夹在咖啡碟的近身一侧，再用咖啡匙把方糖加在杯子里。如果直接用糖夹子或手把方糖放入杯内，有时可能使咖啡溅出，从而弄脏衣服或台布。

【怎样使用咖啡匙】咖啡匙是专门用来搅咖啡的，饮用咖啡时应当把它取出来。不要用咖啡匙舀着咖啡一匙一匙地慢慢喝，也不要用咖啡匙捣碎杯中的方糖。

【咖啡太热怎么办】刚刚煮好的咖啡太热，可以用咖啡匙在杯中轻轻搅拌使之冷却，或者等待其自然冷却，然后再饮用。用嘴试图去把咖啡吹凉，是很不文雅的动作。

【杯碟的使用】盛放咖啡的杯碟都是特制的。它们应当放在饮用者的正面或者右侧，杯耳应指向右方。饮咖啡时，可以用右手拿着咖啡的杯耳，左手轻轻托着咖啡碟，慢慢地移向嘴边轻啜。不宜满把握杯、大口吞咽，也不宜俯首去就咖啡杯。喝咖啡时，不要发出声响。添加咖啡时，不要把咖啡杯从咖啡碟中拿起来。

【喝咖啡与用点心】有时饮咖啡可以吃一些点心，但不要一手端着咖啡杯，一手拿着点心，吃一口喝一口地交替进行。饮咖啡时应当放下点心，吃点心时则应当放下咖啡杯。

任务三　其他无酒精饮料

一、可可

可可原产于南美洲亚马孙河上游的热带雨林，主要分布在南北纬约10° 以内较狭窄地带。主产地为加纳、巴西、尼日利亚、科特迪瓦、厄瓜多尔、多米尼加和马来西亚。1922年，我国台湾地区引种、试种成功，我国大陆现主要种植地在海南省。

可可具有强心、利尿之功效。可可豆含有50%的脂肪、10%的蛋白质、10%的淀粉，还有少量的糖分和兴奋物质可可碱。可可豆为制造可可粉和可可脂的主要原料，可可粉与可可脂主要用于制作饮料、巧克力糖、糕点及冰激凌等食品。如图3-14所示。

图3-14　可可饮品

二、碳酸饮料

碳酸饮料（图3-15）是在纯化的饮用水中压入二氧化碳气体，并添加香料、甜味剂等制成的一种饮料。因其含有丰富的二氧化碳气体，因此我国许多地区称其为“汽水”。

如今，碳酸饮料的功能愈加广泛，不仅用于平时饮用，而且是配制鸡尾酒和酒水混合饮料不可缺少的原料，尤其是汤力水和姜汁汽水，它们是专门为配制鸡尾酒和酒水混合饮料而生产的。

（a）　（b）　（c）

图3-15　碳酸饮料

（一）碳酸饮料的种类

1. 普通型

通过饮用水压入二氧化碳制成，饮料中不含任何人工合成香料和天然香料。常见有苏打水、俱乐部苏打水以及矿泉水碳酸饮料。

2. 果味型

这主要是依靠食用香精和食用色素，赋予一定水果香味和色泽的汽水。这类汽水色泽鲜艳、价格低廉，不含营养素，其果汁含量低于2.5%，一般只起清凉解渴的作用。其品种繁多，产量也很大。人们几乎可以用不同的食用香精和食用色素来模仿任意水果的香味和色泽，制作出各种果味汽水。如柠檬汽水、汤力水和姜汁水。

3. 果汁型

这是在原料中添加了一定的新鲜果汁而制成的碳酸水，其果汁含量超过了2.5%。它除了具有相应水果所特有的色、香、味之外，还含有一定的营养素，有利于身体健康。当前，在饮料向营养型发展的趋势中，果汁汽水的生产量也大为增加，越来越受人们的欢迎。

4. 可乐型

它是将多种香料与天然果汁、焦糖色素混合后充气而成的。如可口可乐、百事可乐等。

（二）碳酸饮料的著名品牌

1. 可口可乐（Coca-Cola）

可口可乐公司（Coca-Cola Company）总部设在美国佐治亚州亚特兰大，是全球最大的饮料公司，拥有全球48%市场占有率以及全球前三大饮料，可口可乐在200个国家拥有160种饮料品牌，包括汽水、运动饮料、乳类饮品、果汁、茶和咖啡，亦是全球最大的果汁饮料经销商（包括MinuteMaid品牌），在美国排名第一的可口可乐为其取得超过40%的市场占有率。

2. 百事可乐（PEPSI）

百事公司是全球食品和饮料行业的领导者，2014年净收入逾666亿美元，旗下品牌系列中有22个品牌的年零售额都在10亿美元以上。主要业务包括桂格麦片食品、纯果乐果汁、佳得乐运动饮料、菲多利休闲食品和百事可乐饮料，以及其他数百种全球消费者喜爱的食品及饮料产品。

3. 雪碧（Sprite）

雪碧诞生于1961年，1984年作为可口可乐公司正式进入中国。作为柠檬口味碳酸饮料的品牌，雪碧销至190多个国家。

雪碧于1961年在美国市场一经推出，便迅速成长为世界碳酸饮料市场的关注品牌之一，今天雪碧的营业收入已经占可口可乐公司总收入的较大比例。作为可口可乐公司引入中国市场的主要战略品牌。

4. 七喜（7-UP）

七喜（英文原名7-Up）是Dr Pepper/Seven Up公司的柠檬汽水品牌，从1987年开始生产瓶装产品。如今，七喜是百事公司的注册商标。七喜原名为Bib-Label Lithiated Lemon-Lime Soda，1929年在密苏里州圣路易斯开始生产。它原来含有柠檬酸锂，是一种镇静剂（早期很多的饮料都包含药物成分）。这一成分在1950年从配方中移除。

七喜由Howdy Corporation的创始人查尔斯·格利戈创造。它在这之前的产品叫作Howdy橙味汽水。查尔斯经过2年多的时间对不同配方进行尝试，希望这一新的配方可以给消费者带来不同的感受，他在1929年金融危机2周之前开始生产其产品。查尔斯从未解释产品为什么叫作7-Up。最普遍的说法是7和u说明七喜包含7种调料并且进行过碳酸化。

5. 美年达（Mirinda）

美年达是百事公司推出的一种果味碳酸饮料，是百事公司的荣誉产品之一，主要在北美地区发行。美年达的口味包括苹果、葡萄、橙、草莓、热情果、菠萝及西柚等，以橙味作为主要口味。在中东部分地区更有一种特制的“柑橘”口味。美年达被百事公司定位为抗衡可口可乐公司芬达的一种饮料。与大部分同类饮料一样，美年达会根据不同市场的需要而发行不同口味的新配方。

6. 芬达（Fanta）

芬达是20世纪40年代在欧洲开始风行的饮料，1960年被可口可乐公司并购。橘子汽水是芬达的核心口味，占有70%的销售量，其他的水果口味也有众多爱好者。明亮的包装色彩、鲜明的水果口味、富含气泡等特色是芬达汽水广受欢迎的原因。新的品牌形象由Visitoffice设计，在字体设计上更加柔和、充满动感，在图案上突出表现芬达汽水为软性碳酸饮料，富有欢乐、幽默、爱玩的个性。Visitoffice在品牌要素的视觉传达上将超炫的插画、图形、色彩配合在一起，根据不同的区域设置传递不同信息，以满足消费者对不同口味的需求。

7. 屈臣氏苏打水（Watsons water）

屈臣氏是历史悠久的饮品制造商，于1832年开设中国首家汽水厂，于1903年创办屈臣氏蒸馏水，为中国内地和香港的消费者提供、清纯、健康的蒸馏水。集团于1995年在广州设厂，并成立广州屈臣氏食品饮料有限公司。屈臣氏为全国消费者提供优质的产品服务，其产品包括屈臣氏蒸馏水、屈臣氏饮用矿物质水、屈臣氏苏打水系列等，产品如图3-16所示。

8. 怡泉（Schweppes）

怡泉是知名的含气苏打水品牌（图3-17）。含维生素C的怡泉柠檬味汽水，源自1783年的英国经典，拥有230年历史，在世界各地拥有着众多忠实的消费者。怡泉1999年被可口可乐公司收购，醒目的喷泉标志是其特色。

怡泉+C是可口可乐大家族全新上市的一款柠檬味汽水。清新的柠檬味汽水中添加了维生素C，是消费者新的饮料选择。其独特的瘦长瓶形，配合鲜亮的柠檬黄色，加上“英伦经典源自1783”的背景，给人一种非凡的经典时尚感受。

怡泉+C柠檬味汽水的独特清爽口味源于亚洲，继早前于香港和广东成功上市，2014年进一步扩大销售范围，陆续推广到全国20多个省、市、自治区。产品目前在大卖场、超市、便利店等渠道中均有销售。

图3-16 屈臣氏苏打水

图3-17 怡泉苏打水

（三）碳酸饮料的饮用与服务

1. 碳酸饮料机

碳酸饮料机是一款专业制作（汽水类）产品的设备，是将自来水通过过滤器过滤成处理水，然后经过碳化泵加压，再通过喷嘴在碳化缸里产生雾化，与二氧化碳气体混合，生成碳酸水，并通过不锈钢盘管与储冰槽中的冰水进一步冷热交换，确保碳酸水温度在2 ℃以下，送至饮料塔，等待与糖浆混合，从而形成碳酸饮料。碳酸饮料机操作灵活、准确、容易、成本较低，适用于酒吧、饮品店、咖啡厅、西餐店等场所。

2. 瓶装和罐装碳酸饮料

瓶装和罐装碳酸饮料是酒吧常用的饮品，不仅便于运输、储存，而且冰镇后的口感较好，保持碳酸气的时间较长。

对于瓶装碳酸饮料服务应注意以下几点：

（1）直接饮用的碳酸饮料应事先冰镇，或者在饮用杯中加冰块。碳酸饮料只有在4~8 ℃才能发挥正常口味，增强口感。开瓶时不要摇动，避免饮料喷出溅洒到顾客身上。

（2）碳酸饮料常可加少量调料后饮用。大部分饮料可以用半片或一片柠檬挤汁或浸泡，以增加清新感。

（3）碳酸饮料是混合饮料中不可缺少的辅料。碳酸饮料在配制混合饮料时不能摇动，而应在调制过程最后直接加到饮用杯中进行搅拌。

（4）碳酸饮料在使用前要注意保质期，避免使用过期饮品。

（5）用餐过程不宜用碳酸饮料代替酒水使用，否则会影响人体对食物的消化吸收；餐后也不宜马上饮用碳酸饮料，尤其是可乐型碳酸饮料。可乐型碳酸饮料中的咖啡因会增加尿钙的排泄，大量饮用碳酸饮料可能引起钙、磷比例失调，导致营养不良，所以饮用碳酸饮料要注意适量、适度、适宜。

三、水

水对饮料和鸡尾酒口感的影响特别大，所以调酒师应了解水的性质和类型。水的类型有很多，包括自来水、泉水、纯净水和矿泉水等。调酒时使用最多的是矿泉水。

矿泉水一般是指从地下深处自然涌出或者经过人工揭露、未受污染的地下矿水。矿泉水是在地层深部循环形成的，含有国家标准规定的矿物质及限定指标。矿泉水是含有溶解的矿物质或较多气体的水，含有一定量的矿物盐、微量元素或者二氧化碳气体。

（一）种类

按照矿泉水特征达到国家标准的类型可分为九大类：

（1）偏硅酸矿泉水；

（2）锶矿泉水；

（3）锌矿泉水；

（4）锂矿泉水；

（5）硒矿泉水；

（6）溴矿泉水；

（7）碘矿泉水；

（8）碳酸矿泉水；

（9）盐类矿泉水。

矿泉水中必须有一项或一项以上达到界限指标的要求，才能饮用。

（二）饮用方法

矿泉水一般应以不加热冷饮或稍加温为宜，最好不要煮沸。因为矿泉水一般含钙、镁较多，有一定的硬度。而煮沸时钙、镁易析出，也就是我们常说的水垢，这样既丢失了钙、镁，还造成了感官上的不适，所以矿泉水的最佳饮用方法是常温下直接饮用。

（三）常见的矿泉水品牌

1. 依云

国内普遍把依云作为高端矿泉水的代表，它可能是很多家庭的必备水。依云的水源地是法国阿尔卑斯山，其经过了长达15年的天然过滤和冰川砂层的矿化。在水源地直接装瓶，每天要进行300多次水质检查。而且依云每年都会推出一款纪念限量版的矿泉水瓶，由全球顶尖设计师设计，比如2010年依云云彩限量瓶就是由PaulSmith设计，在2017年上海PaulSmith大展中也有展出。

2. 巴黎水

巴黎水是法国著名的矿泉水品牌，因其丰富的气泡产生的特殊口感而闻名。从地底深处涌出地表的清泉冰凉，并且钠含量低。值得一提的是，巴黎水很适合调制各种果汁、鸡尾酒。

3. 圣碧涛

圣碧涛是意大利著名矿泉水品牌，深受欧洲王室贵族的喜爱。它取自天然岩层矿泉水，距地面300 m以上，蕴含矿物质，且水体酸碱度平衡，是受到消费者喜爱的原因。

4. 崂山

青岛崂山矿泉水有限公司生产的崂山矿泉水是中国十大矿泉水品牌之一，是中国矿泉水行业标志性品牌，也是中国第一瓶天然矿泉水的生产企业。

5. 农夫山泉

农夫山泉股份有限公司是中国十大矿泉水品牌之一，也是中国消费品市场中比较受欢迎的饮用水品牌之一，在同类产品中的市场销量处于领先地位。

6. 怡宝

怡宝矿泉水是中国十大矿泉水品牌之一，是卫生饮用纯净水国家标准的主要发起和起草单位之一，也是中国较早实现专业化生产包装饮用水的企业之一。

7. 康师傅

是中国比较为消费者熟悉的品牌之一，消费者放心品牌，同时也是中国较大的中式方便食品及饮品集团之一。

8. 恒大冰泉

恒大冰泉作为中国十大矿泉水品牌之一，是恒大矿泉水集团旗下的一个高端饮用矿泉水品牌，从正式投放市场以来，销量一直比较可观，品牌效应比较强。

9. 芙丝

芙丝矿泉水是北欧著名的矿泉水品牌，源于挪威南部没有污染的旷野环境的地下水源，经过了几个世纪岩石与冰层的保护。凭借高贵简约的瓶身设计，其已成为网红矿泉水，是当下欧美明星喜爱的矿泉水品牌之一。

10. 斐济

斐济是著名的矿泉水品牌，源自太平洋斐济群岛。其泉水因为受到自流井的地势压力，通过密封的输水系统灌装，全程无污染，口感顺滑。

四、乳饮料

（一）概念

乳饮料是指以牛奶或牛奶制品为主要原料，经过加工处理制成的液状或糊状的不透明饮料。

（二）分类

乳饮料根据配料，可分为纯牛奶和含乳饮料两种。乳饮料常见的有以下几类：

1. 纯牛奶

纯牛奶也叫鲜牛奶、纯鲜牛奶。从产品的配料表上，可以看到这种产品的配料只有一种，即鲜牛奶。 鉴别纯牛奶的好坏主要有两个指标：总干物质（也叫全乳固体）和蛋白质。它们的含量越高，牛奶的营养价值就越高，一般来说，价格也会越高。此外，深受消费者欢迎的酸奶是用纯牛奶发酵制成的，因此酸奶也属于纯牛奶。

2. 含乳饮料

（1） 配制型含乳饮料

配制型含乳饮料是指以乳或乳制品为原料，在其中加入水、食糖和（或）甜味剂、酸味剂、果汁、茶、咖啡、植物提取液等一种或几种调制而成的饮料。

（2）发酵型含乳饮料

发酵型含乳饮料是指以乳或乳制品为原料，在经乳酸菌等有益菌培养发酵制成的乳液中加入水及食糖和（或）甜味剂、酸味剂、果汁、茶、咖啡、植物提取液等一种或几种调制而成的饮料。如乳酸菌乳饮料。根据其是否经过杀菌处理而分为杀菌（非活菌）型和未杀菌（活菌）型。

（3）植物蛋白饮料

植物蛋白饮料是指以有一定蛋白质含量的植物果实、种子或果仁等为原料，在经加工制成（可经乳酸菌发酵）的浆液中加水、或加入其他食品配料制成的饮料。如豆奶（乳）、豆浆、豆奶（乳）饮料、椰子汁（乳）、杏仁露（乳）、核桃露（乳）、花生露（乳）。

（4）复合蛋白饮料

以乳或乳制品和不同的植物蛋白为主要原料，经加工或发酵制成的饮料。

（三）饮用与服务

1. 储存方法

（1）鲜牛奶应该立刻放置在阴凉的地方，最好是放在冰箱里。

（2）不要让牛奶曝晒阳光或照射灯光，日光、灯光均会破坏牛奶中的多种维生素，同时也会使其丧失芳香。

（3）牛奶放在冰箱里，瓶盖要盖好，以免其他气味串入牛奶里。

（4）牛奶倒进杯子、茶壶等容器时，如没有喝完，应盖好盖子放回冰箱，切不可倒回原来的瓶子。

（5）过冷对牛奶亦有不良影响。当牛奶冷冻成冰时，其品质会受损害。因此，牛奶不宜冷冻，放入冰箱冷藏即可。

（6）活菌型乳酸菌饮料的储藏、运输过程必须在冷链中进行，保证产品温度在2~8 ℃冷链条件下。脱离冷链会导致乳酸菌活菌数下降，失去其调节作用，且影响产品口感。所以消费者购买后应尽快放入冰箱冷藏保存。

（7）非活菌（杀菌型）乳酸菌饮料在出厂前已经过杀菌，所含乳酸菌已被杀死，保存并不受温度的影响，因此添加了益生元成分的非活菌乳酸菌饮料在常温下保存即可。

2. 服务操作

（1）热奶服务

加热牛奶的用具必须绝对清洁，加热至77 ℃左右，用预热过的杯子盛装。牛奶加热时不宜使用铜器皿，否则会破坏牛奶中的维生素C；加热过程中不宜放糖，否则牛奶和糖在高温下会产生果糖基赖氨酸，它会破坏牛奶中蛋白质的营养价值；不宜空腹饮奶，应与面包、饼干等食品一起进食，但不宜和含草酸的巧克力混吃。

（2）冰奶服务

冰牛奶大多在冰凉时饮用，应该把消毒过的牛奶放在4 ℃以下的冷藏柜中保存。服务时，应另送一杯冰水，以便清凉口腔。

五、果蔬饮料

所谓果蔬汁是指未添加任何外来物质，直接以新鲜或冷藏果蔬为原料，在挑选、清洗后，采用物理的方法如压榨、浸提、离心等方法得到的果蔬汁液。以果蔬汁为基料，加水、糖、酸或香料调配而成的汁，称为果蔬饮料。

（一）分类

（1）果汁

果汁是指采用机械方法将水果加工制成的未经发酵但能发酵的汁液，或采用渗滤或浸提工艺提取水果中的汁液，再用物理方法除去加入的溶剂制成的汁液，或在浓缩果汁中加入与果汁浓缩时失去的天然水分等量的水制成的具有原水果果肉色泽、风味和可溶性固形物含量的汁液。

（2）果浆

果浆是指采用打浆工艺将水果或水果的可食部分加工制成的未经发酵但能发酵的浆

液，或在浓缩果浆中加入与果浆在浓缩时失去的天然水分等量的水制成的具有原水果果肉色泽、风味和可溶性固形物含量的饮品。

（3）浓缩果汁和浓缩果浆

浓缩果汁和浓缩果浆是指用物理方法从果汁或果浆中除去一定比例的天然水分而制成的具有原有果汁或果浆特征的饮品。

（4）果肉饮料

果肉饮料是指在果浆或浓缩果浆中加入水、糖液、酸味剂等调制而成的饮品。成品中果浆含量不低于300 g/L；多用高酸、汁少肉多的水果调制而成的制品，成品中果浆含量不低于200 g/L。含有两种或两种以上不同品种果浆的果肉饮料称为混合果肉饮料。

（5）果汁饮料

果汁饮料是指在果汁或浓缩果汁中加入水、糖液、酸味剂等调制而成的清汁或浊汁饮品。成品中果汁含量不低于100 g/L，如橙汁饮料、菠萝汁饮料等。含有两种或两种以上不同品种果汁的果汁饮料称为混合果汁饮料。

（6）果粒果肉饮料

果粒果肉饮料是指在果汁或浓缩果汁中加入水、柑橘类囊胞（或其他水果切细后的果肉等）、糖液、酸味剂等调制而成的饮品。成品中果汁含量不低于100 g/L，果粒含量不低于50 g/L。

（7）水果饮料浓浆

水果饮料浓浆是指在果汁或浓缩果汁中加入水、糖液、酸味剂等调制而成的，含糖量较高，稀释后方可饮用的饮品。按照该产品标签上标明的稀释倍数稀释后，果汁含量不低于50 g/L。含有两种或两种以上不同品种果汁的水果饮料称为混合水果饮料浓浆。

（8）水果饮料

水果饮料是指在果汁或浓缩汁中加入水、糖、酸味剂等调制而成的清汁或浊汁制品，成品中果汁含量不低于50 g/L，如橘子饮料、菠萝饮料、苹果饮料等。含有两种或两种以上不同品种果汁的水果饮料称为混合水果饮料。

（二）饮用与服务

1. 鲜榨果蔬汁

（1）不要丢掉鲜榨果蔬汁的泡沫

我们用榨汁机榨好的果蔬汁上面都会有一层厚厚的泡沫，一般我们都会因为它没有味道，甚至看起来不是那么好看就弃掉了。而医学研究证明，这层泡沫中富含酵素，酵素对人体是很有好处的，如抗炎抗菌、净化血液、增强免疫力等，但是这种酵素很容易就散掉，只有尽快地喝完才能保证其活性。

（2）海绵层不要扔

橘类的水果表面下都有一层白色的海绵层，如橘子、橙子、柚子等，它富含维生素C和生物黄酮素，是对人体很有营养的组织结构。

（3）不要用铝制容器盛放果蔬汁

铝一旦摄入体内，便很难排出，直接损害脑神经细胞，让人反应迟钝、记忆力下降，而鲜榨果蔬汁中的柠檬酸、果酸都能促进人体对铝的吸收，因此切记不要用铝制品盛放果蔬汁。

（4）不可以因为饮用蔬果汁而抛弃吃蔬菜水果

鲜榨的果蔬汁，虽然可以起到补充蔬菜水果食用不足的作用，但是却不可以代替蔬菜水果。

（5）鲜榨果蔬汁不同于市面上的罐装果汁

鲜榨果蔬汁富含维生素、矿物质、植物性化学物质及酶等营养成分，饮用之后会有神清气爽的感觉。但罐装、瓶装等100%果汁饮料与其相比就有些营养不良了，这样的果汁在加工过程中，为了能保存更长时间，都要经过高温杀菌处理，因此果蔬汁中的维生素和酶早就流失了。

（6）榨完后的果蔬汁要马上饮用

为了让果蔬汁中的营养成分不流失，应尽快饮用，如果饮用不完，可以存入冰箱，但不可以超过24 h。

（7）果蔬在榨汁前用开水烫一下

略烫一下可以杀灭水果、蔬菜上面绝大部分的氧化酶，也使它们的组织微软一点，再马上榨汁可以减少营养成分的流失，增加出汁率，还可以使果汁的颜色相对更鲜艳，并延长保存时间。

2. 果蔬饮料

（1）检查包装有无渗漏和胀气现象。具体方法是：检查瓶装或罐装饮料的瓶口、瓶身有没有糖渍和污物，手捏软包装饮料不变形，瓶盖、罐身等不凸起。

（2）检查果蔬汁的外观。凡不带果肉的透明型饮料应清澈透明，无任何漂浮物和沉淀物；不带果肉且不透明型饮料，应均匀一致，不分层，不得产生浑浊；果肉型饮料，可见不规则的细微果肉，允许有沉淀。

（3）果蔬饮料易被细菌污染，导致口味变差。为延长其保质期，一般在生产过程中都要添加防腐剂，如山梨酸（钾）或苯甲酸（钠）。消费者不要误认为是有机酸或钠盐、钾盐。

（4）果蔬饮料中除100%原果（蔬）汁外，一般果汁饮料在生产过程中都要加糖、食用色素、香料和防腐剂。所以，日常生活中不能用其代替水果和水。特别是儿童大量饮用这些饮料，会因抑制食欲或过多摄入糖分而产生肥胖。

（5）果蔬饮料冷藏后饮用口感更佳，因此饮用前应事先放入冷藏室冷藏。打开包装后，应尽快饮用完毕。

知识扩展

（一）糖浆

糖浆常用于调制鸡尾酒，它是用各种水果、植物、果皮等串香的糖水。每1L优质的糖浆应含有750~850 g糖，并用天然果汁和果肉串香。

糖浆的分类：
以小红果（草莓、黑加仑、樱桃等）为原料的糖浆。
以柑橘（柠檬、橙子、葡萄柚等）为原料的糖浆。
以水果（杏、香蕉、杧果、红柚、奇异果等）为原料的糖浆。
以植物（薄荷、香草、接骨木花等）为原料的糖浆。
以创意糖浆（焦糖味、太妃糖味、奶油味）为原料的糖浆。

（二）饮料要如何喝才健康呢？

饮料是日常生活中常见的，而有的饮料喝多了就对身体有危害，就拿碳酸饮料来说吧，少喝一点一般没什么，但是长期饮用就会导致骨质疏松，这可不是谣传，绝对是有科学依据的。下面就为大家带来一些饮品小知识：

1. 饮料不能替代水

夏天，铺天盖地的饮料广告使一些人专喝各种饮料而不喝白开水，然而市面上有些饮料既含糖量多，又不解渴；既影响食欲，还会使体重增加。因此外出游玩时，一般还是自带白开水为好。因为纯净的水是各种营养物质的溶解媒体，有利于营养成分的吸收。

2. 少喝冰水

大量喝冰水容易引起胃黏膜血管收缩，不但影响消化，甚至有可能引起肠痉挛。

3. 牛奶补钙当心上火

牛奶含有丰富的钙、维生素C和维生素B等多种营养物质，但在夏季，牛奶喝多了容易上火，而且多喝牛奶也不能完全吸收其中的营养物质，其实酸奶的营养价值跟纯牛奶差不多，含有不少有益菌类，是不错的选择。

4. 饮用豆浆有禁忌

豆浆也不宜饮用过多，以免引起过食性蛋白质消化不良症，出现腹胀、腹泻等不适。也不宜空腹饮用豆浆，因为空腹喝时，豆浆里的蛋白质容易在体内转化为热量而被消耗掉，不能起到补钙作用。

5. 果汁要适量

果汁中富含维生素，但果汁中的糖分很高，因此要控制好量，每天不要超过150 mL，最好选用纯果汁，多吃水果、少喝果汁饮料更健康。后的含量越低。

6. 咖啡因饮料要避免

大量的研究发现，大量饮用咖啡因会引起烦躁不安、食欲下降、失眠、记忆力降低。

技能实训

一、茶的技能实训

1. 识别茶的分类

（1）根据茶的色泽、口味、香气，准确辨别茶的种类。

（2）能够用语言描述不同种类的茶的口感、汤色、气味等特点。

2. 茶水服务模拟练习

顾客点了一份茶水，请为他提供专业服务。

二、咖啡技能实训

1. 识别咖啡的分类

（1）根据咖啡的色泽、口味、香气，准确辨别咖啡的种类。

（2）能够用语言描述不同种类的咖啡的口感、色泽、气味等特点。

2. 咖啡点餐服务模拟练习

根据顾客点的不同种类的咖啡，为他提供专业服务。

3. 分组练习

根据不同种类的咖啡，描述其制作方法与口味，将内容填至表3-2中。

表3-2　咖啡制作练习表

咖啡	制作方法	口味
拿铁		
卡布奇诺		
美式咖啡		
意式浓缩咖啡		

三、其他饮料实训任务

1. 识别品牌。

（1）根据品牌图标，识别不同品牌的碳酸饮料。

（2）根据品牌图标，识别不同品牌的水饮料。

2. 点餐服务模拟练习

根据顾客点的不同种类的饮品，为其提供专业服务。

3. 分组练习，简述不同种类的无酒精饮品，并做出合理推荐，将内容填至表3-3中。

表3-3　无酒精饮品推荐练习表

饮　料	种　类	推荐原因
牛奶		
水		
果汁		

练　习　题

一、填空题

1. 根据茶的制作工艺和品质特点，可将其分为（　　）、（　　）、（　　）、（　　）、（　　）和黑茶六大类。
2. 铁观音属于（　　）茶。
3. （　　）咖啡豆的风味香浓，口感苦醇，但是不带酸味。
4. 闻名于世的蓝山咖啡产生于（　　）。
5. 果味型碳酸饮料含有天然果汁的量为（　　）。

二、判断题

1. 无酒精饮料是指不含酒精的饮品。（　　）
2. 果蔬饮料中除100%原果蔬汁外，一般果汁饮料在生产过程中都要加糖、食用色素、香料和防腐剂。所以，日常生活中可以用其代替水果和水。（　　）
3. 非活菌乳酸菌饮料在常温下保存即可。（　　）
4. 加热牛奶时，可以根据顾客的口味适当放些糖。（　　）
5. 咖啡因会刺激胃酸分泌，会对胃部产生较大的刺激。因此建议早上吃完早餐再喝咖啡较好。（　　）
6. 深色带黑的咖啡豆，煮出来的咖啡具有酸味；颜色较黄的咖啡豆，煮出来的咖啡带有苦味。（　　）
7. 碳酸类饮料包括咖啡甘露、柠檬汁、橙汁。（　　）

三、单选题

1. 非酒精饮料包括（　　）、可可、果蔬饮料、汽水和其他类软饮料。
   A. 茶、矿泉水　　B. 矿泉水、啤酒　　C. 茶、啤酒　　D. 鸡尾酒、茶
2. 下列名品中，属于绿茶的有（　　）。
   A. 西湖龙井　　B. 武夷岩茶　　C. 正山小种　　D. 白毫银针
3. 下列哪种咖啡制作方法为咖啡:牛奶:奶泡=1:1:1（　　）
   A. 拿铁　　B.卡布奇诺　　C.美式咖啡　　D. 意式浓缩咖啡
4. 调理完成的咖啡饮用后，舌头对咖啡留有的口感被称为（　　）。
   A. 风味　　B. 气味　　C. 醇度　　D. 酸度
5. 下列哪种咖啡制作方法为咖啡:牛奶:奶泡=1:2:1（1:7:2）（　　）
   A. 拿铁　　B. 卡布奇诺　　C. 美式咖啡　　D. 意式浓缩咖啡

四、简答题

1. 茶的基本功效有哪些?
2. 简述绿茶、红茶、乌龙茶的品质特点。
3. 简述咖啡饮用的注意事项。
4. 简述果蔬汁与果蔬饮料的区别。

项目四　酒精饮料

一、项目导读

酒精饮料是指供人们饮用的且乙醇含量在0.5° 以上的饮料，包括各种发酵酒、蒸馏酒、配制酒等。

发酵酒（压榨酒）是指原料经过发酵后直接提取或用压榨法取得的酒。这类酒的度数较低，固形物的含量较多，刺激性小。如黄酒、啤酒、清酒、葡萄酒等。

蒸馏酒（烈酒）是指原料经过发酵后，用蒸馏法制成的酒。这类酒的度数较高，其固形物含量极少，刺激性较强，如白酒、白兰地酒、威士忌、朗姆酒等。

配制酒是指用白酒或食用酒精与一定比例的糖料、香料、药材等配制而成的酒。这类酒含有糖分、色素和不同量的固形物。不同类的酒，其酒精含量也有区别，如利口酒、雪莉酒、苦艾酒等。

二、学习目标

【知识目标】

掌握发酵酒、蒸馏酒和配制酒的概况和特点。

【能力目标】

正确识别各种酒标。

在不同情况下学会给顾客推荐不同品牌的酒。

【情感、态度、价值观】

强化学生合作意识，提高学生对调酒行业的热爱。

任务一　发酵酒

发酵酒（Fermented Liquor）又称为酿造酒、原汁酒，是指将含有淀粉或糖分的原料，经过处理后加入酵母菌发酵而制成的低酒精饮料，酒精度一般是3.5°~14°，其营养价值高，适量饮用对身体有益。啤酒、葡萄酒、黄酒等都属于发酵酒。

一、啤酒

啤酒是人类最古老的酒精饮料，是水和茶之后世界上消耗量排名第三的饮品。啤酒在20世纪初传入中国，属外来酒种。“啤酒”一词是根据英语“beer”含有“啤”字的音，又由于具有一定的酒精度数，于是译成“啤酒”一词，沿用至今。啤酒是以大麦芽、酒花、水为主要原料，经酵母发酵作用酿制而成的包含二氧化碳的低酒精饮料。现在国际上的啤酒大部分都添加了辅助原料，有的国家规定辅助原料的用量总计不超过麦芽用量的50%。国际上常用的辅助原料有玉米、大米、大麦、小麦、淀粉和糖类物质等。

啤酒具有很高的营养价值，含有17种人体必需的氨基酸和12种维生素，是一种原汁酒，因此又有“液体面包”的美名。由于啤酒中乙醇含量较低，营养丰富，适量饮用有益于身体健康。

（一）啤酒的起源及发展

巴黎卢浮宫博物馆内的“蓝色纪念碑”上，记录了公元前3世纪巴比伦的苏美尔人以啤酒祭祀女神的情形。事实上，啤酒的发明者正是苏美尔人。公元前6000年，居住在美索不达米亚地区的苏美尔人用大麦芽酿制成了原始的啤酒，不过那时的啤酒并没有丰富的泡沫。

大约在公元前3000年，波斯一带的闪米特人学会了制作啤酒，而且他们还把制作啤酒的方法刻在板上，献给农耕女神。公元前2225年，啤酒在古巴比伦人中得到了普及，他们用啤酒招待顾客。那时候古埃及人和古巴比伦人注意到了啤酒的药用价值，纷纷用啤酒制作药物。古希腊人也非常热爱喝啤酒，他们从古埃及人那里学会了酿制啤酒的方法。

公元4世纪时，啤酒传遍了整个北欧。啤酒种类开始变得丰富，其中英国人用蜂蜜和水混合酿制而成的蜂蜜酒是比较有名的一种。英国出现的一种黑啤酒也非常有名，与现代的黑啤酒很相似。公元1世纪，爱尔兰人自行酿制出了一种跟现代的淡色啤酒相仿的啤酒。

1516年，巴伐利亚公国大公威廉四世发布《德国啤酒纯酒法》，规定啤酒只可以使用啤酒花、麦子、酵母和水做原料，这也是最早的食品法律。

19世纪有了冷冻机，人们开始对啤酒进行低温后熟的处理，就是这一发明使啤酒冒出了泡沫。1900年，俄罗斯技师首次在中国的哈尔滨建立了啤酒作坊，中国人开始喝上了啤酒。1903年，英国人和德国人又在中国建了英德啤酒厂，就是青岛啤酒厂的前身。

（二）啤酒的主要原料

啤酒主要是由大麦芽、啤酒花、酵母和水等构成。有些国家和地区加入其他淀粉物质作为啤酒添加剂来增加啤酒味道和减少成本。

1. 大麦芽（barely）

大麦芽是啤酒的“骨架”，是酿造啤酒的主要原料，选用十分讲究，要求颗粒肥大、淀粉丰富，发芽力强。在酿造啤酒时，通常选用二棱或六棱大麦。这就要求麦粒具有新鲜的麦秆香，咀嚼时有淀粉的味道，淀粉含量须在60%以上，且越多越好，但蛋白质含量却不宜太高，也不宜太低，一般在8%~12%。

2. 啤酒花（hops）

啤酒花是啤酒的“灵魂”。啤酒花也称为蛇麻花或酒花，它是一种多年生缠绕草本植物，属桑科葎草属，雌雄异株，酿造啤酒时只用雌花。

啤酒花给予啤酒特殊的香气和爽口的苦味，可增加啤酒泡沫的持久性，同时使啤酒具有健胃、利尿等效果。另外，啤酒花还有防腐作用，可以延长啤酒的储存期。啤酒花之所以具有这些功能，主要是因为啤酒花中含有苦味物质、单宁及酒花油，其中苦味物质占4%

左右，酒液中的苦味就是它的杰作。苦味物质可以防止啤酒液中腐败菌的繁殖，还能杀死啤酒制作发酵中产生的乳酸菌和醋酸菌。酒花中的酒花油可以使啤酒香气扑鼻，酒花树脂可以增加啤酒的稳定性。

3. 酵母（yeast）

酵母是啤酒的“心脏”，它是酿造啤酒不可缺少的原料。啤酒发酵时需要使用专用的啤酒酵母，它是一种单细胞细菌，能把麦芽糖转化成酒精、二氧化碳等。一般来说，酿造啤酒所用的酵母有两类。一类是上发酵酵母，它适用于上发酵啤酒的发酵，发酵过程中酵母浮于液面，最适宜的发酵温度为10～25 ℃，上发酵酵母对低温很敏感。另一类是下发酵酵母，下发酵酵母在主发酵结束时，酵母沉降于容器底部，其凝聚沉淀性较强。发酵温度为5～12 ℃，能较好地适应低温。

4. 水

水是啤酒的“血液”，占啤酒成分的90%，在啤酒酿造的过程中起着非常重要的作用。酿造用水的质量，直接影响啤酒的质量与风味。酿造啤酒选用的水除应符合日常生活饮用水标准外，还要符合啤酒专业上的一些要求。为了保证啤酒质量，各啤酒厂商均建立了自己的水质处理系统。一般来说，软水适于酿造淡色啤酒，硬水适于酿造浓色啤酒。

5. 辅助原料

在啤酒酿造中，为降低成本、提高啤酒的质量，可选择一些含淀粉较多的谷物和糖类为辅助原料。在不降低质量为前提的条件下，尽量使用辅助原料。常用的有大米、糖和去胚玉米等。

（三）啤酒的度

啤酒商标中的度不是指酒精含量，而是指发酵时原料中麦芽汁的糖度，即原麦芽汁浓度。一般情况下，麦芽浓度越高，啤酒的酒精含量就越高，反之亦然。

（四）啤酒的分类

1. 按颜色分类

（1）淡色啤酒

淡色啤酒的色度为5~14 EBC单位（EBC为啤酒色度单位）。淡色啤酒为啤酒产量最大的一种。淡色啤酒又分为淡黄色啤酒、金黄色啤酒和棕黄色啤酒。色度在7 EBC单位以下的为淡黄色啤酒，其口味淡爽，酒花香味突出；色度为7~10 EBC单位的为金黄色啤酒，其口味清爽，酒花香味突出；色度在10 EBC单位以上的为棕色啤酒，其口味醇和，酒花香味特别突出。

（2）浓色啤酒

浓色啤酒色泽呈红棕色或红褐色，色度为14~40 EBC单位。浓色啤酒麦芽香味突出、口味醇厚、酒花苦味较轻。

（3）黑色啤酒

黑色啤酒的色度大于40 EBC单位，色泽呈深红褐色乃至黑褐色，产量较低。黑色啤酒麦芽香味突出、口味浓醇、泡沫细腻，苦味根据产品类型而有较大差异。

2. 根据杀菌方法分类

（1）鲜啤酒

鲜啤酒是指啤酒包装后，不经巴氏灭菌的啤酒。这种啤酒味道鲜美，但容易变质，保质期在7天左右。

（2）熟啤酒

熟啤酒是指经过巴氏灭菌的啤酒。这种啤酒存放较长时间，可用于外地销售。优级啤酒保质期为120天。

（3）纯生啤酒

纯生啤酒是指啤酒包装后，不经过巴氏灭菌或瞬时高温灭菌，而用物理方法进行无菌过滤及无菌灌装，从而实现移动至省外其非生物和风味均能达到稳定的啤酒。其保质期可达6个月以上。包装形式多为瓶装、灌装。

3. 根据啤酒酵母性质分类

（1）上发酵啤酒

上发酵啤酒是采用上发酵酵母进行发酵的啤酒。在发酵过程中，酵母随二氧化碳上升到发酵面上，发酵温度在15~20 °C。啤酒的香味突出。 其典型代表是波特啤酒，它是由英国人首先发明和生产的，此酒苦味浓，颜色深，营养丰富。

（2）下发酵啤酒

下发酵啤酒是采用下发酵酵母进行发酵的啤酒。发酵完毕，酵母凝聚沉淀到发酵容器底部，发酵温度在5~10 °C。啤酒的香味柔和。世界上绝大部分国家生产的为下发酵啤酒。我国的啤酒均为下发酵啤酒，其中，著名啤酒有青岛啤酒、五星啤酒等。

4. 按麦芽汁的浓度分类

（1）低浓度啤酒

原麦汁浓度为7° ~8° ，酒精含量在2%左右。

（2）中浓度啤酒

原麦汁浓度为11° ~12° ，酒精含量为3.1%~3.8%。

（3）高浓度啤酒

原麦汁浓度为14° ~20° ，酒精含量为4.9%~5.6%。

5. 按包装容器分类

（1）瓶装啤酒

国内瓶装啤酒主要采用640 mL和355 mL两种包装。国际上还有500 mL和330 mL等其他规格。

（2）易拉罐装啤酒

易拉罐装所用制罐材料多采用铝合金，规格多为355 mL。这种包装的啤酒便于携带，但成本高。

（3）桶装啤酒

桶装材料一般为不锈钢或塑料，容量为30 L。啤酒经瞬间高温灭菌，温度为72 °C，灭菌时间为30 s。这种包装的啤酒多在宾馆、饭店出现，并专门配有售酒机。酒桶内的压力可以使啤酒保持卫生。

6.按啤酒生产使用的原料分类

（1）全麦芽啤酒

全麦芽啤酒是指原料全部采用麦芽，不添加任何辅料，采用浸出或煮出糖化法酿制的啤酒。这种啤酒麦芽香气突出、酒花香气浓郁、口感醇厚爽口、苦味适中，但成本较高。

（2）小麦啤酒

小麦啤酒以发芽小麦为主要原料（占总原料40%以上），是采用上发酵法或下发酵法酿制的啤酒。

7.其他啤酒

（1）干啤酒

干啤酒又称为低热值啤酒，或低糖啤酒。该啤酒的发酵度高、残糖低、二氧化碳含量高。口味干爽，杀口力强，属于不甜、干净、在口中不留余味的啤酒，适合糖尿病患者饮用。

（2）头道麦汁啤酒

头道麦汁啤酒只使用第一次过滤所得麦汁直接发酵，而不掺入冲洗残糖的二道麦汁。头道麦汁啤酒具有口味醇爽、后味干净的特点。它的出现，给人们带来了前所未有的口感，成为啤酒中的“头号宠儿”。

（3）暖啤酒

暖啤酒属于啤酒的后调味，在后发酵中加入姜汁或枸杞，有预防感冒和胃寒的作用。

（4）原浆啤酒

原浆啤酒是不添加任何防腐剂、添加剂的，不经过滤，不经灭活工序，保留鲜活酵母的生啤酒原液。原浆啤酒因含有一定量的活性酵母，所以呈现一定浊度，酒体泡沫极其丰富，香气浓郁，口味新鲜纯正，风味独特，是啤酒家族中名副其实的“超级液体面包”。

（5）无醇啤酒

无醇啤酒，并不是真正意义上的不含一点酒精，其酒精含量一般在0.5%以下。

（6）冰啤酒

冰啤酒的酿造原理是，使啤酒处于冰点温度，使之产生冷混浊（冰晶、蛋白质等），然后滤除，生产出清澈的啤酒。一般啤酒的酒精含量为3%~4%，而冰啤酒则在5.6%以上，高者可达10%。色泽特别清亮，口味柔和、醇厚、爽口，尤其适合年轻人饮用。

（五）啤酒的鉴赏

鉴赏啤酒的好坏，一般分看、闻、尝三个步骤。

1.看

（1）看透明度

啤酒酒液应当清澈透明，无悬浮物和沉淀物。

（2）看颜色

黄啤应呈淡黄色，黑啤应呈深咖啡色。

（3）看泡沫

泡沫是衡量啤酒质量的标准之一，在常温下把啤酒缓缓倒入洁净的酒杯中，有泡沫升起，一般达到杯子高度的1/3以上。泡沫应当细腻洁白且能保持挂杯，泡沫保持4 min以上者为佳品。

2. 闻

闻香气。将啤酒倒入杯子，凑近鼻子嗅一下。黄啤应有浓郁的酒花香，黑啤应有明显的麦芽清香。

3. 尝

品尝味道。优质啤酒入口口味纯正、清爽，口感柔和，有芳香。

（六）中外常见的啤酒品牌

1. 青岛啤酒（图4-1）

青岛啤酒产自青岛啤酒股份有限公司，公司的前身是国营青岛啤酒厂，1903年由英、德两国商人合资开办。青岛啤酒作为2008年北京奥运会官方赞助商，已跻身世界品牌500强。

青岛啤酒选用优质大麦、大米、上等啤酒花和软硬适度、洁净甘美的崂山矿泉水为原料酿制而成。原麦汁浓度为12°，酒精含量3.5%~4%。酒液清澈透明、呈淡黄色，泡沫清白、细腻而持久。风味纯净协调，落口爽净，具有淡淡的酒花和麦芽香气。

图4-1　青岛啤酒

2. 华润雪花啤酒（图4-2）

华润雪花啤酒（中国）有限公司成立于1994年，总部设于北京。2002年，华润雪花全力将雪花啤酒塑造成为全国品牌，雪花啤酒以清新、淡爽的口感，积极、进取、挑战的品牌个性深受全国广大啤酒爱好者的喜爱。

图4-2　华润雪花啤酒

3. 燕京啤酒（图4-3）

燕京啤酒1980年建厂，1993年组建集团。经过20多年快速、健康的发展，燕京啤酒已经成为中国最大啤酒企业之一。燕京啤酒精选优质大麦、纯正优质啤酒花，不遗余力地追求技术领先，始终以一流口感为坚持，以真诚酿造中国的好啤酒为追求！

图4-3 燕京啤酒

4. 哈尔滨啤酒（图4-4）

哈尔滨啤酒始于1900年，由俄罗斯商人乌卢布列夫斯基创建，是中国历史最悠久的啤酒品牌，至今仍风行于中国各地。它是中国第五大啤酒酿造企业，共拥有13家啤酒酿造厂。目前，哈尔滨啤酒销往除西藏以外的全国其他地区，并远销英国、美国、俄罗斯、日本、韩国、新加坡等30多个国家和地区。

图4-4 哈尔滨啤酒

5. 广州珠江啤酒（图4-5）

广州珠江啤酒集团有限公司于1985年建成投产，是一家以啤酒业为主体，以啤酒配套和相关产业为辅助的大型现代化啤酒企业，是全国文明单位、国家环境友好企业。

图4-5 广州珠江啤酒

6. 雪津啤酒（图4-6）

福建雪津啤酒有限公司（前身为福建雪津啤酒集团公司）始建于1986年，即英博雪津啤酒有限公司，位于福建省东南沿海莆田市，占地面积550多亩①，总建筑面积13万余平方米。自2001年起，雪津以每年超10万吨的速度发展，2006年产销量超过100万吨，各项经济指标均居全国前列，人均税利保持行业第二名，以绝对的优势稳居福建省首位。

图4-6　雪津啤酒

7. 百威（Budweiser）

百威啤酒产地：美国。百威啤酒诞生于1876年，由阿道弗斯·布希创办。它采用质量最佳的纯天然材料，以严谨的工艺控制，通过自然发酵、低温储藏而酿成。在整个生产流程中不使用任何人造成分、添加剂或防腐剂。在发酵过程中，使用数百年传统的山毛榉木发酵工艺，使啤酒格外清爽。百年发展中一直以其纯正的口感、过硬的质量赢得了众多消费者的青睐，长久以来被誉为“啤酒之王”。如图4-7所示。

图4-7　百威啤酒

8. 喜力（Heineken）

喜力啤酒产地：荷兰。主要以蛇麻子为原料酿制而成，口感平顺甘醇，不含苦涩刺激味道。如图4-8所示。

图4-8　喜力啤酒

① 1亩≈666.67平方米

9. 嘉士伯（Carlsberg）

嘉士伯啤酒产地：丹麦。嘉士伯啤酒采用木桶制作，由嘉士伯实验室汉逊博士培养的汉逊酵母发酵。其啤酒工艺一直是啤酒业的典范之一，重视原材料的选择和严格的加工工艺，保证了其质量稳居一流。嘉士伯啤酒的口感属于典型的欧洲式啤酒，酒质澄清甘醇。如图4-9所示。

图4-9　嘉士伯啤酒

10. 科罗娜（Corona）

科罗娜啤酒产地：墨西哥。科罗娜啤酒由莫德罗啤酒公司生产。莫德罗啤酒公司位于墨西哥，创建于1925年，在当地有8家酒厂，在本国的市场占有率达60%以上，科罗娜啤酒是其主力产品。

科罗娜啤酒属于淡色啤酒。与大多数啤酒的区别在于，很多啤酒取消了麦芽汁中啤酒花的添加，转而添加啤酒花提炼物来保持啤酒的香味，而科罗娜啤酒则添加纯正的啤酒花，有微微的苦味，口感独特，整体味道偏淡。饮用科罗娜啤酒的时候一定要混入青柠，酸甜的青柠与清凉的科罗娜啤酒堪称举世无双的绝妙搭配。如图4-10所示。

图4-10　科罗娜啤酒

11. 健力士（Guinness）

健力士黑啤酒在全世界50多个国家都有酿造，它是一种用麦芽及蛇麻子酿制的黑啤，使用烘焙的大麦酿制的健力士黑啤酒拥有特有的深色以及独特的口味。如图4-11所示。

图4-11　健力士啤酒

12. 虎牌（Tiger）

虎牌啤酒，诞生于1932年，是亚太酿酒集团的旗舰品牌，已在全球8个国家生产，60多个国家销售。如图4-12所示。

图4-12　虎牌啤酒

除以上品牌外，还有美国的米勒、库斯，日本的麒麟、朝日、三得利，德国的贝克，泰国的狮牌，中国的青岛崂山、重庆山城、兰州黄河、新疆乌苏啤酒、统一狮子座等。

（七）啤酒的饮用注意事项

1. 酒杯的选择

饮用啤酒时应该选用符合标准的啤酒杯，常用的啤酒杯有以下三种：

（1）扎啤杯

扎啤杯是最常用的啤酒杯，一般都是大、厚、重并带有把手的杯子。由于杯壁较厚，长时间握杯也不会影响啤酒的温度，很适于畅饮。

（2）皮尔森杯

皮尔森杯口大底小，呈锥形，杯身细长，杯壁较薄。

（3）品脱杯

品脱杯杯口较宽，接近杯口处有凸起，便于握杯。

现在，啤酒杯的造型越来越多，但不论选用什么形状的杯子，必须保持酒杯清洁，无油渍、污渍，否则会影响啤酒泡沫的产生。

2. 温度要求

啤酒的最佳饮用温度为8~10 ℃。高级啤酒的饮用温度在8 ℃左右，服务员应视自然温度的高低确定是否需要冰酒。啤酒适合冰镇后饮用，但不适合冰冻。

3. 速度要求

喝啤酒要大口，刚开瓶的啤酒不宜久放，要趁着有啤酒泡沫时入口。这样能避免啤酒中麦芽香气的挥发，中和口感，减轻酒精对胃的刺激。

4. 量度要求

喝啤酒也不宜过多，每日少量饮用啤酒对健康更为有利。大量饮用啤酒也可能造成酒精中毒。

5. 禁忌

啤酒勿配海鲜，有研究称，吃海鲜时喝啤酒容易造成痛风和结石。啤酒也不宜和白酒同饮，易导致胃痉挛和急性肠胃炎。

（八）啤酒服务的工作程序

1. 点酒服务

顾客点酒时，向顾客介绍本餐厅的啤酒及特点，并询问顾客是否需要冰镇服务。

2. 取酒服务

顾客点完酒后，立即去吧台取酒，时间控制在5 min之内。

3. 示酒服务

备好口布，站在顾客右侧，左手扶瓶底，右手持瓶颈，倾斜45°，酒标朝向顾客，方便顾客辨认商标，直至顾客点头认可。

4. 开瓶服务

在顾客确认酒水的品种及质量后，应使用正确的开瓶器开启瓶盖，并用口布擦拭瓶口。

5. 斟酒服务

站在顾客右侧，根据“先宾后主，女士优先”的原则进行斟酒服务。斟倒啤酒时，酒标朝向顾客，沿着杯壁缓缓注入，以减少泡沫。如泡沫过多时，可分两次斟倒。以酒液占3/4杯、泡沫占1/4杯为宜。

6. 添酒服务

随时为顾客进行添加服务。如顾客杯中啤酒不到1/3时，应主动询问顾客是否需要添加。如果顾客表示不再加酒，应当及时将空酒瓶撤离台面。

（九）啤酒的储藏

1. 保持场所干净、卫生，通风良好

啤酒应放置在干净、卫生、干燥、无杂物而且通风好的地方储藏。

2. 避免阳光直射

啤酒应放置在阴凉、无阳光直射的地方。因为经过太阳直射后的啤酒会产生浑浊，所以酒瓶大部分采用绿色或褐色，以遮蔽光线，保持啤酒的质量。

3. 保持适当的储藏温度

啤酒储藏的适宜温度为5~10 ℃。

4. 遵循先进先出的原则

由于啤酒不耐储藏，储藏时必须按照先进先出的原则，否则会造成浪费。

知识扩展

在生活中，啤酒有哪些作用呢？

1. 解渴

啤酒具有较高的水含量（90%以上），喝起来清火润喉，“夏日一杯酒，恰是清凉爽心头”，其感觉美不胜收。

2. 提神

啤酒中的二氧化碳和有机酸具有提升口感、提神的功用。一方面，适量饮用可减少过度兴奋和消除紧张情绪，并能促进肌肉松弛；另一方面，适量饮用能刺激神经，促进消化。

3. 助消化

生产啤酒用的主要原料是大麦、醇类、酒花成分和多酚物质，能增进胃液分泌，兴奋胃功能，提高其消化吸收能力。

4. 利尿

啤酒中低含量的钠、酒精、核酸能增加大脑血液的供给，扩张冠状动脉，并通过提供的血液对肾脏的刺激而加快人体的代谢活动。

5. 减肥

对于女性来说，在各种减肥方法中，啤酒能起到很好的减肥效果。这是因为它含有非常少的钠、蛋白质和钙，不含脂肪和胆固醇。对抑制体形过快增长非常有效。

6. 防病

实验表明，适度饮啤酒的人可比禁酒者和嗜酒狂减少心脏病的概率，而且可防止患高血压和其他疾病。啤酒中含有活性硅元素，帮助人体产生胶原蛋白，胶原蛋白是骨骼修复的主要组成成分之一。啤酒可以预防骨质疏松，有助于保持关节弹性。

7. 防衰老

啤酒中含有多酚等抗氧化物质，可以防止人的衰老。

技能实训

1. 识别啤酒酒标

（1）两人一组，一位同学说酒名，另外一名同学快速找出相应的啤酒。

（2）把所有的啤酒摆放在操作台上，说出每瓶酒的英文名称、汉语名称及产地。

2. 啤酒服务模拟练习

顾客点了一瓶啤酒，请为他提供专业服务。

3. 看啤酒酒标，填写（表4-1）。

表4-1　啤酒酒标辨识表

酒水名称	英文名称	产地	麦芽汁浓度	酒精度	容量	口感

二、葡萄酒

葡萄酒是百分之百以葡萄为原料，经过自然发酵、陈酿、过滤、澄清等一系列工艺流程所制成的低酒精饮料。葡萄酒酒度一般为9°~14°。酿造葡萄酒用的葡萄一般皮厚、籽大、水分少、口感差，而食用葡萄一般则皮薄、籽小、水分多、口感好。

（一）葡萄酒的传说

相传古代有一位波斯国王酷爱吃葡萄，一次葡萄没吃完，他就把剩余的葡萄装到一个罐子里，为防止别人偷吃，他就把罐子上写了“毒药”。国王的妻妾中有个被打入冷宫的妃子觉得生活无味，想寻短见，正好发现了这个罐子，就一口饮了下去。喝完之后妃子非但没死，反而异常兴奋，还有飘飘欲仙的感觉，这个妃子对生活又重新充满了信心。于是，她盛了一杯专门送给国王，国王饮后赞不绝口。从此以后，国王颁布了命令，专门收集成熟的葡萄，压紧盛在容器内进行发酵，以便得到葡萄酒。

（二）葡萄酒的成分

1. 水

水是葡萄酒的主要成分，占70%~90%。但葡萄酒中的水，是葡萄的根系从土壤中直接吸收的，因此，是生物学纯水。它也是葡萄酒中其他物质的载体，正是这些物质，才使得每一种葡萄酒具有其个性和风格。

2. 酒精

酒精是酵母菌利用葡萄浆果中的糖进行发酵的主要产物。酒精是葡萄酒香气和风味物质的支撑物，它也使得葡萄酒醇厚和具有结构感。

3. 糖和甘油

葡萄酒中的糖通常是浆果中未经发酵的部分。干型葡萄酒的含糖量低于 4 g/L，而甜型葡萄酒的含糖量可达到80 g/L，或者更高。甘油是酒精发酵的主要副产物，其含量通常为5~12 g/L。糖和甘油都可使葡萄酒具有圆润和肥硕感。

4. 酸

葡萄酒中的酸主要有两大类：葡萄浆果本身的酸和发酵产生的酸。

5. 单宁和色素

在红葡萄酒的酿造过程中，对果梗、果皮和种子的浸渍作用，使存在于其中的单宁和色素溶解在葡萄酒中。单宁可影响葡萄酒的结构感和成熟特性；而色素则主要影响葡萄酒的颜色。

6. 二氧化硫

在酒瓶的正标和背标上都有显示，一般二氧化硫在葡萄酒中的含量为30～200 mg/L。二氧化硫的主要作用是杀灭细菌，防止酒的氧化，延长酒的生命周期。

7. 其他物质

在葡萄酒中，还含有很多其他的物质，如酯类、高级酯、脂肪酸、芳香物质、多种矿物质（包括微量元素），以及多种维生素和各种氨基酸。

（三）酿酒葡萄品种介绍

全世界可以酿造的葡萄品种有6 000多种，但“质”与“量”兼得的葡萄只有50种左右。一般来说，用来酿造葡萄酒的葡萄特征是果粒小、果皮厚实、果汁丰富且浓缩。因此，这类葡萄不适合作为食用葡萄。而食用葡萄正相反，其果粒饱满、果皮薄、果汁比较甜，适合直接食用。酿酒葡萄一般分为白葡萄和红葡萄两种。白葡萄适合酿造白葡萄酒和气泡酒，而红葡萄既可以酿造红葡萄酒，也可以在去皮后酿造白葡萄酒。

1. 白葡萄品种

（1）莎当妮（Chardonnay）

莎当妮也被称为霞多丽，是酿制白葡萄酒的优质品种，号称“白葡萄之王”。莎当妮果实呈绿黄色，果皮薄，果肉多汁，有香气，用其酿造的葡萄酒酒色金黄，还伴有果香（如柠檬、西柚、菠萝、甜瓜、苹果、梨），以及杏仁、山楂花、椴花、蜂蜜、新鲜奶油、烤面包、烤杏仁、烤榛子等香味。它是酿造高档白葡萄酒和香槟酒的世界名种。

（2）长相思（Sauvignon Blanc）

长相思也被称为白苏维翁。长相思需要在熟透时采摘，最显著的特征是其十足的酸度，其次是其易于辨认的浓郁香气，如柠檬、青苹果、青草等香气。在温和尤其是凉爽气候的地区，长相思的表现最为出色，它能够展现出浓郁、典型的绿色草本芳香，还经常伴有西番莲或接骨木花味。长相思主要用来酿制干型、清新的葡萄酒。

（3）白诗南（Chenin Blanc）

白诗南属于上等白葡萄品种，最早在法国的卢瓦尔谷地广泛种植，适合温和的海洋性气候。此种葡萄果皮厚，果粒虽小但多汁。白诗南常用来酿制干型、甜型或气泡类的葡萄酒。此种葡萄所酿制的葡萄酒带有蜂蜜和花的香气，口味浓，酸度强，口感非同寻常。

（4）雷司令（Riesling）

雷司令又称薏丝琳，也被称为“白葡萄皇后”，主产地是德国。此种葡萄果皮薄，果肉多汁。雷司令的成熟十分缓慢，一般从10月中旬到11月底之间才开始摘收。正是漫长的成熟期造就了雷司令在香味方面的突出表现。由雷司令葡萄酿造的酒风格多样，从干酒到甜酒，从优质酒、贵腐型酒再到顶级冰酒，各种级别都能酿造。此外，酒精含量较低的特点也使得雷司令酒在酒杯中呈现悦人的光泽和丰富的香味。雷司令是一种富于变化的葡萄，含有的果香多样，从桃子、柑果、异域水果的香味到蜂蜜的甜香，尽皆涵盖。

（5）赛美蓉（Semillon）

赛美蓉果皮相当薄，极易破损，果香浓郁。其造糖能力较强，酸度小，酿造出的葡萄酒肥厚腻口，缺乏香气，常作为辅料使用。

2. 红葡萄品种

（1）赤霞珠（Cabernet Sauvignon）

赤霞珠又称卡本内·苏维翁，是法国波尔多地区酿造红葡萄酒的代表品种。赤霞珠的果皮较厚、颗粒小，果皮呈深蓝色。通常来说，赤霞珠酿造而成的葡萄酒酒精含量高，酒体饱满，单宁充沛。此葡萄成熟较晚，且需要在橡木桶中陈年。带有黑莓、薄荷、烟草、黑巧克力的香味。

（2）卡本内·佛朗（Cabernet Franc）

卡本内·佛朗又称品丽珠，是源自波尔多地区最古老的酿酒葡萄品种之一。此种葡萄颜色较浅，单宁含量低，成熟时间早。品丽珠酿成的葡萄酒香气明显，带有覆盆子、黑醋栗、巧克力、青椒的香味。

（3）梅洛（Merlot）

梅洛也称美乐，法国波尔多最常见的红葡萄品种。此种葡萄酿制的葡萄酒较为柔和，果味浓，较为早熟。由梅洛酿造的葡萄酒具有柔和的口感，中等含量的单宁。梅洛也是混酿葡萄酒中的理想伴侣，尤其是和赤霞珠一起，可以酿造出非常平衡的葡萄酒。梅洛葡萄酒有黑色浆果、李子和樱桃的芳香气味。

（4）西拉（Syrah）

西拉葡萄的原产地为法国，在澳大利亚等地方西拉也被叫作设拉子（Shiraz），其酿造的葡萄酒酒体饱满，单宁中等。通常带梗发酵，葡萄酒香气浓郁，呈深宝石红色。西拉红酒通常拥有非常浓郁的水果风味，比如蓝莓、李子，此外还会伴有烟草和黑胡椒的气息。

（5）黑皮诺（Pinot Noir）

黑皮诺是公认的难以栽植的葡萄品种，被称为葡萄酒中的“林黛玉”。其果粒成熟较早，但极脆弱，皮薄、易烂。它有樱桃和草莓的果香，也有湿土、雪茄、蘑菇以及巧克力的味道。

（6）佳美（Gamay）

它主要种植于法国卢瓦尔河谷（Loire Valley）、勃艮第（Burgundy）和薄若莱（Beaujolais）等地区，而薄若莱地区的品质最优异。该葡萄酿造出的葡萄酒为淡紫红色，单宁含量低，口感清淡，酒液柔顺而且果味十足，具有草莓和葡萄本身的清香，适合年轻人饮用。

（四）葡萄酒的酿造过程

由于葡萄酒的种类不同，在酿造工艺上也存在差别。红葡萄酒和白葡萄酒最大的区别在于，红葡萄酒要通过浸皮的方式来萃取葡萄皮中的色素和单宁。

1. 红葡萄酒的酿造过程

（1）采摘：葡萄从葡萄园采摘回来后的24 h内酿造最佳。

（2）筛选：通过机器和人工的方式，剔除腐烂或未成熟的葡萄。

（3）破皮：葡萄经过破皮去梗机去梗后，适度挤压破皮，为发酵做好准备。

（4）浸皮：指将破皮后的葡萄与葡萄汁一起浸泡，以便从葡萄皮里面萃取到所需的色素、单宁和风味物质，浸皮的时间通常会根据酿酒者想要达到的要求而定。

（5）发酵：在浸皮的过程中，发酵会同时进行，糖分在酵母的作用下转化为酒精，葡萄皮中的单宁和色素也慢慢溶出。红葡萄酒发酵的温度会比白葡萄酒略高一些，一般在25~30 ℃，这样能更快地萃取葡萄皮中的色素和单宁，发酵时间一般为2~4周。

（6）压榨：将发酵完成的葡萄酒与酒糟分离。

（7）熟成：发酵完成的红葡萄酒一般会在橡木桶中继续放置一段时间，橡木桶可以增添葡萄酒的香气，还可以使葡萄酒口感变得更加柔顺。

（8）装瓶：过滤，澄清后装入玻璃瓶。

2. 白葡萄酒的酿造过程

（1）采摘：葡萄从葡萄园采摘回来后，要在24 h内酿造最佳。

（2）筛选：通过机器和人工的方式，剔除腐烂或是未成熟的葡萄。

（3）破皮：葡萄经过破皮去梗机，去梗后，适度挤压破皮，为发酵做好准备。

（4）压榨：将葡萄皮与葡萄汁分离。

（5）发酵：糖分在酵母的作用下转化为酒精，同时也会产生二氧化碳和热量，白葡萄酒的发酵温度在15~20 ℃，较低的发酵温度可以让白葡萄酒的香气更加精巧细腻，发酵时间一般为2~4周。

（6）熟成：白葡萄酒同样需要熟成，不过一般不会用橡木桶，大部分使用不锈钢容器，这要视葡萄品种和酿酒师而定。

（7）装瓶：过滤，澄清后装入玻璃瓶。

（五）葡萄酒的分类

1. 按色泽分类

（1）白葡萄酒（white wine）

白葡萄酒可以选用白葡萄酿造，也可以选用红色果皮的葡萄酿造，但必须把皮汁进行分离，仅用葡萄汁发酵而成，这类酒的颜色以黄色调为主，主要有近似无色、微黄带绿、浅黄色、禾秆黄色、金黄色等。白葡萄酒饮用之前可冰镇，其最佳饮用温度为7~10 ℃，与鱼虾、海鲜、贝壳类配饮更佳。

（2）红葡萄酒（red wine）

红葡萄酒选用红色或紫色葡萄为原料，将果皮、果肉、果汁混在一起发酵，酒液中含有果皮或果肉中的有色物质，使之成为以红色调为主的葡萄酒。这类葡萄酒的颜色一般为深宝石红色、宝石红色、紫红色、深红色、棕红色等。红葡萄酒在饮用前无须冷藏或冰镇，一般室温下饮用最佳，常与肉类配饮。

（3）桃红葡萄酒（rose wine）

桃红葡萄酒选用带色葡萄，经部分浸出有色物质发酵而成，它的颜色介于红葡萄酒和白葡萄酒之间，主要有桃红色、浅红色、淡玫瑰红色等。

2. 按含糖多少分类

（1）干葡萄酒

干葡萄酒含糖量在4 g/L以下，一般尝不出甜味。英语用“Dry”表示。

（2）半干葡萄酒

半干葡萄酒含糖量为4~12 g/L，有微弱的甜味。英语用“Semi-dry”表示。

（3）半甜葡萄酒

半甜葡萄酒含糖量为12~50 g/L，有明显的甜味。英语用“Semi-sweet”表示。

（4）甜葡萄酒

甜葡萄酒含糖量在50 g/L以上，有浓厚的甜味。英语用“Sweet”表示。

3. 按二氧化碳含量分类

（1）平静葡萄酒

平静葡萄酒也称静止葡萄酒或静酒，是指不含CO_2或很少含CO_2（在20 ℃时二氧化碳的压力小于0.05 MPa）的葡萄酒。

（2）起泡葡萄酒

起泡葡萄酒是指葡萄酒经密闭二次发酵产生CO_2，在20 ℃时，CO_2的压力大于或等于0.35 MPa。酒精度一般在8° 左右。

（3）加气起泡葡萄酒

加气起泡葡萄酒也称为葡萄汽酒，是指由人工添加了CO_2的葡萄酒，在20 ℃时CO_2的压力大于或等于0.35 MPa。酒精度不低于4° 。

4. 按酿造方法分类

（1）天然葡萄酒

天然葡萄酒即完全使用葡萄为原料发酵而成，不添加糖分、酒精及香料的葡萄酒。

（2）加强葡萄酒

加强葡萄酒即发酵成原酒后用添加白兰地的方法来提高酒精含量。

（3）加香葡萄酒

加香葡萄酒即以葡萄原酒为酒基，经浸泡芳香植物或加入芳香植物的浸出液（或蒸馏液）而制成的葡萄酒。

（4）蒸馏葡萄酒

蒸馏葡萄酒是采用优良品种葡萄进行原酒蒸馏，或发酵后经压榨的葡萄皮渣蒸馏，或由葡萄浆经葡萄汁分离机分离所得的皮渣加糖水发酵后蒸馏而得。

5. 按饮用方式分类

（1）开胃葡萄酒

开胃葡萄酒在餐前饮用，主要是一些加香葡萄酒，酒精度一般在18° 以上。我国常见的开胃酒有“味美思”。

（2）佐餐葡萄酒

佐餐葡萄酒是同正餐一起饮用的葡萄酒，主要是一些干型葡萄酒，如干红葡萄酒、干白葡萄酒等。

（3）待散葡萄酒

待散葡萄酒常在餐后饮用，主要是一些加强的浓甜葡萄酒。

（六）葡萄酒的命名

1. 以葡萄品种命名

许多国家的葡萄酒都以优秀的葡萄品种来做酒名，这种命名方式有利于突出和区别葡萄酒的风味和特色。不过，这些以葡萄品种命名的葡萄酒都必须是单一品种或单一品种为主，主要品种也需要达到一定的比例方可命名。各个国家对此种葡萄酒都有严格的规定。比如美国，其主要酿酒品种要达到75%以上才可在酒标上标注出来，而在澳洲，这个比例要达到85%。法国则更为严苛，必须100%由该品酿造的葡萄酒才可注明。

比较常见的著名葡萄品种有赤霞珠（Cabernet Sauvignon）、黑比诺（Pinot Noir）、霞多丽（Chardonnay）、西拉（Syrah）等。

2. 以产区命名

许多著名葡萄酒都是以葡萄酒产区命名。葡萄酒的产地可以代表葡萄酒品质的高低。以产地命名的葡萄酒，其原料必须全部或者大部分来自该产地。

3. 以酿酒厂商名命名

有些著名的厂商，历史悠久，酿酒经验丰富，酒的质量稳定，他们会用自己的厂名来给葡萄酒命名，以扩大企业知名度。

（七）主要的葡萄酒产地

生产葡萄酒的国家分为“旧世界”和“新世界”。“新世界”是指美国、澳大利亚、智利、新西兰、阿根廷、南非等进入葡萄酒酿造行业时间不长的国家。“旧世界”则指法国、意大利、西班牙等有着数百年葡萄酒酿造历史的国家。

1. 澳大利亚

澳大利亚是新兴的葡萄酒产地，澳大利亚的葡萄酒价廉物美。其葡萄酒以口感丰腴，并带有巧克力和水果香为特色。

2. 阿根廷

阿根廷是“新世界”具有代表性的国家。红葡萄酒是阿根廷最好的酒，阿根廷有很多优秀的葡萄品种。

3. 智利

智利的葡萄酒非常容易饮，风格明朗，浓郁丰厚，性价比不错，口味方面适合于亚洲消费者。

4. 美国

90%的美国葡萄酒在加州酿造，葡萄酒品种非常多样化，从日常餐酒到高级葡萄酒都有。

5. 法国

法国酒拥有两千年酿酒工艺，品质经典，被投资客和收藏家追捧的世界名酒多是法国列级酒庄的。

6. 德国

德国是雷司令的故乡，酒香馥郁，口感清爽，酒精度低。适合不太能喝酒的人及刚入门者。

7. 西班牙

西班牙葡萄种植面积居世界第一，产酒量居世界第三。酒品感觉惊艳，仿佛处于过去与未来的交替中。

8. 意大利

意大利是世界最大的葡萄酒生产国，出口量与法国并列前茅。意大利的气泡酒、混合葡萄酒等较为有名。

（八）法国葡萄酒的等级

法国葡萄酒品质和种类居世界之冠，有“葡萄酒王国”之誉，为了保持这个美称，法国建立了葡萄酒等级制度。它可以简单地用一个金字塔来代表，底部的是日常餐酒，最顶部的则是等级最高的法定地区餐酒。如图4-13所示。

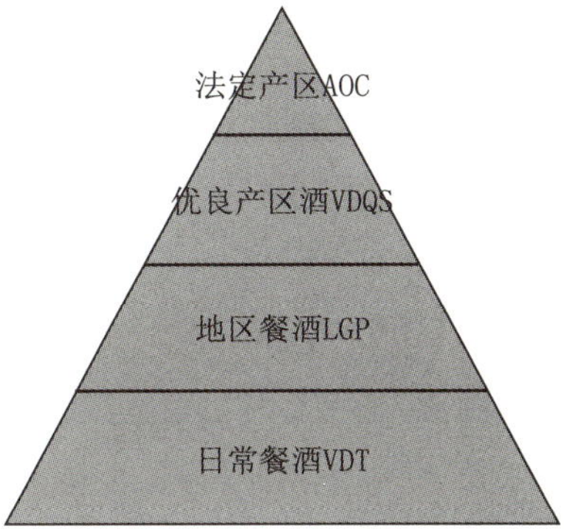

图4-13 法国葡萄酒等级

1. 日常餐酒（vin de table）

此类葡萄酒酒标上的标签一般标为“vin de table”。日常餐酒是法国葡萄酒等级分类中最低档的一种，这一等级的酒不标注产区和葡萄酒品种。此类葡萄酒是除了采用法国本地的葡萄酒外，还可以混合欧共体的葡萄进行酿造，但欧共体国家外的葡萄是被禁止使用的。虽然对种植和生产要求不严格，不过也要符合欧盟关于葡萄酒的最低要求。此类葡萄的产量约占法国葡萄酒总产量的38%，其酒精含量要求在8.5%~15%。

2. 普通地区餐酒（vin de pays）

此类葡萄酒酒标上的标签一般标为“vin de pays”。普通地区餐酒是由最好的日常餐酒升级而成，质量优于日常餐酒。这一等级的葡萄酒酒标上必须注明产地。它只能使用被认可的葡萄品种进行酿造，且葡萄产地必须与酒标上所标示的特定产区一致，同时对酿制和产量都有严格的规定。法国绝大部分的普通地区餐酒产自南部地中海沿岸，产量约占法国葡萄酒总产量的15%、地中海产区要求酒精含量不得低于10%，其他产区则不得低于9%。

3. 优良地区餐酒（VDQS）

此类葡萄酒酒标上的标签一般标为“Appellation+产区名+Qualite Superieure”。优良地区餐酒等级位于地区餐酒和法定地区葡萄酒之间。这一等级的葡萄酒生产商必须严格遵守有关酒法的规定，从产区、葡萄品种、产量和酿造方法等方面对其都有严格规定，而且该等级的葡萄酒必须经过“国家法定产区名称管理局”的严格审核，产量只占法国葡萄酒总产量的2%。优良地区餐酒是普通地区餐酒向法定地区餐酒（AOC级别）过渡所必须经历的级别。如果在VDQS时期酒质的表现良好，则会升级为AOC。

4. 法定地区餐酒（AOC）

此类葡萄酒酒标上的标签一般标为“Appellation+产区名+Controlee”，法定地区餐酒是法国葡萄酒的最高级别，产量大约占法国葡萄酒总产量的35%。其原产地地区的葡萄品种、种植数量、酿造过程、酒精含量等都要得到专家认证。每年酿造出来的葡萄酒也必须经过委员会的检验和品尝，确定符合AOC标准之后才可上市。在法国，每个大的产区里又分为很多小的产区。一般来说，产区越小，葡萄园位置越详细，葡萄酒的等级就越高。

（九）法国葡萄酒的主要产区

1. 波尔多产区（Bordeaux）

波尔多产区是全世界最好的葡萄酒产区，位于法国西南部，地处多尔多涅河和加仑河的交汇处，波尔多原意是“水边”。此地区气候十分稳定，年平均气温约12.5 ℃，年降水量约900 mm，非常适合种植酿酒葡萄。波尔多葡萄酒是“酒中之后”，它具有女性之柔顺芳醇。波尔多的五大著名葡萄酒产区分别为梅多克（Medoc）、格莱乌（Graves）、苏玳（Sauternes）、圣爱美浓（Saint-Emilion）、庞美罗（Pomerol）。本产区年产葡萄酒约6亿升，是法国葡萄酒总产量的1/10。该地区生产的AOC等级的葡萄酒占法国AOC等级总量的1/4。

2. 勃艮第产区（Burgundy）

勃艮第产区是法国古老的葡萄酒产地之一，也是唯一可以与波尔多葡萄酒抗衡的地区。它位于法国东部，由一系列的小葡萄园组成，北起地戎南郊，南至里昂市北郊，绵延230 km。勃艮第产区的葡萄品种比较少，主要有生产白葡萄酒的莎当妮和阿丽高特，生产红葡萄酒的黑皮诺，以及专用于生产博酒莱的佳美葡萄。勃艮第葡萄酒是葡萄酒之王，它具有男子汉粗犷的风格，并且必须用黑比皮诺作为原料。

3. 香槟区（Champagne）

香槟区主要代表是香槟酒，只有采用“香槟酿造法”酿造的酒才有资格称为香槟酒。酿造好的香槟一般需要3年，香槟酒含糖量越少，价格越高。玛姆（Mumm）是公认的最佳香槟。

4. 其他产区

除了上述著名产区外，还有卢瓦尔产区（Loire）、阿尔萨斯产区（Alsace）、普罗旺斯产区（Provence）、隆河谷产区（Rhone Valley）等。

（十）法国著名的葡萄酒酒庄

1. 拉菲酒庄（Chateau Lafite Rothschild）

拉菲酒庄位于波尔多的梅多克产区，气候土壤条件得天独厚，它是法国波尔多五大一级酒庄之一。园内主要种植品种为顶级的赤霞珠（Cabernet Sauvignon），其比例占68%，其他的葡萄品种包括28%的梅洛（Merlot）、3%的品丽珠（Cabernet Franc）以及1%的味而多（Petite Verdot），平均树龄为35年。拉菲古堡，2~3棵葡萄树才能产1瓶葡萄酒，整个酒庄年产量控制在2万~3万箱。所有的酒必须在橡木桶中发酵18~25天，所用酒桶全部来自葡萄园自己的造桶厂。每一个陈放酒的酒桶都要进行几次尝酒以挑选出顶级品质的佳酿。次年3月进行第1次滗酒，此时混合进行。之后进入酒窖陈年，需要18~24个月，陈年期间还要经一系列滗酒以分离酒与酒渣。

2. 拉图尔酒庄（Chateau Latour）

拉图尔酒庄是因酒庄之中有一座历史久远的塔而得名。拉图尔酒庄是法国的国宝级酒庄，位于波尔多波伊雅克村庄南部一个地势比较高的碎石河岸上，气候土壤条件得天独厚。拉图尔酒庄的葡萄园每公顷种植1万株葡萄，单位产量不超过每公顷4 500 kg。该酒庄的葡萄酒发酵过程在完全结束后，对酒与发酵好的酒液要进行一系列的品尝，只有质量最好的才有资格作为正牌酒，其余的酒则只能做二等酒和三等酒。

3. 玛歌酒庄（Chateau Margaux）

玛歌酒庄是波尔多红酒产区之一，也是酒庄的名称。玛歌酒庄是比较恪守传统的酒庄，全部采用木桶发酵罐发酵，大部分采用人工操作，连发酵温控都是人工控制，但仍然采用蛋清在桶里沉淀的传统工艺。玛歌酒庄葡萄酒是波尔多的代表，细致、温柔、幽雅，单宁中庸。

4. 木桐酒庄（Chateau Mouton Rothschild）

木桐酒庄位于法国波尔多波亚克一个小山丘上。2013年，木桐酒庄拥有82公顷葡萄园，其中77%种的是赤霞珠、10%为品丽珠、11%为美乐、2%为味而多。木桐酒庄的红葡萄酒以赤霞珠葡萄为主，根据年份不同，加入不同比例的品丽珠、美乐和味而多。木桐酒庄的酒具有典型的赤霞珠特征，成熟的黑加仑的果味，以及咖啡、烤木香气，单宁劲道，需在瓶中陈年7~15年方可以饮用，是世界顶级收藏酒之一。

（十一）葡萄酒酒标信息解读

葡萄酒酒标一般包含以下信息：

1. 葡萄品种（grape variety）

并不是所有葡萄酒瓶上都会标识葡萄种类。如果标记了葡萄品种，则意味着该酒主要由该葡萄品种酿造的。

2. 酒名（name of the wine）

酒名通常是酒庄、产区或者庄园主特定的名称。

3. 产区（appellation）

酒标上一般都能见到产区，知道了某产区的酒，就大概知道了该酒的特色及口味。

4. 年份（vintage）

酒标上的年份通常是葡萄收获的年份。它意味着此酒主要采用这一年份的葡萄酿造的。

5. 等级（classification）

葡萄酒生产国通常都有严格的品质管制，但各国对葡萄酒等级的划分是有区别的。通常通过酒标即可看出它的等级。

6. 酒精含量（alcohol level）

酒精含量通常用“%”或“° ”表示。

7. 酒庄装瓶（bottled in chateau ）

酒庄装瓶者不一定就是酿酒者。

8. 净含量（net volume ）

净含量指的是葡萄酒的容量。

（十二）国内市场上常见的葡萄酒品牌

1. 长城葡萄酒

中粮华夏长城葡萄酒有限公司始建于1988年，全球500强企业，为中国葡萄酒第一品牌，连续多年产销量居全国第一。主要专业生红葡萄酒。它是中国第一瓶达到国际干红葡萄酒标准的企业。如图4-14所示。

图4-14 长城葡萄酒

2. 张裕葡萄酒

该品牌有一百多年的历史，是由著名的爱国侨领张弼士先生投资创办，公司的成立拉开了中国葡萄酒工业化的序幕。张裕葡萄酒已经发展成为中国乃至亚洲最大的葡萄酒生产经营企业。并在2004年位居中国上市公司食品酿酒行业的第 8 名，成为进入前十的唯一一家葡萄酒企业。如图4–15所示

图4–15　张裕葡萄酒

3. 王朝葡萄酒

王朝葡萄酒采用世界多种解百纳红葡萄品种，以法国波尔多传统红葡萄酒工艺酿制而成， 具有典型的法国波尔多风格。此酒为佐餐酒，饮用时最佳度为16~18 ℃。在食用烧烤煎炸肉食时，配以此酒最为适宜。 由于该品牌红酒具有很好的保健功效，因此日益引起崇尚健康的人士关注和青睐。如图4–16所示。

图4–16　王朝葡萄酒

4. 通化葡萄酒

通化葡萄酒始建于1937年，有着80年的葡萄酒酿造经验，是中国历史最悠久的葡萄酒厂之一。几十年以来，通化葡萄酒几乎都是中国葡萄酒的代名词，产品远销36个国家和地区，并多次作为国宴用酒和国家“两会”用酒。2005年，再次被国务院中国名牌战略推进委员会和国家质检总局授予“中国名牌”称号。如图4–17所示。

图4–17　通化葡萄酒

5. 威龙葡萄酒

烟台威龙葡萄酒股份有限公司位于我国经济最为活跃的地区之一的烟台市，同时也是海内外闻名的葡萄酒之乡，主要产品有干酒、香槟工艺酒、白兰地，以及桃红、甜红、甜白等四大系列60余个品种。威龙干红葡萄酒连续4年荣获国家名牌称号。如图4-18所示。

图4-18　威龙葡萄酒

6. 云南红葡萄酒

云南红葡萄酒产业集团1997年创立品牌“云南红”，高原产独特的芳香口感和具有方特色的品牌是“云南红”得天独厚的优势。目前云南红品牌在全国葡萄酒市场位于前茅，在众多的葡萄酒品牌中脱颖而出，已获得“中国名牌”及“中国驰名商标”等殊荣。如图4-19所示。

图4-19　云南红葡萄酒

7. 香格里拉葡萄酒

香格里拉葡萄酒在其母公司金六福的运作下，其品牌形象经深入人心。该品牌卖的不仅是酒，还是香格里拉的神秘文化，卖的是人们对理想生活的向往。如图4-20所示。

图4-20　香格里拉葡萄酒

8. 华夏五千年葡萄酒

华夏五千年生态酒庄基地是一个以红酒生态庄园及多元旅游生态服务为载体的现代生态经济产业项目。华夏五千年葡萄酒在中华大地上精心选取各品种葡萄均表现突出的东部和西部著名产区，形成东西纵横超过万亩的三大直属原料基地，确保华夏五千年葡萄酒的丰富口感与卓越品质。如图4-21所示。

图4-21　华夏五千年葡萄酒

（十三）葡萄酒的饮用

1. 葡萄酒的饮用温度

不同的葡萄酒其饮用温度也存在差别，只有在合适的温度下才能充分发挥葡萄酒自身的特色。

陈年干红葡萄酒适合16~18 ℃（即室温）时饮用；一般干红葡萄酒则为12~16 ℃；桃红、半干、半甜及甜型葡萄酒适合10~12 ℃时饮用；干白葡萄酒和起泡葡萄酒则适合8~10 ℃。

在上述温度中，最高温度适合陈年老酒、具有结构感和醇香浓郁的葡萄酒。饮用温度越低，葡萄酒的香气就越淡，其单宁就越粗糙；饮用温度越高，其香气就越重。白葡萄酒的温度过低，就会“熄灭”，即不能表现出其特性。

2. 葡萄酒杯的选择

要喝出葡萄酒最美的风味，就要找到最合适的杯子。不同的葡萄酒应选择相应的杯具，葡萄酒常用的杯具有以下4种：

（1）波尔多红酒杯

波尔多波红酒杯杯身长，杯口较窄，有利于凝聚酒香。

（2）勃艮第红酒杯

勃艮第红酒杯杯身较短，杯腹宽，杯口大，适合将鼻子凑近嗅闻。

（3）白葡萄酒杯

白葡萄酒杯杯身较长，杯腹小，这种设计有利于减少酒液与空气的接触，可使香气更为持久。

（4）郁金香香槟杯

郁金香香槟杯杯身细长，适合香槟酒、起泡酒等。

选择葡萄酒杯时最好满足以下条件：

（1）无色透明。

（2）杯腹无装饰，以便于观察葡萄酒的原色。

（3）材质不宜太厚，以免影响品尝时的触感。

3. 葡萄酒的品鉴

葡萄酒的品鉴分为三个步骤：观其色、闻其香、尝其味。

第一步：观其色。

步骤：（1）手持酒杯，倾斜45°，置于白色背景上，观其色泽。年轻的白葡萄酒，色泽青；成熟的白葡萄酒色泽鲜黄，随着白葡萄酒的陈年，颜色越来越深。年轻的红葡萄酒有鲜亮的紫色边缘，成熟的红葡萄酒带有铁锈的色调，随着红葡萄酒的陈年，颜色越来越浅。（2）手持杯颈，举杯对光，检查酒的健康状况，好酒会泛一层光；有絮状混浊，代表酒已变坏。（3）摇晃酒杯，看其挂杯。黏度高的葡萄酒，通常酒精度或残糖量较高。

第二步：闻其香。

步骤：（1）第一次闻香，集中注意力，将酒表面空气慢慢吸入鼻腔，初步分析香气类型。（2）摇晃酒杯，让香气释放出来，深而短进行第二次闻香。（3）第三次闻香，鉴别香气中的缺陷。

第三步：尝其味。

步骤：（1）小啜一口红酒，含在嘴里犹如漱口，使舌头的每个部位都能尝到酒。然后将酒咽下，或将其吐到准备好的容器中。（2）辨别酒的特性分别冲击味蕾的哪个位置，然后记录下来进行归纳。

（十四）葡萄酒的服务程序

1.红葡萄酒的服务程序

（1）点酒服务

顾客点酒时，向顾客介绍本餐厅的红酒及其特点。

（2）取酒服务

顾客点完酒后，立即去吧台取酒，时间控制在5 min之内。

（3）示酒服务

备好口布，站在顾客右侧，左手扶瓶底，右手持瓶颈，倾斜45°，酒标朝向顾客，让顾客确认酒的种类、年份等方面与所点是否一致，确认瓶盖有无开启，直至顾客点头认可。

（4）开瓶服务

在顾客确认酒水的品种及质量后，应使用正确的开瓶器开酒，取下软木塞请顾客过目并用口布擦拭瓶口。

（5）醒酒服务

将酒液平稳、缓慢地注入滗酒器中，让其大面积接触空气，从而加速单宁软化和释放封闭的香气。

（6）斟酒服务

从顾客右侧倒入1/5的红葡萄酒，请顾客品评酒质。然后站在顾客右侧，根据“先宾后主，女士优先”的原则进行斟酒服务。斟酒时酒标朝向顾客，依次为顾客斟倒1/2杯红葡萄酒。如图4-22所示。

图4-22 斟酒服务展示

（7）添酒服务

随时为顾客进行添酒服务。当整瓶酒倒完时，询问顾客的需求，如顾客表示不要酒，观察顾客，其喝完酒后，立即撤掉空杯。

2. 白葡萄酒的服务程序

（1）点酒服务

顾客点酒时，向顾客介绍本餐厅的白葡萄酒及其特点。

（2）取酒服务

顾客点完酒后，立即去吧台取酒，时间控制在5 min之内。要注意，因为白葡萄酒需要冰镇奉客，所以应准备冰桶，桶内放2/3的冰块，将酒瓶置于冰桶中，上盖一块餐巾，然后把冰桶放在顾客的右后侧。

（3）示酒服务

从冰桶中取出酒瓶并擦干，用另一餐巾（叠成条状），包裹瓶身（须露出商标），左手托住瓶身，右手持瓶颈，商标朝上，从点酒顾客右侧向其展示，以便确认。

（4）开瓶服务

首先应将瓶口的锡纸剥除，然后用右手握住瓶身以45°的倾斜角度拿着酒瓶，用左手大拇指紧压软木塞，右手将瓶颈外面的铁丝帽扭曲，直到铁丝帽断裂为止，并将其扔掉，此时应用左手紧握软木塞弹挤出来，转动瓶身，但不可扭转木塞，不可将瓶口朝向顾客，以免软木塞弹出。

（5）斟酒服务

站在顾客右侧，根据“先宾后主，女士优先”的原则进行斟酒服务。斟酒时酒标朝向顾客，香槟酒应分两次进行，先斟1/3杯，待泡沫平息后，再斟至2/3杯，斟酒完毕将酒瓶放回冰桶，用一块叠成条状的餐巾盖住，随时为顾客斟酒。

（6）添酒服务

随时为顾客进行添酒服务。当整瓶酒倒完时，询问顾客的需求，如顾客表示不要酒，观察顾客，其喝完酒后，立即撤掉空杯。

（十五）葡萄酒的储藏

1. 葡萄酒的放置

葡萄酒必须斜放、横躺或倒立，这样存放的目的是让酒液接触到木塞，保持软木塞的湿润，使其密封效果好，不容易进入氧气而导致酒氧化。

2. 恒温

存放于阴凉之地，保持恒温10~13 ℃。温度过低会使葡萄酒的成熟速度缓慢，过高则会加快葡萄酒的成熟度，缩短酒的寿命。

3. 恒湿

保持一定湿度，最好控制在60%~70%，温度超过75%酒标易发霉、也会造成木塞长霉、快速腐烂，导致漏酒。

4. 远离热源

远离热源，如厨房、暖炉等。

5. 避光

葡萄酒不喜欢光照，尤其是紫外线对酒质的破坏性很强。

6. 避免异味

葡萄酒用的软木塞中有小孔，微量空气可以经此进入酒瓶，葡萄酒则会吸收周围环境中的气味，所以旁边最好不要放置有异味的物质。

（十六）葡萄酒与健康

适量饮用葡萄酒可以促进人体的血液循环，改善微循环，对缓解人体疲劳具有一定的益处。葡萄酒具有软化血管的作用，经常适量地饮用，可以预防心脑血管疾病的发生，并能改善一些轻度的心脑血管疾病，有益心脑血管的健康。它能辅助人体降血脂、降血压，缓解动脉硬化，是一种很好的食疗保健食品，但一定要适量饮用。不少专家认为，最佳的饮用量为每天100~200 mL，晚上为饮用葡萄酒的最佳时间。

知识扩展

（一）葡萄酒为什么要放进橡木桶中发酵？

1. 橡木桶富含橡木单宁酸，在发酵过程中，能够提高葡萄酒的颜色，增强色素的稳定性。

2. 在发酵中，橡木颗粒产生柔和的橡木单宁，能够增强酒的酒体结构感，减轻天然葡萄单宁的涩味，提高葡萄酒协调复合性，可以更好地保持酒的香味。

（二）酒瓶颜色对酒的影响

阳光对瓶装葡萄酒有不利的影响，如容易引起葡萄酒瓶的褪色，从而导致葡萄酒品质下降，尤其是对白葡萄酒的破坏，比红葡萄酒要大。高能量的紫外线最容易使葡萄酒有不良的光化学反应。琥珀色玻璃阻隔这两种射线的能力强于淡绿色玻璃，不过琥珀色和淡绿色酒瓶对葡萄酒的保护效果要优于无色酒瓶。这也是装酒的瓶子大多数是深色的缘故。

（三）喝不同葡萄酒的杯型

喝起泡酒：一般使用细长杯身的郁金香香槟杯，因为起泡酒含有二氧化碳，又是细腻、精致的酒，要欣赏其泡泡，长杯身是很有必要的。

喝酸度高、清淡白葡萄酒：这类酸度高的酒不需要杯身大的杯子，因为其香气是水果香型，复杂的香气少，一般酒精度不会太高。但需要杯柱高，方便人们拿取。这种杯型较瘦，在喝的时候，它能直接到达舌头上负责甜味的那部分味蕾，减少过多的酸对味蕾的刺激。

喝酒体丰满或木桶陈年的白葡萄酒：喝这类酒一般需要肚大、杯口小的杯子，大杯肚容易展现其风味。

喝年轻的、酒体轻的红葡萄酒：这种酒适合用杯口小、细、巧的葡萄酒杯，杯身不需要太大。

喝奢华、天鹅绒般的红葡萄酒：喝这种酒适合用大的葡萄酒杯，使其接触更多空气，也能够很好地展现酒的风味。

喝单宁重、丰厚的红葡萄酒：喝这种酒适合用波尔多杯。这种酒香气较为复杂，需要更多的氧气，大酒杯才能展示它们复杂的香气和口味。

（四）品酒术语

外观：appearance

葡萄酒的外观指的是葡萄酒的颜色、清澈度、色调和色度。

触觉：attack

触觉指的是葡萄酒刚入口的第一口感觉。

平衡感：balanced

平衡感指的是口感适中、酸甜均衡、单宁和酒味清淡的葡萄酒。

酒香：bouquet

酒香指的是酒散发出的一种有如花开时的香味。它将水果香、发酵时和陈酿时产生的香味融为一体。

容易入口：easy to drink

容易入口指的是含有少量单宁的柔和味的葡萄酒。

酒体丰满：full-bodied

酒体丰满指的是入口的葡萄酒含少量单宁，柔和而不酸涩。

回味：finish

回味指的是人们咽下葡萄酒后最后一种感觉。这种感觉可以让人感受到品味葡萄酒后的特殊的余香。

单宁味：tannic

单宁葡萄酒给人以生涩的口感，单宁从葡萄核、葡萄梗和橡木桶中分离出来后进入葡萄酒中。

回味悠长：lingering Aftertaste

回味悠长指的是葡萄酒留给人们意犹未尽的、犹如菜香的口感。

挂杯：legs

挂杯指的是通过挂在酒杯壁上的酒滴或酒柱可判定酒的度数。

技能实训

1.练习使用不同的开瓶器开启葡萄酒

（1）海马刀（图4-23）

图4-23 海马刀

海马刀被誉为“侍酒师之友”，它比较小巧，功能齐全，且便于携带，在葡萄酒专业人士中是使用最为广泛的开瓶工具。

海马刀主要由三部分构成：用来割开金属盖箔带锯齿的小刀、螺旋螺丝钻和作为支点的葡萄酒瓶开。首先，用小锯齿刀平整地切开葡萄酒的锡箔纸帽。再将海马刀的螺丝钻尖端插入软木塞的中心，然后直立螺旋，顺时针方向缓缓旋转钻入软木塞中。不要将螺丝钻一次全钻进去，因为不知道软木塞的长短，如果一次就把螺丝钻全钻到底，螺丝钻会穿过木塞，将软木屑洒到酒内，所以留下一环为宜。先将一级卡位，用左手紧紧握住；再用右手将木塞提起。软木塞出来一半时，再将二级卡位扣住瓶口，重复之前的动作。感觉到软木塞快拔出时就停住，用手握住木塞，轻轻转动，即可绅士地拔出木塞。

（2）旋转起子（图4-24）

旋转起子在国内比较常见，普通的螺旋开瓶器构造相当简单，只有三个部分：旋转把手、螺旋钻、螺旋钻外部可旋转套。首先去掉红酒瓶封皮。然后一手握紧酒瓶，一手用螺旋钻正对木塞中心转动进入。最后转动开瓶器外部至与瓶口齐平，让其抵住瓶口，握紧外部再次转动螺旋钻，木塞即出。

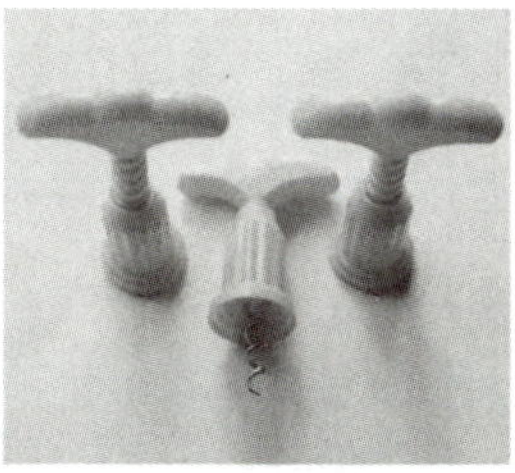

图4-24 旋转起子

（3）老酒起子（图4-25）

图4-25 老酒起子

这种起子主要针对老酒。由于木塞浸泡酒液时间长，软而且易碎，如果用螺旋起子，不但容易起碎木塞，还容易中间留孔，使碎木屑掉到酒里去。这种老酒起子含两片长短不一的金属片，在开酒时先将金属片插入木塞的两侧，稍微晃动后再插入，最后旋转拔出。

（4）电动起子（图4-26）

电动起子是比较省力的起子，主要是用来起木塞的。首先握紧酒瓶，夹紧割锡纸刀，左右旋转割开密封的锡箔纸；然后握紧酒瓶和开瓶器，对准瓶塞按下开瓶键，垂直用力向下压；最后按下退塞键，瓶塞即会自动退出开瓶器。

图4-26 电动起子

2. 葡萄酒服务模拟练习

两位顾客分别点了一瓶红葡萄酒和一瓶白葡萄酒，请为他们提供专业服务。

3. 根据葡萄酒酒标，填写葡萄酒酒标辨识表（表4-2）

表4-2　葡萄酒酒标辨识表

酒名	年份	级别	酒精含量	净容量	产区	葡萄品种	酒庄装瓶

三、其他发酵酒

（一）中国黄酒（rice wine）

黄酒是世界上最古老的酒类之一。源于中国，且唯中国有之，与啤酒、葡萄酒并称世界三大古酒。

黄酒是南方以糯米，北方以黍米、粟及糯米（北方称江米）为原料，经过蒸料，拌以麦曲、米曲或酒药，进行糖化和发酵酿制而成的各类酒，一般酒精含量为14~20°，属于低度酿造酒。黄酒含有丰富的营养，含有21种氨基酸，其中包括数种未知氨基酸，而人体自身不能合成必须依靠食物摄取的8种必需氨基酸黄酒都具备，故被誉为“液体蛋糕”。

1. 黄酒的发展

黄酒是中国最早的酿造酒。我们的远古先民在贮存采集到的植物时，无意中得到了天然生成、口味淡薄的酒，即古代的醴。那时没有酿酒、饮酒的器具，也不会有意识地制造曲糜，没有作坊，当然更提不到人工酿酒。大约在五千年前，农耕的进化使先民们得以定居，从而也为酿酒提供了客观条件。社会分工的出现，使原始的酿酒作坊得以形成。于是人们对自然生成的酒不但依法炮制，而且注意并制造出人工曲糜，使得原始的黄酒得以产生。中国酿酒的历史当从此开始。至于以后出现的仪狄造酒之说，已经是夏禹时期的事情了，他不过是总结了前人一套酿酒的经验，酿造出比原始黄酒甜美一些的米酒罢了。

殷商时代，酒业已经很发达了。《史记·殷本纪》提到“纣为酒池，回船槽丘而牛饮者三千余人为辈”。这里的牛饮，当然是指酒度较低的甜黄酒，也间接说明酿酒作坊已具有相当的规模。

到了周朝，黄酒的酿造已有了一套完整的工艺。《礼记》上提道：在酿酒的冬季，要准备好品质优良的酿酒原料黏高粱和糯稻子；要选在适于生产酒曲的时间制出好的酒曲，两者应有尽有，数量也充足；原料的浸泡和蒸煮，都要做得洁净，防止任何腐烂和污染；酿造用水要清香甘洌，最好用泉水，不混浊，不发臭；所用的发酵容器和工具，如陶缸、陶瓮、陶盆、陶钵等，都要选用上等质量的，坚实耐久，不渗漏，不变形；蒸煮原料时要掌握好火候，熟而不烂，不焦不苦。抓住这六个“要”字，就会酿造出好黄酒。这是曲糜酿酒工艺的总结，也就是后人所说的“古六法”。

“黄酒”在明代可能是专门指酿造时间较长、颜色较深的米酒，与“白酒” 相区别，明代的“白酒”并不是蒸馏烧酒，如明代有“三白酒”，是指用白米、白曲和白水酿造而成的、酿造时间较短的酒，酒色混浊，呈白色。酒的黄色（或棕黄色等深色）的形成，主要是在煮酒或贮藏过程中，酒中的糖与氨基酸形成美拉德反应，产生色素。也有的是加入焦糖制成的色素（称“糖色”）而加深其颜色。在明代戴羲所编辑的《养余月令十一卷》中则有：“凡黄酒白酒，少入烧酒，则经宿不酸。”从这一提法可明显看出黄酒、白酒和烧酒之间的区别，黄酒是指酿造时间较长的老酒，白酒则是指酿造时间较短的米酒（一般用白曲，即米曲作糖化发酵剂）。在明代，黄酒这一名称的专一性还不是很严格，虽然不能包含所有的谷物酿造酒，但起码南方各地酿酒规模较大的，在酿造过程中经过加色处理的酒都可以包括进去。

到了清代，绍兴的老酒、加饭酒风靡全国，这种行销全国的酒，质量高，颜色一般是较深的，可能与“黄酒”这一名称的最终确立有一定的关系。因为清朝皇帝对绍兴酒有特殊的爱好。清代时已有所谓“禁烧酒而不禁黄酒”的说法。到了中华民国时期，黄酒作为谷物酿造酒的统称已基本确定下来。黄酒归属于土酒类（国产酒称为土酒，以示与舶来品的洋酒相对应）。

在当代，黄酒是谷物酿造酒的统称， 以粮食为原料的酿造酒（不包括蒸馏的烧酒）都可归于黄酒类。黄酒虽作为谷物酿造酒的统称，但在民间有些地区对本地酿造、且局限于本地销售的酒仍保留了一些传统的称谓，如江西省的水酒、陕西省的稠酒、西藏的青稞酒，如果硬要说它们是黄酒，那么当地人也不一定能接受。

2. 黄酒酿造原料

黄酒是用谷物做原料，用麦曲或小曲作糖化发酵剂制成的酿造酒。在历史上，黄酒的生产原料在北方以粟（在古代，是秫、粱、稷、黍的总称，有时称为粱，也称为谷子，去除壳后的叫作小米）。在南方，普遍用稻米（尤其是糯米为最佳原料）为原料酿造黄酒。宋代开始，由于政治、文化、经济中心的南移，所以黄酒的生产局限于南方数省，南宋时期，烧酒开始生产，元朝开始在北方得到普及，北方的黄酒生产逐渐萎缩，因为南方人饮烧酒者不如北方普遍，所以黄酒生产在南方得以保留。在清朝时期，绍兴一带的黄酒称雄国内外。黄酒生产主要集中于浙江省、江苏省、上海市、福建省、江西省、广东省、安徽省等地，山东省、陕西省、辽宁省等地也有少量生产。

3. 黄酒的分类

（1）按含糖量分类

① 干型黄酒

干型黄酒表示酒中的含糖量极少，糖分都发酵变成了酒精，其含糖量在0.5g/100 mL以下。这种酒发酵彻底，含糖量极低。如元红酒。

② 半干型黄酒

半干型黄酒表示酒中的糖分还未全部发酵成酒精，其含糖量为0.5~3.0g/100 mL。这种酒的加水量较低，相当于在配料时增加了饭量，所以又称为“加饭酒”。此种酒风味优良，可以长期储藏，是黄酒中的上品。

③ 半甜型黄酒

半甜型黄酒的含糖量为3.0~10 g/100 mL。这种酒采用的工艺独特，是黄酒中的珍品。这种酒酒香浓郁，酒度适中，口味甘甜醇厚，酒体协调，但不宜久存。

④ 甜型黄酒

甜型黄酒的含糖量为10~20 g/100 mL。由于制作过程中加入了米酒，所以酒度较高，其口味鲜甜、醇厚，酒体协调，无异味。

（2）按原料和酒曲划分

① 糯米黄酒

糯米黄酒以酒药和麦曲为糖化、发酵剂。主要生产于中国南方地区。

② 黍米黄酒

黍米黄酒以米曲霉制成的麸曲为糖化、发酵剂。主要生产于中国北方地区。

③ 大米黄酒

大米黄酒为一种改良的黄酒，以米曲加酵母为糖化、发酵剂。主要生产于中国吉林省及山东省，以及湖北省房县。

④ 红曲黄酒

红曲黄酒以糯米为原料，以红曲为糖化、发酵剂。主要生产于福建省及浙江省两地。

（3）按酿造方法分类

① 淋饭酒

淋饭酒是指蒸熟的米饭用冷水淋凉，然后拌入酒药粉末，搭窝、糖化，最后加水发酵成酒，口味较淡薄。这样酿成的淋饭酒，有的工厂是用来作为酒母的。即所谓的“淋饭酒母”。

② 摊饭酒

摊饭酒是指将蒸熟的米饭摊在竹篦上，使米饭在空气中冷却，然后再加入麦曲、酒母（淋饭酒母）、浸米浆水等，混合后直接进行发酵。

③ 喂饭酒

喂饭酒是指在酿酒时，米饭不是一次性加入，而是分批加入。

（4）按酿酒用曲的种类分类

黄酒还可按酿酒用曲的种类区分。如小曲黄酒、生麦曲黄酒、熟麦曲黄酒、纯种曲黄酒、红曲黄酒、黄衣红曲黄酒、乌衣红曲黄酒。

4. 中国名优黄酒

（1）绍兴黄酒

绍兴黄酒又称绍兴老酒，随着时间的久远而更为浓烈，所以将绍兴酒称为老酒，越陈越香。其产于浙江省绍兴市，历史悠久。主要品种有：

① 元红酒

元红酒又称状元红酒。因在其酒坛外表涂朱红色而得名，是绍兴酒的代表品种和大宗产品。此酒发酵完全，含残糖少，酒液橙黄，透明发亮，具特有芬芳，味爽微苦，酒度为16°～19°，含糖在0.4~0.8 g/100 mL以下，总酸在0.45 g/100 mL以下，受大众普遍喜欢。

② 加饭酒

加饭酒是在生产时改变了配料的比例，增加了糯米或糯米饭的投入量而得名。加饭酒是一种半干酒。酒度在15°左右，糖分为0.5%~3%。酒质醇厚，气郁芳香。

③ 善酿酒

善酿酒为绍兴酒中珍品，其色泽深黄清亮，香气特盛，酒度适中，口味甜美，酒度≥12.0°，属半甜型黄酒。该酒是以贮存1~3年的陈元红酒代水酿成的双套酒。善酿酒是由沈永和酿坊于1890年始创，该酿坊的母子酱油非常有名，工人师傅从中受到启发，试以酱油代水的母子酱油原理来酿制绍兴酒，以提高酒的品质并取得成功。“善”即是良好之意，“酿”即酒母，善酿酒即品质优良之母子酒。

除以上外，还有花雕酒、香雪酒、竹叶青等。绍兴酒被誉为举世无双的“东方名酒”。

（2）山东即墨黄酒

即墨老酒产于山东省青岛市即墨区。即墨老酒选用大黄米、陈伏麦曲、崂山（麦饭石）矿泉水，按照“黍米必齐、曲糵必时、水泉必秀、陶器必良、湛炽必洁、火剂必得”的古代造酒六法酿制而成（即“古遗六法”），经自然发酵后压榨所得的原汁而成。具有色泽瑰丽、气味馥郁、香型独特、性质温馨、质地醇厚等特点，是理想的营养饮料。酒中的糖、酒、酸、色、香、味全为天然所得，不添加任何成分，是名副其实的绿色食品。即墨老酒的营养成分比较齐全，含有糖分、糊精、有机酸、蛋白质、氨基酸、甘油、高级醇、维生素、无机盐等。

即墨老酒有着良好的保健功效，适量常饮可以改善人体微循环、舒筋活血、健脾和胃、抗衰益寿、乌发美容，实为滋补健身之佳酿，对关节炎、腰腿疼及妇科病均有较好的防治作用，历来被中医用作“药酒”。

（3）福建老酒

福建老酒产于福建省福州市。福建老酒采用百年传统工艺，以糯米为主要原料，以红曲为糖化发酵剂，精酿而成，经3年以上储藏，香气浓郁，酒味醇厚。其酒精含量为15%，属半甜型黄酒。

5. 黄酒的储藏

（1）黄酒适合储藏在地下酒窖。

（2）黄酒不宜露天存放，温度一般控制在5~20 ℃，湿度控制在60%~70%。

（3）黄酒不宜与其他异味物或食品同库储藏，破碎漏气时应出库。

（4）黄酒储藏不宜经常受到振动，不能有强光照射。

（5）黄酒不宜用金属器皿储藏。

6. 黄酒的饮用

（1）黄酒最传统的方法是加温后饮用，加热过程中可加少量的姜片、红糖、话梅。黄酒加热时间不宜过长，否则酒精会挥发掉，一般加热至30~40 ℃即可。

（2）黄酒可与可乐、雪碧等碳酸饮料兑饮。

（3）黄酒可与中国白酒兑饮增强酒味。

（4）黄酒可作药酒的基酒，如当归黄酒（药:酒=1:20）。

7. 饮用黄酒的好处

黄酒含有丰富的营养，有“液体蛋糕”之称。其营养价值超过了有“液体面包”之称的啤酒和营养丰富的葡萄酒。黄酒含有丰富氨基酸，其主要成分除乙醇和水外，还含有18种氨基酸，其中有8种是人体自身不能合成而又必需的。这8种氨基酸，在黄酒中的含量比同量啤酒、葡萄酒多1至数倍。

（1）易于消化

黄酒含有许多易被人体消化的营养物质，如糊精、麦芽糖、葡萄糖、脂类、甘油、高级醇、维生素及有机酸等。这些成分经储存，最终使黄酒成为营养价值极高的低酒精度饮品。

（2）舒筋活血

黄酒气味苦、甘、辛。冬天温饮黄酒，可活血祛寒、通经活络，有效抵御寒冷刺激，预防感冒。适量常饮有助于血液循环，促进新陈代谢，并可补血养颜。

（3）美容抗衰老：黄酒是维生素B族的良好来源，其中的维生素B_1、B_2、烟酸、维生素E都很丰富，长期饮用有利于美容、抗衰老。

（4）促进食欲：锌是能量代谢及蛋白质合成的重要成分，缺锌时，食欲、味觉都会减退，性功能也会下降。而黄酒中锌含量不少，如每100 mL绍兴元红黄酒含锌0.85 mg。所以饮用黄酒有促进食欲的作用。

（5）保护心脏：黄酒内含多种微量元素。如每100 mL黄酒含镁量为20 ~ 30 mg，比白葡萄酒高10倍，比红葡萄酒高5倍；绍兴元红黄酒及加饭酒中每100 mL含硒量为1 ~ 1.2 μg，比白葡萄酒高约20倍，比红葡萄酒高约12倍。在心血管疾病中，这些微量元素均有防止血压升高和血栓形成的作用。因此，适量饮用黄酒，对心脏有保护作用。

（6）理想的药引子：相比于白酒、啤酒，黄酒酒精度适中，是较为理想的药引子。白酒虽对中药溶解效果较好，但饮用时刺激较大，不善饮酒者易出现腹泻、瘙痒等现象。啤酒则酒精度太低，不利于中药中有效成分的溶出。此外，黄酒还是中药膏、丹、丸、散的重要辅助原料。中药处方中常用黄酒浸泡、烧煮、蒸炙中草药或调制药丸及各种药酒，据统计有70多种药酒需用黄酒作酒基配制。

（二）清酒

清酒又称日本酒，是日本国酒。日本人常说，清酒是神的恩赐。一千多年来，清酒一直是日本人最常喝的饮料。在大型的宴会上、结婚典礼中、酒吧间或寻常百姓的餐桌上，人们都可以看到清酒。清酒是以精白米、米曲和水发酵而成的一种传统酒类。

1. 清酒的发展历程

古时候日本只有“浊酒”，没有清酒。后来有人在浊酒中加入石炭，使其沉淀，取其清澈的酒液饮用，于是便有了“清酒”之名。

公元7世纪中叶之后，中国用“曲种”酿酒的技术传播到日本，使日本的酿酒业得到了很大的发展。

到了公元14世纪，日本的酿酒技术已日臻成熟，人们用传统的清酒酿造法生产出质量上乘的产品。这就是闻名的“僧侣酒”，其中，奈良地区所产的清酒最负盛名。后来，“僧侣酒”遭到荒废，酿酒中心转移到了以伊丹、神户、西宫为主的“摄泉十二乡”。明治后期开始，又从“摄泉十二乡”转移到以神户与西宫构成的“滩五乡”。滩五乡从明治后期至今一直保留着“日本第一酒乡”的地位。

2. 清酒的分类

（1）按制作方法分类

①普通酿造酒

普通酿造酒是在原酒液中兑入较多的食用酒精，即1 t原料米的醪液添加100° 的酒精120 L。最常用且价格便宜。

②本酿造酒

本酿造酒属于中档清酒，添加酿造使用的酒精，口感好，易饮用。

③纯米酿造酒

纯米酿造酒即为纯米酒，仅以米、米曲和水为原料，不外加食用酒精。

④吟酿酒

吟酿酒在制作时，要求所用原料的精米率在60%以下。

（2）按口味分类

① 甜口酒

甜口酒为含糖分较多、酸度较低的酒。

② 辣口酒

辣口酒为含糖分少、酸度较高的酒。

③ 浓醇酒

浓醇酒为含浸出物及糖分多、口味浓厚的酒。

④ 淡丽酒

淡丽酒为含浸出物及糖分少而爽口的酒。

⑤ 高酸味酒

高酸味酒是以酸度高、酸味大为其特征的酒。

⑥ 原酒

原酒是制成后不加水稀释的清酒。

⑦ 市售酒

市售酒为原酒加水稀释后装瓶出售的酒。

（3）按储藏期分类

① 新酒

新酒是指压滤后未过夏季的清酒。

② 老酒

老酒是指储藏过一个夏季的清酒。

③ 老陈酒

老陈酒是指储藏过两个夏季的清酒。

④ 秘藏酒

秘藏酒是指酒龄为5年以上的清酒。

3. 日本清酒的特点

日本清酒虽然借鉴了中国黄酒的酿造法，但却有别于中国的黄酒。该酒色泽呈淡黄色或无色，清亮透明，芳香宜人，口味纯正，绵柔爽口，其酸、甜、苦、涩、辣诸味协调，酒精含量在15° 以上，含多种氨基酸、维生素，是营养丰富的饮料酒。

4. 日本著名的清酒品牌及产地（图4-27）

品牌	产地
菊正宗	神户
月桂冠	京都
白雪	伊丹
大关	西宫
白鹤	神户

图4-27　日本著名的清酒品牌及产地

除此之外，还有樱正宗、白鹰、贺茂鹤、白牡丹、千福、千寿、万寿、朝香日本盛、松竹梅及秀兰等品牌。

5. 关于清酒的习俗

日本清酒是典型的日本文化。每年成人节（元月十五日），日本年满20周岁的男男女女都穿上华丽庄重的服饰，所谓男着吴服，女穿和服，与三五同龄好友共赴神社祭拜，然后饮上一杯淡淡的清酒（日本法律规定不到成年不能饮酒），在神社前合照一张饮酒的照片。此节日的程序一直延至今日不改，由此可见清酒在日本人心目中的地位。

6. 清酒的储藏

（1）避光

清酒很容易受日光的影响。白色瓶装清酒在日光下直射3 h，其颜色会加深3～5倍。如果清酒不能妥善避免强光，那么酒质会加速老化，颜色变深，而且有种焦臭味，所以应尽可能避光保存。市面上常见的酒瓶，大多数都为深褐色或者青绿色这种遮阳效果较好的颜色，目的是避免阳光对清酒造成直接伤害。

（2）低温

温度保持在10~12 ℃为适宜。因为清酒在制作过程中采用的是过滤以及低温杀菌，而且过于剧烈的温差变化对清酒的品质影响极大，所以尽量将清酒保持在一个低温恒温的状态下。

7. 清酒的饮用服务

（1）酒杯

饮用清酒一般要求使用褐色或青紫色玻璃酒杯，饮用前应清洗干净。

（2）温度

饮用清酒一般在16 ℃左右最适宜，如需要加温饮用，一般加热至40~50 ℃，用浅平碗或小陶瓷杯。

（3）饮用时间

清酒可作为餐后酒，也可作佐餐酒。

任务二 蒸 馏 酒

蒸馏酒（distilled liquors）又称烈酒（spirit），凡是以谷物或水果等为原料经过发酵后，用蒸馏法制成的酒。这类酒的酒精度数较高，其他固形物含量极少，刺激性较强。目前世界上著名的蒸馏酒除了中国白酒外，还有六大名品，即威士忌、白兰地、伏特加、朗姆酒、金酒、特基拉。

一、威士忌

威士忌（whisky/whiskey）是一种以大麦、黑麦、燕麦、小麦、玉米等谷物为原料，经发酵、蒸馏后放入橡木桶中陈酿、勾兑而成的酒精饮料，属于谷物蒸馏酒类。酒精度数一般为40°~60°。

威士忌在盖尔特语中意为“生命之水”，在苏格兰和加拿大生产的威士忌被写作“whisky”，在美国和爱尔兰则被写作“whiskey”。主要产地有苏格兰、爱尔兰、美国、加拿大，其中苏格兰生产的威士忌久负盛名。威士忌是世界最著名的蒸馏酒品之一，也是酒吧单杯“净饮”销售量最大的酒水品种之一。

（一）威士忌的历史起源

据史料记载，早在公元1171年，英国国王亨利二世举兵入侵爱尔兰时就曾喝过威士忌，这是关于威士忌的最早记录。爱尔兰威士忌的生产受到了炼金术师蒸馏技术的影响，产生了爱尔兰威士忌，后来又将蒸馏酒的酿制技术传到了苏格兰。1494年，生产威士忌的原料主要是大麦，当时因为没有储存陈酿，其口味并不好。到了18、19世纪，许多生产威士忌的厂家为了逃避政府的税收，逃到了深山老林密造私酒，但由于燃料不足，只能用泥炭来代替，容器不够只能用雪莉酒的空桶来装，卖不出去的酒藏在山内的小屋里，因祸得福，反而酿造出了风味卓绝的威士忌。

（二）威士忌的主要原料

威士忌的主要原料由谷物（大麦、小麦、黑麦、玉米）、酵母和水组成。

1. 谷物。谷物在威士忌酿造过程中，是威士忌酿造成功的基石。

2. 酵母。酵母赋予威士忌更广泛、更丰富的香味层次，有的蒸馏厂配方中的酵母会多达7种。

3. 水。作为“生命之水”，威士忌的酿造更离不开水。水质纯净与否对顶级威士忌来说至关重要。威士忌在酿制过程中发麦、蒸馏和装瓶等都需要用到水。硬水、结晶纯水和泥煤水为各产地威士忌带来不同的风土滋味。

（三）威士忌的制作过程

1. 发芽（malting）

首先将去除杂质后的麦类或谷类浸泡在热水中使其发芽，一般需要1~2周的时间，待其发芽后再将其烘干或使用泥煤熏干，等冷却后再存放大约1个月的时间，发芽的过程即算完成。在所有的威士忌中，只有苏格兰地区所生产的威士忌是使用泥煤将发芽过的麦类或谷类熏干的，因此就赋予了苏格兰威士忌一种独特的风味，即泥煤的烟熏味，而这是其他种类的威士忌所没有的。

2. 磨碎（mashing ）

将存放1个月后的发芽麦类或谷类放入特制的不锈钢槽中捣碎并煮熟成汁，其所需要的时间为8~12 h。

3. 发酵（fermentation ）

将冷却后的麦芽汁加入酵母菌进行发酵，由于酵母能将麦芽汁中的糖转化成酒精，因此，在完成发酵过程后会产生酒精浓度为5%~6% 的液体。一般来讲，在发酵的过程中，威士忌厂家会使用至少2种以上不同品种的酵母进行发酵，最多也有使用十几种不同品种的酵母混合在一起进行发酵。

4. 蒸馏（disillation）

麦类与谷类原料所使用的蒸馏方式有所不同，由麦类制成的麦芽威士忌是采取单一蒸馏法，即以单一蒸馏容器进行二次蒸馏，并在第二次蒸馏后，将冷凝流出的酒去头掐尾，只取中间的“酒心”部分成为威士忌新酒。另外，由谷类制成的威士忌酒则是采取连续式的蒸馏方法，使用两个蒸馏容器以串联方式一次连续进行两个阶段的蒸馏过程。

5. 陈年（maturing）

蒸馏过后的新酒必须经过陈年的过程，将其放入橡木桶中通过陈酿来吸收植物的天然香气，并形成漂亮的琥珀色，同时亦可逐渐降低其高浓度酒精的强烈刺激感。

6. 混配（blending ）

由于麦类及谷类原料的品种众多，因此，所制造的威士忌酒也存在着各不相同的风味，各个酒厂的调酒大师依其经验的不同和本品牌酒质的要求，按照固定的比例搭配， 各自调配勾兑出口味与众不同的威士忌酒。

7. 装瓶（bottling）

在装瓶之前须将混配好的威士忌再过滤一次，去除其杂质，然后由自动化的装瓶机器将威士忌按固定的容量分装至每个酒瓶当中，最后再贴上各自厂家的商标后即可装箱出售。

（四）威士忌的分类

按照威士忌的生产原料和酿制方法不同，威士忌可分为纯麦威士忌（malt whisky）、谷物威士忌（grain Whisky）、混合威士忌（blended whisky）

1. 纯麦威士忌：只用大麦芽（发芽的大麦）为原料，使用最复杂的传统工艺制造的威士忌。

2. 谷物威士忌：以不发芽的大麦、玉米、小麦或其他谷物为原料，使用圆柱形蒸馏器，采用连续蒸馏的方法酿制而成，该种威士忌口味较淡。

3. 混合威士忌：将纯麦威士忌原酒和谷物威士忌原酒混合而成，口味随纯麦威士忌和谷物威士忌的比例不同而不同。

（五）威士忌的主要产地

世界著名的威士忌生产国有苏格兰、爱尔兰、美国和加拿大。

1. 苏格兰威士忌（Scotch whisky）

苏格兰威士忌是世界著名的蒸馏酒，产于英国北部的苏格兰地区，是用经过泥炭熏焙干燥产生独特香味的大麦芽做原料制成。其酒液色泽带红，给人以浓厚的苏格兰乡土气息，口感甘洌、绵柔。衡量苏格兰威士忌的一个重要标准是嗅觉的感受，即独特的烟熏酒香气味。

（1）苏格兰威士忌的主要产地

①北部高地（high land）：北部高地是苏格兰著名的麦芽威士忌生产地，该地区酒厂众多，约占苏格兰酒厂总数的70%。此地区生产的威士忌口味淡雅，酒体完美，有清爽的泥炭香味。

②南部低地（low land）：南部低地有10家左右的威士忌酒厂。这里除了生产麦芽威士忌外，还生产混合威士忌。此地生产的威士忌酒性温和，酒香清淡。

③西南部的康贝镇（Campbell town）：康贝镇在苏格兰地区的最南部。该地区是苏格兰传统威士忌的生产区，此地生产的威士忌有十分完美的泥炭熏烤味，还带有少量的海盐风味。

④西部岛屿伊莱岛（Islay）：伊莱岛位于苏格兰南部的大西洋中，风景秀丽。该岛在酿制威士忌方面有着悠久的历史。此地生产的威士忌酒体完美，焦香浓郁。

（2）苏格兰威士忌的种类

苏格兰威士忌主要有纯麦威士忌、谷物威士忌和混合威士忌。

纯麦威士忌：纯麦威士忌是指只用大麦芽作为原料酿造，一般经过两次蒸馏。蒸馏后所获得的酒液，酒精含量达65°，然后放在特制橡木桶中进行陈酿，成熟以后进行勾兑至40°~43°。

谷物威士忌：谷物威士忌是用8%的玉米和20%的麦芽为原料，使用连续蒸馏制成。谷物威士忌不带炭香，主要用于勾兑，很少销售。

混合威士忌：混合威士忌是指用纯麦和谷物威士忌勾兑后，在橡木桶储存而成的混合威士忌。其口感要根据纯麦威士忌和谷类威士忌比例的多少而定。

目前市场上所销售和饮用的威士忌大多属于混合威士忌，其调配比例根据各厂家的具体情况而有所不同，其比例成分也都相对保密，对外概不公布。

（3）混合威士忌产品系列

①超级品：是混合威士忌的最高级别，通常年数标示为15年以上，麦芽威士忌含量高达50%以上。

②超值品：高级混合威士忌，年数标示12年以上，麦芽威士忌含量为0~50%。

③半超值品：不标示年数，用10~12年的麦芽威士忌，含量在40%左右。

④标准品：使用6~10年的麦芽威士忌，含量为30%~40%。

（4）著名的苏格兰威士忌品牌

①格兰菲迪（Glenflddich）：格兰菲迪是苏格兰高地的单一麦芽威士忌，因蒸馏所在格兰菲迪河畔而得名，此酒具有辣味和泥炭的香味，它是苏格兰高地麦芽威士忌中最畅销的名牌酒。如图4-28所示。

图4-28　格兰菲迪

②百龄坛（Ballantine）：百龄坛威士忌以生产混合威士忌而著名。它是世界上较为畅销的苏格兰混合威士忌之一。该公司生产的威士忌主要以8种麦芽威士忌为主，再掺入42种威士忌调配而成，其产品有百龄坛特醇（Balantine Finest）、百龄坛12年、百龄坛17年、百龄坛30年。如图4-29所示。

图4-29　百龄坛

③金铃（Bell）：金铃威士忌创立于1825年，是苏格兰本地销量最好的威士忌，它最高级的酒是用陶瓷瓶装的21年陈酒，酒瓶贴有《圣经》中的一句话：“afore ye go”，意思是“你前进吧”。如图4-30所示。

图4-30 金铃

④芝华士（Chivas Regal）：芝华士公司的创始人是詹姆斯·芝华士和约翰·芝华士兄弟，“Regal”为“国王”之意。如图4-31所示。1953年，芝华士公司为向英国女皇加冕典礼致意，特别酿制“皇家礼炮21年”。其名字来源于向到访皇室成员鸣礼炮21响的风俗。皇家礼炮21年在橡木桶中至少储存了21年。珍贵的21年陈酿威士忌，分别盛在红、绿、蓝及棕色瓷樽内，更显雍容华贵。如图4-32所示。

图4-31 芝华士

图4-32 皇家礼炮

⑤顺风（Cutty Sark）：顺风威士忌诞生于1923年，属清淡型威士忌酒，比较柔和。如图4-33所示。

⑥老伯（Old Parr）：老伯威士忌得名于英国一名112岁的寿星。如图4-34所示。该酒的特色是强调泥炭的香味，口味略甜。

图4-33 顺风

图4-34 老伯

⑦尊尼获加（Johnnie Walker）：尊尼获加系列酒在苏格兰威士忌中销量第一，全世界威士忌销量中居第三位。常见的有红方（Red label），是全球畅销的苏格兰威士忌，混合了40种不同的麦芽威士忌。黑方（Black label），全球首屈一指的高级威士忌。蓝方（Blue label），不可多得的佳酿。尊爵极品威士忌（Premier），酒质与X.O不相上下，每瓶均有编号。如图4-35所示。

图4-35 尊尼获加

⑧威雀（Famous Grouse）：威雀威士忌属于混合威士忌，其口感异常顺滑。18世纪末，马修·格罗格家族于苏格兰皮尔斯创立了一家独树一帜的烈酒制造厂。每当英国皇室远赴苏格兰狩猎威雀（Grouse）时，必定携带Gloag威士忌作御寒及狩猎成功庆祝之用。至Gloag家族第三代（约19世纪末），家族当权者决定将“威雀（Grouse）”作为其威士忌酒的品牌。如图4-36所示。

⑨麦卡伦（Macallan）：麦卡伦威士忌是苏格兰地区纯麦芽威士忌的主要品牌之一。麦卡伦威士忌酿制时只能使用雪莉酒橡木桶盛装，因此具有水果香味。如图4-37所示。

图4-36 威雀

图4-37 麦卡伦

⑩珍宝（J&B）：珍宝威士忌属于混合威士忌，是由贾斯泰瑞尼和布鲁克斯有限公司出品，该酒取名于该公司英文名称的字母缩写。该酒采用42种不同的麦芽威士忌和谷物威士忌混合勾兑而成。如图4-38所示。

图4-38 珍宝

除以上著名威士忌之外，比较著名的苏格兰威士忌品牌还有：

白马（White Horse）、帝王（Dewards）、格兰仕（Grant’s）等。

2. 爱尔兰威士忌（Irish whiskey）

爱尔兰是举世公认的威士忌的发源地，爱尔兰威士忌原产地是英国大不列颠岛西部的爱尔兰岛。爱尔兰威士忌是用小麦、黑麦、大麦等原料制成，其中以大麦为主，约占80%，然后经过三次蒸馏，入桶陈酿8~15年。但爱尔兰威士忌不像苏格兰威士忌那样需要进行复杂的勾兑，只是在装瓶时为了保证其口味的一致性而进行简单的勾兑与掺水稀释。爱尔兰国家在烘焙麦芽时使用无烟煤做燃料，不用泥炭熏制，所以爱尔兰威士忌没有烟熏味。爱尔兰威士忌适合制作混合酒和与其他饮料兑饮，风靡世界的爱尔兰咖啡就是以此为基酒。

爱尔兰威士忌著名品牌有以下几种：

（1）尊美醇（John Jameson）

尊美醇威士忌产于爱尔兰。该酒经过三次蒸馏而成，其口感柔滑，是爱尔兰威士忌的杰出代表，也是极受人们欢迎的爱尔兰威士忌名酒。如图4-39所示。

图4-39 尊美醇

图4-40 布施米尔

（2）布施米尔（Bushmills）

布施米尔以酒厂命名，该酒厂于1784年创立于北爱尔兰北部的沿海地区。如图4-40所示。

（3）图拉摩尔一督（Tullamore Dew）

该酒生产公司创立于1829年，图拉摩尔是一个城镇的名字，督是露水的意思，酒标上的牧羊犬也是爱尔兰的象征。如图4-41所示。

图4-41 图拉摩尔一督

3. 美国威士忌

美国是世界上最大的威士忌生产国和消费国。美国威士忌的特点是以玉米和其他谷物为原料，蒸馏后放入橡木桶中陈酿4~8年，酒液呈棕红色带黄，清澈透亮，酒香优雅，口感绵柔。美国威士忌具有独特的橡树芳香气味。

（1）美国威士忌的分类

美国威士忌以谷物为原料，蒸馏到酒精成分不足95° 时，用橡木桶成熟，酒精成分保持在40° 以上进行装瓶。可分为五大类：

①波本威士忌（bourbon whiskey）：波本威士忌以玉米为主要原料，配以大麦芽和稞麦。其中玉米至少占原料用量的51%，最多不超过75%，经过发酵蒸馏，装入新橡木桶陈放4年，但不超过8年。

②黑麦威士忌（rye whisky）：黑麦威士忌以黑麦为主要原料，配以大麦芽和玉米，其中不少于51%的黑麦，蒸馏后在黑橡木桶中熟化2年以上。

③玉米威士忌（corn whisky）：玉米威士忌是以玉米为主要原料（80%以上），配以少量大麦芽和稞麦，蒸馏后存入橡木桶。

④纯麦威士忌（malt whiskey）：纯麦威士忌以大麦为主要原料（51%以上），配以其他谷物，蒸馏后在焦黑橡木桶里熟化2年以上。

⑤混合威士忌（blended straight whisky）：混合威士忌是以玉米威士忌加少量大麦威士忌混合勾兑而成。

（2）美国威士忌的品牌

①四玫瑰（Four Roses）：四玫瑰威士忌以酒厂命名。此酒采用肯塔基州谷物酿制，并在焦黑橡木桶中熟化6年。如图4-42所示。

②野火鸡（Wild Turkey）：酿造此酒的公司成立于1855年，该公司位于肯塔基河旁。精选当地原料，用肯塔基河水酿造，采用连续蒸馏方式生产，然后放在烧焦的橡木桶中陈化8年。野火鸡威士忌是美国著名的波本威士忌之一。如图4-43所示。

图4-42　四玫瑰

图4-43　野火鸡

③杰克丹尼（Jack Daniel's）：杰克丹尼威士忌是美国最畅销的波本威士忌。此种威士忌须储存在全新的橡木桶内陈化4年以上。其酒精含量为45%。如图4-44所示。

④占边（Jim Beam）：占边波本威士忌产于美国肯塔基州波本镇。它不仅是美国销量第一的威士忌品牌，也是全球最为畅销的波本威士忌。如图4-45所示。

4. 加拿大威士忌（Canadian Whisky）

加拿大威士忌原产于加拿大，特点是以玉米、黑麦和大麦芽这三种原料混合酿制，采用二次蒸馏，在橡木桶中储存4~10年不等。出售前要进行勾兑。加拿大威士忌口感清爽。在世界四大威士忌系列，中加拿大威士忌具有最温和的口味，受到众多人士青睐。

图4-44　杰克丹尼

著名的加拿大威士忌品牌有以下几种：

（1）加拿大俱乐部（Canadian Club）

加拿大俱乐部威士忌简称“CC”，于1858年成立，是加拿大威士忌的第一品牌，在1898年成为英国皇室御用酒，并畅销美国。这款酒混合了各种不同的威士忌，放入橡木桶中熟化至少6年，若熟成于烤过的橡木桶中，则会存放10年以上。如图4-46所示。

图4-45　占边

图4-46　加拿大俱乐部

（2）皇冠（Crown Royal）

皇冠威士忌诞生于1939年，是施格兰家族为了欢迎英国乔治六世夫妇而酿造的，用10~30年的威士忌混合调配而成，成为加拿大高级威士忌的代表。如图4-47所示。

除此之外，还有施格兰V.O.（Seagram's VO）、古董牌（Antigue）等。

图4-47　皇冠威士忌

（六）威士忌的饮用

威士忌最常见的饮用方法有以下三种：

1. 威士忌净饮

净饮指的是将威士忌直接倒入威士忌杯或古典杯中饮用，也可用净饮杯，每份大约40 mL。

2. 威士忌加冰

威士忌加冰指的是在古典杯中放入4~5块冰块，然后将威士忌倒入杯中即可。

3. 威士忌兑饮

一般在调制鸡尾酒时使用，即将威士忌倒入果汁杯中，再将冷藏过的汽水或果汁倒入即可。

注：不同的饮用方法所使用的载杯也各不相同。净饮、加冰时常用古典杯，混合饮时宜使用柯林杯。

（七）威士忌的品鉴

威士忌是一种值得细细鉴赏品尝的酒，主要分为三步。

第一步：看颜色。

每种威士忌都有其特有的色泽，从浅金黄色到深棕色，是在陈酿阶段产生的。威士忌储藏在不同的酒桶中，如旧的储藏过波旁酒、雪莉酒、波特酒、马德拉葡萄酒的酒桶和橡木桶中慢慢成熟时，酒桶蕴藏的色泽和风味会慢慢传递到酒液中，形成了威士忌的色泽特点。

第二步：闻香气。

首先倒一点威士忌到杯中，用手把玻璃杯口盖住一会儿，然后轻轻地移开手让威士忌的香气散发出来，当手完全移开后，旋转杯中的威士忌，使其芳香全部释放出来。

第三步：尝味道。

首先慢慢啜饮一口威士忌，用舌头把酒液在口腔内回荡一圈，威士忌的香味将溢满整个口腔，口腔中的不同部位会感受到不同的味道。在吞咽威士忌时，要注意威士忌味道的变化，这就是我们常说的“终感”。一些威士忌有比较明显的余香，且变化无穷。

（八）威士忌的餐酒搭配

建议从味道最淡的奶酪与最清淡的威士忌依序尝到味道较重的奶酪与威士忌。

1. 清淡型威士忌

寿司、熏鲑鱼、螃蟹、奶油奶酪等。

2. 轻度泥煤味且稍微浓厚的威士忌

鲭鱼、肝酱、淡菜、生蚝、禽肉佐蘑菇酱、鸭肉、干煎干贝等。

3. 醇厚型威士忌（雪莉桶或欧洲橡木桶熟成）

香烤牛排或肋排、窑烤野味、布朗尼蛋糕、黑巧克力、切达奶酪等。

4. 重泥煤味威士忌

面包片佐鳀鱼抹酱、洛克福干酪、烤小羊腿、手撕猪肉、茶香熏鸡、照烧鲑鱼、茄子抹酱、东方风味小羊肉丸、黑巧克力等。

（九）威士忌的储藏

一般而言，威士忌类的酒是没有保质期限的，但这并不意味着就可以无限期储藏，酒类作为食品的一种，还是应该注重储存期限的。未开瓶的威士忌避光立放，室温在20 ℃左右恒温。未开封的威士忌至少可以保存10年以上，不过瓶中的酒可能有少量蒸发。已开瓶的威士忌，建议每隔一段时间就查看一下软木塞的状态。如果威士忌只剩下1/3，最好在一年之内喝完，剩下的酒应该换到较小的瓶子里（在瓶身贴上原本威士忌的信息）。

（十）威士忌服务

1. 净饮服务：根据顾客需要的品牌，用量杯量出30 mL威士忌，倒入威士忌酒杯或古典杯中，然后送至顾客面前。

2. 冰镇服务：在古典杯中加入3~4块冰块，再将威士忌缓慢淋在冰块上，然后送至顾客面前。需要注意的是，在加入冰块时也可根据顾客要求的数量和酒杯的大小选择冰块的多少，一般需放至杯子的1/2处。

3. 兑饮服务：先将4块冰块放入酒杯中，接着倒入30 mL威士忌，然后再倒入威士忌4~5

倍的冰镇苏打水、矿泉水、汽水等，用吧匙轻轻搅拌后送至顾客面前。

知识扩展

苏格兰威士忌闻名于世的原因

苏格兰威士忌闻名于世的原因包括以下四个方面：

1. 苏格兰威士忌产地的气候与地理条件适宜大麦的生长；

2. 苏格兰威士忌蕴藏着一种称为泥炭的煤炭在燃烧时所散发出的特殊的烟熏风味，因此，苏格兰威士忌的特点之一就是具有独特泥炭熏烤芳香味；

3. 苏格兰蕴藏着丰富的优质矿泉水，为酒液的稀释、勾兑创造了条件；

4. 苏格兰人拥有传统的酿造工艺及严谨的质量管理方法。

二、白兰地

白兰地（Brandy）有两种：一种是以葡萄为原料，经发酵、蒸馏而成的酒，一般指法国白兰地“Brandy”；另一种是指以其他水果为原料，经发酵、蒸馏制成的酒，这种白兰地必须在白兰地名称前加原料名称，比如苹果白兰地、樱桃白兰地等。

（一）白兰地的起源及发展

关于白兰地的起源，第一种说法是，白兰地起源于法国的干邑镇（Cognac）。干邑镇位于法国波尔多东南的夏朗德省内。该地区早期只生产口味平淡的白葡萄酒，主要出口荷兰等地。这种生意都是经由海运而实施，但是因为整箱的葡萄酒占用空间很大，因此一位聪明的荷兰船长就想出了一个妙法，就是把葡萄酒的水分去掉，浓缩为酒精，运往荷兰，到荷兰后再加水。这样既不占空间，还可以减少出口所需要缴纳的税金。这位聪明的船长到了荷兰后，他的朋友尝到了这种浓缩的葡萄酒后，感觉非常甜美，加水后口感反而不好，所以它决定把原酒卖出去，结果大受欢迎。从此干邑地区的白兰地就产生了，夏朗德省也开始了葡萄酒的蒸馏。在荷兰，这种酒品也受到广泛欢迎，消费量不断增加，并且逐渐风靡欧洲大陆。

第二种说法认为，世界上最早发明白兰地的国家是中国。中国是世界上最早发明蒸馏器和蒸馏酒的国家，后来这种蒸馏技术通过丝绸之路传到西方。进入17世纪，法国人对古老的蒸馏技术多次加以改进，生产出质量完美、誉满全球的白兰地。

（二）白兰地的制作工艺

白兰地制作工艺有以下两种：

一是用白葡萄酒蒸馏制作白兰地。原料酒的发酵工艺与传统方法生产的白葡萄酒相同，当发酵完全停止时，残糖已经达到0.3%以下，在罐内进行静止澄清，然后将上部清酒与酒脚分开，取出清酒即可进行蒸馏。白兰地是一种具有特殊风格的饮料酒，它对于酒度的要求不高，一般在60°~70°的酒精中能保存它固有的芳香，因此，白兰地的蒸馏方法至今停留在壶式蒸馏器上。

二是用葡萄皮或葡萄渣做原料制作白兰地。其制作工艺包括发酵、蒸馏、陈酿、勾兑等步骤。采用的葡萄品种主要是白玉霓（ugni blanc），又称圣爱米翁，原产地为在法国。

几乎所有的葡萄酒生产国都出产白兰地，如法国、美国、西班牙、意大利等国皆有生产，其中以法国干邑的白兰地为最好。

（三）白兰地的分类

1. 法国白兰地：世界最著名的白兰地产地，无论产量与质量都居领先地位。其中以干邑（Cognac）和雅文邑（Armagnac）两地所产的白兰地为最好。干邑和雅文邑出产的白兰地都以其地名命名，所以在提到白兰地时，“法国干邑、雅文邑”就成为这两地出产的白兰地的代名词了。而这其中又以干邑最为驰名。

（1）干邑

干邑又称科涅克，是法国南部的一个地区，位于法国夏朗德省境内，是法国白兰地最古老、最著名的产区，被称为“白兰地之王”。

①干邑白兰地产区

干邑产区共分为6个种植区，即大香槟区（grand champagne）、小香槟区（petite champagne）、边林区（borderies）、优质林区（fins bois）、良质林区（bons bois）、普通林区（ordinaires bois）。

大香槟区：干邑区的最中心地区，坐落在阳光充沛的山边，其有着白垩质的土壤、丰富的石灰层，所产的白兰地口味醇香清爽，散发花香，适宜久藏。

小香槟区：半圆形地带，位于大香槟区的南面，所产白兰地口味醇香，更具一丝细腻，散发花香。

边林区：在干邑区的北方，是最小种植区，白兰地的口味直爽纯粹，闻上去有紫罗兰的香味。

优质林区：包围上述三区，其出产的白兰地圆滑温醇，散发水果香。

良质林区：一般不用它酿制高级品，常用来混合调配一般的白兰地。

普通林区：大都用来混合调配一般的白兰地。

这6个种植区种植葡萄的土壤皆为白垩土质，在这种土质上生产的葡萄很适合生产干邑白兰地，白垩土含量越高，生产出的干邑质量也就越好。

用于生产干邑的白葡萄在完全发酵后，能产生8°~12°的酒精，然后采用传统的夏朗德方法在夏朗德蒸馏器内进行两次连续蒸馏，在蒸馏过程中采取“去头掐尾”法，只留取酒心部分，此时的酒精含量为69°~72°然后被送去陈酿。

②干邑白兰地的常见等级

VS（Very Special）：一般陈酿酒最短不少于2.5年。

VSOP（Very Superior old Pale）：勾兑酒中最少酒龄是4.5年。

XO（极陈），Extra（特醇），Horsd`Age（忘年陈酿）：勾兑酒中最少酒龄为6年，最多酒龄可达50年或更长。

还有的生产厂家把白兰地用星级来划分等级，从一星开始，最高五星，每个星表示陈酿10个月。

还有的用字母区别酒质。如E代表especial（特别的），F代表fine（好），O代表old（老的），S代表superior（上好的），P代表pale（淡的），X代表extra（格外的），C代表cognac（干邑）

③著名品牌

马爹利（Martell）：马爹利公司创建于1715年，其产品畅销世界各地。该公司拥有33家蒸馏厂和22家协约蒸馏厂，拥有12座葡萄园。马爹利白兰地的特点是口感圆润，香气淡雅，入口后葡萄香味能够绵延长留，入口难忘，该公司制造的白兰地具有“稀世罕见之美酒”的崇高荣誉。其产品有马爹利VSOP，马爹利XO（图4-48），马爹利蓝带（Cordon Bleu）（图4-49）、马爹利名仕（Noblige）（图4-50）、拿破仑马爹利，马爹利绝顶（Supreme XO）、超级马爹利（Extra）等等。

图4-48　马爹利XO

图4-49　马爹利蓝带

图4-50　马爹利名仕

轩尼诗（Hennessy）：轩尼诗公司是由爱尔兰人理察·轩尼诗创立于1765年，他原是法国爱尔兰籍军官，当他20岁时立志要在干邑地区发展酿酒事业。经过六代人的努力，轩尼诗干邑的质量不断提高，已成为干邑地区最大的三家酒厂之一。轩尼诗白兰地的特点是把白兰地装入新制的利摩赞橡木桶，充分吸收新桶木材的味道，然后再装入旧的橡木桶里进行陈酿。酒标上手持斧子的手臂图案是创立者的家徽，也是品质稳定的象征。其产品有轩尼诗VSOP（图4-51）、轩尼诗XO（图4-52）。

图4-51　轩尼诗VSOP

图4-52　轩尼诗XO

人头马（Remy Martin）：人头马集团成立于1724年，它以希腊神话中的半人半马作为家族的象征符号，它就是“肯达尔斯”，而以其英姿作为重要品质的酒瓶造型。人头马系列产品众多，有人头马VSOP特优香槟干邑（图4-53）、人头马CLUB特级干邑、人头马极品XO（图4-54）、人头马黄金时代、人头马路易十三等等。其中人头马路易十三产量稀少，是品质上乘的顶级名酿，其酒瓶设计独特，由驰名世界的百乐水晶玻璃厂以手工制造，再精雕细琢而成。

图4-53　人头马VSOP

图4-54　人头马XO

拿破仑（Courvoisier）：拿破仑干邑白兰地与轩尼诗、白兰地并称为干邑三大白兰地生产企业，也是法国干邑地区的名酿。其公司创立于1790年，创始人曾经为拿破仑献上自己的白兰地而成为拿破仑指定制造商，所以标志以他的头像为象征。三星是该公司的主要产品，略带甜味。除此之外，还有拿破仑XO（图4-55）、拿破仑VSOP、拿破仑Extra等。

图4-55　拿破仑XO

金花（Camus）：金花公司创立于1863年，其公司生产的金花白兰地属于国际知名品牌。口味厚重略带一丝辛辣的味道。金花VSOP属于陈年干邑白兰地，融合了50多种来自所有分区的干邑白兰地，在橡木桶内储存年份比法定要求更长，酒味芳香醇厚，入口圆润顺滑，达到完美的平衡，深受全球各地白兰地爱好者的喜爱。此款酒酒瓶为晶亮通透的玻璃瓶，其设计在1998年获JANUS大奖。如图4-56所示。

图4-56　金花

百事吉（Bisquit）：百事吉厂创立于1819年，已有170余年酿制干邑的经验。百事吉酒厂拥有干邑区内最广阔的葡萄园地，是最早具有规模的大蒸馏酒厂，以及全部由自己手工精制的储存干邑酒所需要的橡木桶，以确保干邑酒的整个酿制工艺中的每一步骤都能一丝不苟地进行， 其酒质馥郁醇厚。百事吉酒厂内储藏的陈年干邑，其储藏量极为丰厚，足够提供调配各级干邑产品所需的不同酒龄干邑原酒，故而能完全保证产品质量。外包装和玻璃瓶配合钻石型系列装饰，显得高贵出众。如图4–57所示。

图4–57 百事吉

除以上著名品牌外，还有德拉曼（Delamain）、古帝（Gautier）、路易老爷（Louis Royer）等品牌。

（2）雅文邑（Armagnac）

雅文邑产于法国西南部的热尔省（Gers）境内，雅文邑也是受法国法律保护的白兰地品种。只有雅文邑当地产的白兰地才可以在商标上冠以Armagnac字样。雅文邑的生产基本上和干邑的生产相同，只是再蒸馏程序上不同，它采用的是间歇式蒸馏，蒸馏出的雅文邑如水一样清澈，酒精含量较高，并含有挥发性物质，这些物质构成了雅文邑白兰地的特有口味。另外，雅文邑和干邑的不同之处还有：干邑使用的是利摩赞橡木桶，而雅文邑使用的是黑橡木桶。雅文邑大多呈琥珀色，色泽深暗，酒香浓郁，回味悠长，特别是挂杯时间较长，有时杯中的香气可达1周不散。

①雅文邑白兰地的产区

雅文邑有三大产区，分别是下雅文邑（Bas Armagnac）、上雅文邑（Haut Armagnac）和第纳兹（Tenareze）。

下雅文邑：为主要的酿酒厂集中地，5%的酒庄分布于此。

上雅文邑：为最小的产区，只有3%的酒庄分布于此。

第纳兹：含有黏土地质，此区有40%的酒庄。

②雅文邑的酒标

VS或三星表示勾兑时所需用的酒龄，最短的白兰地酒至少已经陈酿3年。VO、VSOP或reserve表示勾兑时所用的酒龄最短的白兰地至少已陈酿5年。Extra Napoleon XO vieillerserve表示勾兑时所用的酒龄最短的白兰地至少已陈酿6年。一般来说，其酒液在橡木桶中储存的时间越长，口感度就越好。但如果超过40年，酒精和水分蒸发得太多，则酒液会变得黏稠。所以法国政府立法规定，如果雅文邑酒的酒标上注明好了酒酿的年份，它仅表示该酒蒸馏的年份而不是葡萄收获的年份，生产商还必须著名雅文邑酒从酒桶中转移到玻璃瓶中的年限。所有的雅文邑酒必须在酒标上注明生产年限，不同品牌的雅文邑酒不得互相混合。为了保证质量，规定雅文邑必须储存10年以上才能出售。

③雅文邑白兰地的著名品牌

夏博（Chabot）：夏博是雅文邑销量最好的白兰地。它从16世纪就由夏博家族开始生产，至今经久不衰，其产品畅销世界各地。如图4-58所示。

图4-58 夏博

雅文邑白兰地的知名品牌还有卡斯塔浓（Castagnon）、珍尼（Janneau）、索法尔（Sauval）、桑卜（Semp）等。

雅文邑白兰地的主要酒厂有法国爱德诗酒厂（Adet Sward）、梦特娇酒厂（Marquis de Montesquiou）。

（四）其他国家的白兰地

1. 西班牙白兰地

西班牙白兰地的质量仅次于法国，居世界第二位。它是用雪莉酒蒸馏、橡木桶储存而成。它的口味与法国干邑和亚曼涅克大不相同，具有较显著的甜味和土壤味。由于这个国家盛产不经过发酵的甜葡萄酒，也就是当地葡萄榨汁后马上添加白兰地以抑制其发酵，因此需要耗用的白兰地量很大。为此它们依靠生产白兰地的酒厂，而且是向各地酒厂订购用葡萄蒸馏所得的白兰地原酒，再经过调配师的调兑，并储存而成。

名品有亚鲁米兰特（Acmirante）、康德欧士朋（Conde De Osboren）等。

2. 葡萄牙白兰地

葡萄牙白兰地也是用雪莉酒蒸馏而得的，与西班牙白兰地十分相似。该国的雪莉酒由Douro 地区栽培的葡萄制成葡萄酒，然后再蒸馏成白兰地。在第二次世界大战期间，曾经有部分含糖量特高、香浓、烈酒的白兰地出口。

3. 美国白兰地

美国白兰地自1993 年起，全都是在加利福尼亚州生产。它是用当地葡萄酒蒸馏得到的酒精，储存在50 gal（1gal=3.785 41 L）的美国橡木桶中。酒法规定酒龄最少为2年，一般是2~4年，也有多达8年的白兰地上市。

著名品牌有教徒白兰地（Christian Brother）。

4. 中国白兰地

100多年前，张弼士先生创办张裕的时候，就是一个标准的酒庄概念，他用300万两白银买下烟台东部、西南部两座荒山，开辟出1 200 亩（1亩=666.67m^2）葡萄园，栽上了从欧洲购买的25万株葡萄树，那是一个带有现代工业色彩的、中国最早的葡萄酒酒庄。然而直至中国第一个民族葡萄酒企业——张裕葡萄酿酒公司成立后，国内白兰地才真正得以发展。张弼士先生对中国的葡萄酒发展可谓功不可没，单一个地下大酒窖的建立，就可谓“气势磅礴”。酒窖低于海平面约1 m，深7 m，稳稳地扎根于泛白的沙滩上近100 年。酒窖于1895年开始修建，直至1905年完成，历时10年经3次改建而成，采用的是土洋结合的建筑法，从此白兰地也如这酒窖一样稳稳地在中国打下了坚实的基础。1915 年国产白兰地“可雅”在太平洋万国博览会上获金奖，我国有了自己品牌的优质白兰地，可雅白兰地也从此更名为“金奖白兰地”。

5. 德国白兰地

德国白兰地的特点是醇美。因为德国生产的葡萄酒的量比较少，因此它除了利用国内生产的少量葡萄酒来蒸馏白兰地外，多数是用进口法国葡萄酒后再生产白兰地，同时也用法国的橡木桶储存白兰地。

6. 秘鲁白兰地

秘鲁生产白兰地的历史相当久远。在当地一般不把这种酒称为白兰地，而是皮斯科（Pisco），是以秘鲁南方的港口命名的。皮斯科最早是南美洲一个会制作独特酒瓶的民族的名字。这个民族善于制作一些黑色的造型陶器，当地所产的白兰地大多采用这种陶瓶来盛装，日子久了，大家便称这种酒为皮斯科。虽然现在都用玻璃瓶包装白兰地了，但当地的人还是习惯称其为皮斯科。

除以上国家之外，日本、葡萄牙、南非、希腊等国也是重要的白兰地生产国。

（五）水果白兰地

白兰地不但可以用葡萄酿制，其他水果如苹果、梨、桃子、草莓、樱桃等都可以制造白兰地，且风味独特。

（1）苹果白兰地：生产苹果白兰地的国家主要是法国和美国，在法国称为Calvados，其中以法国诺曼底尤为著名。苹果白兰地在美国被称为Apple Jack。

（2）樱桃白兰地：樱桃白兰地的产地主要是法国、德国、瑞士等。

（3）桃、李子白兰地：桃、李子白兰地的产地主要是法国、德国等。

（六）白兰地的饮用

1. 净饮

白兰地主要作为餐后用酒，享用白兰地最好不加任何东西，越是高档的白兰地越是如此。净饮白兰地可采用白兰地杯盛装。首先将30 mL的白兰地倒入杯中，然后用手掌托杯稍加温，易于香气散发。同时晃动酒杯，扩大酒与空气的接触面，增加香味的散发。

2. 兑饮

白兰地被广泛用作鸡尾酒的调制，可以兑入矿泉水、苏打水、果汁、利口酒等一起与白兰地制作成各种鸡尾酒。

（七）白兰地的鉴赏

1. 观色

品质上乘的白兰地颜色应是金黄色，澄清透明，散发出迷人的光泽。带有红暗色的白兰地是质量差的，也有些是加有色素的。为了避免受酒液颜色干扰，专业的调酒师常用蓝色酒杯试饮白兰地。白兰地可以加入焦糖调色，所以颜色并不能代表白兰地的酒龄。

2. 闻香

白兰地除了具有葡萄的果香外，还有酒和橡木桶结合而产生的陈酿橡木香。高质量的白兰地香味不是单一的，而应该是丰富多彩、多层次的，还要有经久不散的特点。在闻香气时，不需要直接将酒杯边缘靠近鼻子，而是慢慢地将酒杯移向鼻子。通过闻香，可以有60%的把握确定白兰地的好坏。

3. 品味

第一口不要喝得太多，一般用舌尖啜一小滴，让其沿着舌尖蔓延整个舌头，再进入喉咙。第二口可稍多喝一些，进一步领略温柔醇香的独特感觉。

（八）白兰地酒服务

1. 净饮服务：根据顾客需要的品牌，用量杯量出30 mL白兰地，并倒入白兰地酒杯中，调酒师用右手将酒放至吧台顾客的右手处，或由服务员使用托盘将酒送至顾客面前，在顾客的右手边先放置一个杯垫，然后将酒杯放在杯垫上。净饮时可按照顾客的要求配一杯常温矿泉水或冰水，起到清新味觉的作用。

2. 冰镇服务：冰镇服务有两种，一种是加冰水，即将白兰地酒倒入白兰地酒杯中，再加入适量冰水，用吧匙轻轻搅拌；第二种是加冰块，先在白兰地酒杯中加入3~4块冰块，再将白兰地酒缓慢淋在冰块上，然后送至顾客面前。注：在加入冰块时也可根据顾客要求的数量和酒杯的大小选择冰块的多少，一般放至杯子的1/2处。

3. 兑饮服务：先将4块冰块放入海波杯中，接着倒入30 mL白兰地，然后再倒入白兰地4~5倍的冰镇苏打水、矿泉水、汽水等，用吧匙轻轻搅拌后送至顾客面前。

三、金酒

金酒（Gin）亦称毡酒、琴酒或杜松子酒，最先由荷兰生产，然后在英国大量生产后闻名于世。它是一种是以谷物为原料，经过糖化、发酵之后，再加入杜松子等植物蒸馏制成的酒。

金酒不用陈酿，但是也有厂家将原酒放在橡木桶中陈酿，从而使酒液略带金黄色。金酒的酒精度一般在35°~55°，酒精度越高，其质量就越好。

（一）金酒的起源及发展

金酒起源于1660年，在荷兰莱顿大学有位西尔鲍斯博士（Dr. Sylvius）发现了杜松子（Juniper Berry）这种植物有利尿的作用，就将其浸泡于食用酒精中，再蒸馏成含有杜松子成分的药用酒。最初是作为利尿、清热的药剂使用，后来在临床过程使用中，发现其香气和谐、口味协调、美味可口。于是，他将这种药酒推向市场，变成一般市民喜欢饮用的饮品，人们把它称为“Geniever”（法语：杜松子之意）。

在威廉三世统治时，英国海军从荷兰运回大批金酒，使英国人开始认识并饮用金酒。金酒很快传遍英格兰。很多英国商人也开始生产金酒，并从名字上做了相应的调整，称之为“Gin”，以符合英语发音的需要。英国金酒逐渐演变成一种与荷兰杜松子酒口味截然不同的清淡型烈酒。

荷兰金酒是用谷物酿制的中性酒精，加上杜松子生产而成。英国制造金酒的配方是用75%的玉米、15%的大麦芽、10%的其他谷物，经过发酵、蒸馏，蒸馏出的酒液兑水后再加上香料进行蒸馏。常见的香料有柠檬、橙子、桂皮、豆蔻等，最主要的还是杜松子。每个酒厂都有自己的秘制配方。

（二）生产工艺

金酒只要具有蒸馏设备、谷物和相应的草本香料植物三个条件，就可以在世界上任何一个地方生产。一般来说，金酒的生产方法主要有三种：

中性酒精与杜松子等植物添加辅料一同蒸馏。

中性酒精与一定比例的蒸馏浓缩金酒直接混合调制。

中性酒精与一定比例的杜松子和其他调酒香料直接混合调制。

金酒蒸馏完毕后一般可以直接稀释装瓶上市，而不需要任何陈酿过程。

（三）金酒的分类

世界著名的金酒可分为荷式金酒、英式金酒和美式金酒

1. 荷式金酒（Holland's Genever）：荷式金酒由荷兰生产，其产区集中在荷兰斯特丹一带，是荷兰的国酒。一般经过三次蒸馏制成。该产品色泽透明清亮，香料味突出，辣中带甜，风格独特。因为香料味比较重，所以荷式金酒只适用于净饮，不适合调制鸡尾酒。该地生产的产品也主要用于荷兰本地市场，很少外销。其著名品牌有亨克斯（Henkes）、波士（Bols）、波克马（ Bokma）、邦斯马（Bomsma）、哈瑟坎波（Hasekamp）。

2. 英式金酒（London Gin）：英式金酒也被称为伦敦干金酒（London dry gin），意思是不甜、不带原体味，口味与其他酒相比，比较淡雅。英式金酒的生产过程较荷式金酒简单，它用食用酒精和杜松子及其他香料共同蒸馏而得到干金酒。由于干金酒酒液无色透明，气味清香，口感醇美。既可以单饮，也可以与其他酒水混合配制，所以深受人们的喜爱。

3. 美式金酒（American Gin）：美式金酒呈淡金黄色，因为与其他金酒相比，它要在橡木桶中陈年一段时间。 美式金酒主要有蒸馏金酒和混合金酒两大类。通常情况下，美国的蒸馏金酒在瓶底部有“D” 字，这是美国蒸馏金酒的特殊标志。混合金酒是用食用酒精和杜松子简单混合而成的，很少用于单饮，多用于调制鸡尾酒。

（四）金酒的著名品牌

1. 必富达（Beefeater）：又称必发达、御林军。源自1820年，酒瓶上的御林军，表现出伦敦金酒的传统特色，该产品被冠以“鸡尾酒的心脏”雅号， 该酒呈无色透明状。酒精度在40° ~47° ，其杜松子味道强烈，气味奇异清香。口感醇美爽适、充满活力、浓郁强劲。1915年的“新加坡司令”以此为基酒。如图4-59所示。

图4-59 必富达

2. 哥顿（Gordon's）：又称狗头牌，是英国国饮。创立于1769年，采用传统伦敦型琴酒酿造。该金酒已成为世界销量第一的金酒，销量高达每秒4瓶。如图4-60所示。

图4-60 哥顿金酒

3. 添加利（Tanqueray）：金酒中的极品名酿，深厚甘洌，是美国最著名的进口金酒，哥顿公司和添加利公司联名出品，圆柱形瓶身像消火栓。2000年正式推出，是全世界唯一用新鲜水果蒸馏的金酒，且经过4次蒸馏，有橘子、杜松子及甘菊的香味。如图4-61所示。

图4-61 添加利金酒

4. 钻石（Gilbey’s）：1857年创立，世界五大金酒品牌之一。其口味较为圆润。如图4-62所示。

图4-62 钻石金酒

5. 孟买蓝宝石（BomBay Sapphire）：1761年开始设厂，唯一有维多利亚女王肖像的金酒，只使用来自世界各地精选的香料，因此被全球认为最优质、最高档的金酒。与仅仅用4~5种草药浸泡而成的普通金酒相比较，孟买蓝宝石金酒将酒蒸馏汽化，通过10种世界各地采集而来的草药精酿而成。如图4-63所示。

图4-63 孟买蓝宝石金酒

6. 亨利爵士（Hendrick’s）：1860年此酒产于苏格兰西部亚尔郡，小批次生产的金酒，采用“荷兰小黄瓜”和“保加利亚玫瑰花瓣”等13种独特且优质的原料蒸馏而成。如图

4-64所示。

图4-64 亨利爵士金酒

7. 施格兰（Seagram's）：1857年施格兰公司在加拿大成立，注册地是美国纽约。一百多年来，施格兰公司始终以积极的姿态和不懈地开拓精神参与世界酒业的发展。经过施格兰公司几代人的努力，今天它已成为世界最大的酒类公司之一，并跃升为美国《财富》500强企业。如图4-65所示。

图4-65 施格兰金酒

除此之外，著名品牌还有施塔因黑格（Steinhager）、老汤姆金酒（old Tom Gin）、哈拿（Hana）等。

（五）金酒的饮用注意事项

1. 酒杯

净饮时，金酒宜用古典杯或威士忌杯。

2. 饮用方法最常见的饮用方法

（1）在东印度群岛流行在饮用前用苦精洗杯，然后注入荷兰金酒，大口快饮，痛快淋漓，具有开胃的功效，饮用完毕后再饮用一杯冰水，更是美不胜言。

（2）金酒加冰块，再配以一片柠檬即可饮用。

（3）金酒也可以冰镇后净饮，即先把酒瓶放入冰箱或冰桶，或在倒出的酒中加入冰块。

（4）混合饮用，人们将金酒与其他苏打水、果汁、碳酸饮料或其他利口酒混合饮用。

（六）金酒的鉴别

1. 色泽

除了美式金酒外，金酒多呈无色透明，酒液清澈且带有光泽。凡带有微黄色或出现乳白色浑浊者皆为劣质品。

2. 香气

金酒具有清爽的杜松子香气、纯净的酒精香，香气和谐。凡有异香、浮香或杜松子香味不明显者皆为劣品。

3. 酒体

金酒口味协调，醇和温雅，酒体洁净；凡刺辣带苦涩，或有其他异味和不洁净的酒精味道皆为劣品。

4. 风格

金酒的香与味融合成一体，具有净、爽、自然感的特异风格。

（七）金酒的存放

保存金酒时应将其直立放置在阴凉处，需要避光、避高温。如果已经开启，只要把盖子拧紧或将木塞压实，尽快分多次喝完。

（八）金酒的服务

1. 净饮服务：先在调酒杯中放入适量冰块，然后用量杯量出30 mL金酒，倒入调酒杯中，用吧匙轻轻搅拌后过滤到鸡尾酒杯中，再放1片柠檬作为装饰，然后送至顾客面前。

2. 冰镇服务：在古典杯中加入适量冰块，再将金酒缓慢淋在冰块上，杯中放入1片柠檬，然后送至顾客面前。注：在加入冰块时也可根据顾客要求的数量和酒杯的大小选择冰块的多少，一般放至杯子的1/2处。

3. 兑饮服务：先将适量冰块放入合适的酒杯中，接着倒入30 mL金酒，然后再倒入金酒4~5倍的冰镇果汁、奎宁水、汽水等，用吧匙轻轻搅拌后，再放入1片柠檬片，然后送至面前。

四、朗姆酒

朗姆酒（Rum）也被称为甘蔗酒、兰姆酒。据说过去在加勒比海区的海盗都喜欢喝朗姆酒，所以朗姆酒有“海盗之酒”之称。

朗姆酒是以甘蔗汁、蔗糖或糖蜜为原料，经过发酵、蒸馏等生产工艺制成的酒精饮料。其口感甜润，芬芳馥郁，在国际市场上获得了广泛的欢迎。

朗姆酒的主要产区集中在生产甘蔗及蔗糖的地区，如牙买加、古巴、海地、波多黎各等加勒比海国家，其中以牙买加、古巴生产的朗姆酒最为有名。

（一）朗姆酒的生产方法

朗姆酒的生产方法与威士忌基本相同，主要生产过程包括发酵、蒸馏、陈酿和勾兑等。朗姆酒的蒸馏既有烧锅式蒸馏，也有连续式蒸馏，前者的生产效果好些，生产出的朗姆酒味道浓厚。

（二）朗姆酒的分类

1. 根据风味特征分类

根据风味特征，朗姆酒可分为浓烈型和清淡型。

（1）浓烈型朗姆酒由掺入榨糖残渣的糖蜜在天然酵母作用下缓慢发酵（10天以上）制成的。其酒液要在壶式蒸馏器中进行2次蒸馏，得出86%左右的无色原朗姆酒，然后放入橡木桶中熟化5年以上。浓烈型朗姆酒酒液呈金黄色或淡棕色，酒香和糖蜜香气浓郁，味辛而醇厚，乙醇含量为45%~50%。浓烈型朗姆酒以牙买加为代表。

（2）清淡型朗姆酒是用甘蔗糖蜜、甘蔗汁加酵母进行短期发酵，然后塔式蒸馏器连续蒸馏，得出95%的原酒，并在橡木桶中储存多年，再勾兑配制而成。其酒液呈浅黄到金黄色，乙醇含量为45%~50%。清淡型朗姆酒主要产自古巴和波多黎各。

2. 根据颜色分类

根据颜色，朗姆酒可分为白朗姆、金朗姆和黑朗姆。

（1）白朗姆（white Rum）：白朗姆酒液呈无色或淡色，也被称为银朗姆酒。在酿制白朗姆时，要经过活性炭过滤，除去杂味。白朗姆香味不浓，口感柔和，风味淡雅，适合净饮或调酒。

（2）金朗姆（golden Rum）：金朗姆酒又称为琥珀朗姆，蒸馏后的原酒需存入内侧焦灼的旧橡木桶中至少陈酿3年。金朗姆酒色较深，酒味略甜，香味较浓。

（3）黑朗姆（dark Rum）：黑朗姆又称红朗姆，在生产过程中需加入一定的香料汁或焦糖色剂进行调色。黑朗姆酒酒液呈深褐色或棕红色，酒味芳醇。

（三）著名朗姆酒品牌

1. 百加得朗姆酒（Bacardi）：百加得牌朗姆酒是以牙买加百加得酿酒公司命名的。1862年，法昆多百加得在古巴建立百加得酿酒公司，以自己的名字百加得命名，并以夫人创作的蝙蝠象征作为商标。使用古巴丰富优质的糖蜜制造，其口味清淡、柔和、纯净的低度朗姆酒。1892年，因西班牙王室的称赞，百加得牌朗姆酒标签上加上了西班牙皇家的徽章。据统计，百加得朗姆酒在世界朗姆酒销量中排名第一。现在公司的大部分产品都是清香型产品，产自波多黎各，最优秀的品种，尤其是白牌（无色透明），一般见到的均是古巴生产的。如图4-66所示。

2. 哈瓦那俱乐部（Havana Club）：哈瓦那俱乐部于1878年产于古巴，是古巴朗姆酒的杰出代表。利用古巴传统方法制成，一般经过橡木桶陈酿3年才出口其口感清爽，芳香十足。如图4-67所示。

图4-66 百加得朗姆酒

图4-67 哈瓦那俱乐部

3. 美雅士（Myers）：美雅士朗姆酒于1879年产于牙买加，选用陈酿五年以上、品质出众的牙买加朗姆酒调配而成，其酒液呈深褐色，口味浓烈，芳香甘醇。可与汽水或柑橘酒混饮，还广泛用于制作糕点中，是著名的浓烈型朗姆酒。如图4-68所示。

4. 摩根船长（Captain Morgan）：摩根船长朗姆酒产于牙买加，其命名是从一名曾经做过海盗的牙买加总督而来。该产品带有天然的香气，富有浓郁的加勒比海风味，有黑深褐色浓烈型、白色清淡型和金色芳香型三种味型。如图4-69所示。

图4-68　美雅士朗姆酒

图4-69　摩根船长

（四）朗姆酒的饮用

朗姆酒可以直接单独饮用，也可以与其他饮料混合调制而成鸡尾酒，在晚餐时作为开胃酒来喝，也可以在晚餐后喝。在朗姆酒产区，人们大多喜欢喝纯朗姆酒，不加调制。在美国，人们通常用朗姆酒调制鸡尾酒，或用古典杯加冰块净饮。

（五）朗姆酒的鉴别

1. 色泽

朗姆酒酒液多呈黄色、褐色、深棕色，澄清透明，有光泽，陈酿时间越长，色泽越深厚。

2. 香气

朗姆酒具有蔗蜜香、酯香和沉厚的橡木香，香气浓郁、协调；凡有异香和浮香者为劣品。

3. 滋味

朗姆酒醇和柔润，细腻郁美，饮后有余香；凡口味冲辣、尖刺或淡薄者为劣品。

4. 风格

香与味柔和呈一体，具有朗姆酒的独特风格。

（六）朗姆酒的服务

1. 净饮服务：先用量杯量出30 mL朗姆酒，倒入鸡尾酒杯中，杯中放1片柠檬作为装饰，然后送至顾客面前。

2. 冰镇服务：在古典杯中加入适量冰块，再将金酒缓慢淋在冰块上，杯中放入一片柠檬，然后送至顾客面前。注：在加入冰块时也可根据顾客要求的数量和酒杯的大小选择冰块的多少，一般放至杯子的1/2处。

3. 兑饮服务：先将适量冰块放入高杯或海波中，接着倒入30 mL朗姆酒，然后再倒入朗姆酒4~5倍的冰镇果汁、奎宁水、汽水等，用吧匙轻轻搅拌后，再放入一片柠檬片，然后送至顾客面前。

五、伏特加

伏特加Vodka源自俄语Voda，在俄语中有“生命之水”之意，生命之水是炼金术对蒸馏酒的称呼。1533年，苏联古文献中记载着，Voda解释为“药”，可用来清洗伤口，以减轻疼痛，直到19世纪Vodka一词才被大量使用。

伏特加的原料主要是玉米、大麦、小麦、黑麦，也有马铃薯，经糖化、发酵、蒸馏后再用白桦木木炭过滤制成，酒精度为40° 的占主导地位。EU（欧盟）对伏特加的规定："由农作物制取的酒精，通过活性炭过滤，去除刺激性的酒"。伏特加在世界上销量最大的是无色无味、酒液透明的中性品种，且是俄罗斯的国民酒。其主要特点是：无色透明、无异味、劲大、口味凶烈、具有提神作用。

（一）伏特加的起源及发展

世界上有很多国家生产伏特加，如美国、波兰、丹麦等，但以俄罗斯生产的伏特加质量最好。

伏特加的起源可以追溯到公元12世纪，当时沙皇俄国时代曾生产一种稞麦酿制的蒸馏酒，并称为俄国人的"生命之水"，一般认为它是现代伏特加的雏形。

19世纪40年代，伏特加成为西欧国家流行的饮品。后来伏特加酿造技术被传到美国，随着伏特加在鸡尾酒中的广泛应用，在美国也逐渐盛行。

（二）伏特加的分类

按照伏特加的原料、酿造方法及口感的不同，伏特加酒可以分为以下几种类型。

1. 中性伏特加酒（neutral Vodka）：中性伏特加为无色液体，除酒精气味外无其他气味和味道，它是伏特加酒中的主要产品。

2. 加香伏特加（herbal Vodka）：加香伏特加是在橡木桶中储藏时浸泡花卉、药草、水果和果实等以增加芳香和颜色的伏特加。

3. 餐前伏特加（aperitif Vodka）：餐前伏特加是在中性伏特加酒中增加了开胃物质的伏特加。

4. 水果伏特加（fruit Vodka）：水果伏特加是加入了水果等芳香物质的伏特加。

5. 甜点伏特加（dessert Vodka）：甜点伏特加是增加了甜度的伏特加酒。

6. 提神伏特加（pick-me-up）：提神伏特加是在酒液中添加了辣椒和胡椒成分的伏特加酒。

（三）伏特加的生产工艺

伏特加酒是俄罗斯具有代表性的烈性酒。18世纪之后，酿制伏特加采用的原料是土豆和玉米。在生产过程中，先将蒸馏而成的伏特加原酒经过8 h以上缓慢过滤，使原酒酒液与活性炭分子充分接触而净化为纯粹的伏特加。酒精含量高达96° ，装瓶时勾兑成40° ~50° ，即可饮用。

（四）伏特加的主要产地

1. 俄罗斯

俄罗斯伏特加在最初时以大麦为主要原料，后来逐渐改用富含淀粉的土豆和玉米，在酿造酒醪和蒸馏原酒过程中与其他蒸馏酒并无特殊之处，只是伏特加要进行高纯度的乙醇提炼，经再次蒸馏精炼后注入白桦活性炭过滤槽中进行缓慢的过滤程序，使精馏液与活性炭分子充分接触而净化，将原酒中的油类、酸类、醛类等其他微量元素除去，这样就得到了非常纯净的伏特加，无须进行陈酿。

俄罗斯伏特加酒液澄清透明，除了酒香之外几乎没有其他香味，口味凶烈，劲大冲鼻，火一般地刺激。

俄罗斯伏特加的主要品牌有以下几种。

（1）莫斯科绿牌伏特加（Moskovskaya）：绿牌伏特加酒度为40°，它是以100%的谷物为原料，经过活性炭过滤后的精馏伏特加酒。

（2）红牌伏特加（Stolichnaya）：红牌伏特加是由俄罗斯莫斯科水晶蒸馏厂制造，该酒的酒度为40°。

除了以上品牌外，还有斯道洛法亚（Stolovaya）、俄罗斯牌（Russkaya）等。

2. 波兰

波兰伏特加的酿造工艺和俄罗斯伏特加的酿造工艺相似，区别是波兰人在酿造伏特加过程中加入了一些调香原料，所以波兰伏特加比俄罗斯伏特加酒体更加丰富。

波兰伏特加的主要品牌有以下几种。

（1）毕博罗瓦（Wyborowa）：意为“高级，特选”之意，是波兰最优质的酒，主要原料为黑麦。

（2）斯大卡（Starka）：主要原料是黑麦，一般放入木桶内熟成。

3. 瑞典

瑞典伏特加起源于俄罗斯，其主要品牌是绝对伏特加。它是通过多组蒸馏柱将整个酿酒工艺过程中出现的杂质去掉，酿造出更圆润、更纯净的酒。

除了以上三个国家外，像英国、美国、芬兰、法国、加拿大等国家也都生产伏特加。

（五）伏特加的著名品牌

（1）斯米诺（Smirnoff）：斯米诺伏特加产于美国，是全世界销量最大的伏特加。1860年，在莫斯科建立了斯米诺伏特加酒厂（Pierre Smirnoff Fils），1917年十月革命后，仍为一个家族企业。1930年，其配方被带到美国，在美国建立了斯米诺伏特加酒厂。如今它是英国帝亚吉欧公司旗下的品牌之一。其伏特加酒液澄清透明，除了有酒精的香气外，无其他香味，口感甘冽，劲大冲鼻，是调制鸡尾酒不可缺少的原料。如图4-70所示。

（2）蓝天伏特加（Skyy Vodka）：蓝天伏特加原产于美国，创始于1992年，经过四次蒸馏，三次过滤，加上自身独特的、酿制工艺使得它成为伏特加品牌中最纯净的酒精饮料。如图4-71所示。

（3）绝对伏特加（Absolut Vodka）：绝对伏特加是高级伏特加酒，主要由冬小麦制成，具有丰满的口味，平滑甘美的谷物特征。其口味众多，如柠檬味，取材于橘类水果，以柠檬为主，有显著的柠檬味道，夹杂着酸橙丝丝的甜味，在1988年推出。辣椒味，拥有芬芳、复杂和火辣的味道，综合了辣椒中的辣元素和墨西哥辣椒的口味，在1986年推出。如图4-72所示。

图4-70 斯米诺

图4-71 蓝天伏特加

图4-72 绝对伏特加

（4）灰雁伏特加（Grey Goose）：灰雁伏特加产于法国干邑地区，用法100%国La Beauce产区的小麦酿造，经5次蒸馏，用干邑区经过香槟区石灰土层过滤的自然泉水稀释，口感更加雅致细腻。如图4-73所示。

（5）芬兰伏特加（Finlandia）：芬兰伏特加产于芬兰，以100%大麦酿造，有谷物之香，酒质纯净。如图4-74所示。

（6）首都牌伏特加（Stolichnaya）：苏联红牌伏特加产于俄罗斯。以大麦、小麦为主要原料，并用贝加尔湖畔的水制成，以红色和黑色商标最为盛行。如图4-75所示。红色商标，口感纤细、香味清淡。黑色商标，为莫斯科的水晶酒厂制造，以石英砂或白桦树木碳过滤2次，酒质纯正。

图4-73 灰雁伏特加

图4-74 芬兰伏特加

图4-75 首都牌伏特加

（六）伏特加的饮用注意事项

1份伏特加标准分量为40 mL，适合选用利口杯或古典杯饮用。作为佐餐酒或餐后酒时，常温饮用。

常用的饮用方式有以下几种：

1. 净饮。许多人喜欢冰镇后净饮，仿佛冰块融化在口中，进而转化成一股火焰般的清热。

2. 加冰。可以在古典杯中放入少量冰块与伏特加混合，放一片柠檬片作装饰。

3. 兑饮。伏特加可以加苏打水、果汁等，也可以在调制鸡尾酒时作为基酒。

（七）伏特加的品鉴

1. 色泽

伏特加应是澄清透亮、无色透明的，凡带有微黄色、酒体浑浊的则为劣品。

2. 香气

伏特加具有清爽的酒精香味，如有异香的则为劣品。

3. 滋味

伏特加酒应当醇和、绵柔，稍有甜润感，凡是爆辣、涩味重的则为劣品。

（八）伏特加的服务

1. 净饮服务：先在调酒杯中放入适量冰块，然后用量杯量出30 mL伏特加，倒入调酒杯中，用吧匙轻轻搅拌后过滤到鸡尾酒杯中，再放1片柠檬作为装饰，然后送至顾客面前。

2. 冰镇服务：在古典杯中加入适量冰块，再将伏特加酒缓慢淋在冰块上，杯中放入1片柠檬，然后送至顾客面前。注：在加入冰块时也可根据顾客要求的数量和酒杯的大小选择冰块的多少，一般放至杯子的1/2处。

3. 兑饮服务：先将适量冰块放入高杯或海波杯中，接着倒入30mL伏特加酒，然后再倒入金伏特加4~5倍的冰镇果汁、奎宁水、汽水等，用吧匙轻轻搅拌后，然后送至顾客面前。

六、特基拉

特基拉（Tequila）以墨西哥珍贵仙人掌科的植物龙舌兰的鳞茎部位为原料制成，因此又被称为“龙舌兰酒”。此酒只产于墨西哥的龙舌兰种植区，被誉为“墨西哥的灵魂”。

（一）特基拉的生产工艺

龙舌兰一般要经过10~12年才能成熟，叶子呈灰蓝色，可达3 m。成熟时的龙舌兰就像巨大的郁金香。制作特基拉时，须把龙舌兰外层的叶子砍下，取其中心部位的果实，然后再把它放入炉中蒸煮，以浓缩甜汁，并把淀粉转化成糖类。经煮过的果实再送到另一机器挤压成汁发酵。待发酵出的原液达80° 时即可开始蒸馏。特基拉在铜质单式蒸馏器中蒸馏2次，未经过木桶成熟的酒呈无色透明状，被称为“银色特基拉”，味道较冲；也可以放入橡木桶中储存，颜色逐渐变深，呈淡琥珀色，这种被称为“金色特基拉”。

（二）特基拉的分类

根据颜色，特基拉可分为金色特基拉和银色特基拉两种。

1. 金色特基拉

金色特基拉酒液呈金黄色，此类特基拉一般在橡木桶中至少陈酿2~4年，以增添色泽和口味。

2. 银色特基拉酒

银色特基拉酒液呈无色透明状，此类特基拉酒无须在橡木桶中陈酿。

（三）特基拉的著名品牌

1. 豪帅快活（Jose Cuervo）：豪帅快活特基拉是墨西哥具有一定历史意义的特基拉品牌，它分为两种颜色，分别是豪帅快活金和豪帅快活银，特别受人们的欢迎。如图4-76所示。

2. 奥美加（Olmeca）：奥美加是由墨西哥西格兰公司为开拓墨西哥市场而推出的豪华型产品，它需要经过 2 年以上的陈酿才能上市。该酒的标志图案取自墨西哥最古老的Olmeca 文化的图腾，所以具有深邃的文化内涵。如图4-77所示。

图4-76　豪帅快活

图4-77　奥美加

3. 白金武士（Conquishistador Silver Tequlia）：白金武士龙舌兰酒采用墨西哥的特制龙舌兰为主要原料酿制而成，其颜色澄清透明，具有独特的香气。如图4-78所示。

4. 懒虫（Camino Tequlia）：懒虫龙舌兰酒起源于墨西哥的特基拉地区，选用天然优质的墨西哥龙舌兰酿制而成。其酒液澄清透明。如图4–79所示。

图4–78　白金武士

图4–79　懒虫

5. 雷博士（Pepe Lopez）：雷博士龙舌兰酒是100%产于墨西哥哥哈里斯州的特基拉，采用生长期超过8~12年的珍贵龙舌兰为主要原料，经过双重蒸馏，确保酒香浓郁。雷博士特基拉在1998年获得世界龙舌兰酒大奖，并得到墨西哥政府对质量和原产地的认可奖章。如图4–80所示。

6. 索查（Sauza）：索查特基拉酒为墨西哥著名的特基拉酒品牌。索查采用最好的蓝色龙舌兰搭配传统的生产工艺制成。它是第一个外销美国的特基拉酒品牌，其口感清淡柔和。如图4–81所示。

图4–80　雷博士

图4–81　索查

（四）特基拉的饮用注意事项

1. 净饮

特基拉的一种传统饮用方式是先在手背上撒上少许盐，舔一口盐，然后喝一口特基拉，再用腌渍的辣椒干、柠檬干佐酒，恰似火上浇油，美不胜言。另一种饮用方式是一手持特基拉酒杯，一手拿半片柠檬，用手指蘸些食盐，然后挤出柠檬汁，放入口内，再喝一口特基拉酒。

2. 兑饮

特基拉酒可加入多种利口酒、糖浆、果汁和苏打水等混合饮用，也可以作为调制鸡尾酒的基酒使用。

（五）特基拉的服务

1. 净饮服务：先用量杯量出30 mL特基拉倒入鸡尾酒中，将1个柠檬角和少许盐放在小碟中，将酒与碟子一起送至顾客面前。

2. 兑饮服务：先将适量冰块放入高杯中，接着倒入30 mL特基拉酒，然后再倒入特基拉4~5倍的雪碧或七喜等，用吧匙轻轻搅拌后送至顾客面前。

七、中国白酒

中国白酒（ Chinese Liquor ）是以粮谷为主要原料，大曲、小曲或麸曲以及酒母等为糖化发酵剂，经蒸煮、糖化、发酵、蒸馏、陈酿、勾调而成的蒸馏酒。由于该酒为无色液体，因此被称为“白酒”，是中华民族数千年的传统饮品。中国白酒酒色晶莹清透，香气宜人，馥郁纯净，溢香好，余香不尽，不同香型的酒各有特色，口味醇厚绵柔，甘润清冽，酒体协调，回味悠长。至今已经成为世界蒸馏酒中产量最大、品种最多的蒸馏酒，与威士忌、白兰地、金酒、朗姆酒、伏特加、特基拉并列为世界著名的蒸馏酒。

（一）中国白酒的起源及发展

相传夏禹时期的仪狄发明了酿酒。公元前2世纪史书《吕氏春秋》提道：“仪狄作酒”。汉代刘向编辑的《战国策》则进一步说明：“昔者，帝女令仪狄作酒而美，进之禹，禹饮而甘之，遂疏仪狄而绝旨酒”。史籍中有多处提到仪狄“作酒而美”“始作酒醪”的记载，似乎仪狄乃制酒之始祖。一种说法叫“仪狄作酒醪，杜康作秫酒”。这里并无时代先后之分，似乎是讲他们造的是不同的酒。杜康作秫酒，指的是杜康造酒所使用的原料是高粱。可以说仪狄是黄酒的创始人，而杜康则是高粱酒创始人。

在几千年漫长的历史过程中，中国传统酒呈段落性发展。公元前4000—公元前2000年，即由新石器时代的仰韶文化早期到夏朝初年，为第一个段落。这个段落，经历了漫长的两千年，是中国传统酒的启蒙期。用发酵的谷物来泡制水酒是当时酿酒的主要形式。这个时期是原始社会的晚期，先民们无不把酒看作一种含有极大魔力的饮料。

公元前2000年的夏王朝到公元前200年的秦王朝，历时一千八百年，这一段落为中国传统酒的成长期。在这个时期，由于有了火，出现了五谷六畜，加之酒曲的发明，使中国成为世界上最早用曲酿酒的国家。醴、酒等品种的产出，仪狄、杜康等酿酒大师的涌现，为中国传统酒的发展奠定了坚实的基础。就在这个时期，酿酒业得到很大发展，并且受到重视，官府设置了专门酿酒的机构，酒由官府控制。酒成为帝王及诸侯的享乐品，“肉林酒池”成为奴隶主生活的写照。

公元前200年的秦王朝到公元1000年的北宋，历时一千二百年，是中国传统酒的成熟期。在这一段落中，《齐民要术》《酒法》等科技著作问世；黄酒、果酒、药酒及葡萄酒等酒品也有了发展；李白、杜甫、白居易、杜牧、苏东坡等酒文化名人辈出。各方面的因素促使中国传统酒的发展进入了灿烂的黄金时代。酒之大兴，是始自东汉末年至魏晋南北朝时期。这主要是由于当时长达两个多世纪的战乱纷争，统治阶级内部产生了不少失意者，文人墨客，崇尚空谈，不问政事，借酒浇愁，狂饮无度，使酒业大兴。到了魏晋，酒业更大兴起来了，饮酒不但盛行于上层，而且普及民间的普通人家。这一段落的汉唐盛世及欧、亚、非陆上贸易的兴起，使中西酒文化得以互相渗透，为中国白酒的发明及发展进一步奠定了基础。

从北宋到晚清时期，历时八百多年，是中国传统酒的提高期。其间西域的蒸馏器传入中国，从而导致了举世闻名的中国白酒的发明。明代的李时珍在《本草纲目》中提道：“烧酒非古法也，自元时起始创其法。”又有资料提出“烧酒始于金世宗大定年间”（1161年）。

时已迅速普及了酒度较高的蒸馏白酒。从此，这八百多年来，白、黄、果、葡、药五类酒竞相发展，绚丽多彩，而中国白酒则欣欣深入生活，成为人们普遍接受的饮料佳品。

（二）中国白酒的主要原料

高粱、玉米、大米、大麦等是酿制中国白酒的主要原料。这些原料特点不同，酿出的酒品质风味也各不相同，在中国酿酒人士所说的“高粱香、玉米甜、大米净、大麦冲”，十分简洁明了地总结了不同材料酿出酒品的风格大不相同。

1. 高粱

高粱是中国酿造白酒历史较为悠久的原料，特别是用高粱生产的大曲酒，深受中国人民的喜爱。高粱经蒸熟后，疏松适度，熟而不黏，有利于固体发酵。高粱的皮壳中含有少量单宁，经过蒸熟和发酵后，能给酒带来十分独特的风味。但如果单宁过多会妨碍糖化和发酵，给成品酒带来苦涩味。

2. 玉米

玉米又称为苞米。因为玉米种所含成分比较适宜，因此它是极好的酿酒原料。在中国很多地区都使用玉米作为酿酒原料。为了使酒的味道更纯，建议用玉米酿酒时最好将其胚芽去掉。

3. 大米

在中国南方地区多用大米为原料生产小曲米酒。因为大米质地纯净，无皮壳，蛋白质和脂肪含量也比较少，有利于缓慢地进行低温发酵。用大米酿出的酒带有特殊的米香，所以，大米酿制的白酒也被称为米香型白酒。

4. 大麦

大麦中淀粉含量低，而蛋白质和脂肪含量较高，不利于酿造口味纯正的白酒，所以人们常用大麦作为制曲原料，而很少直接用大麦生产白酒。

除了上述材料外，在酿造中国白酒时还常用甘薯干为主的薯类、糠类及野生植物类作为原材料、辅助材料或代用材料。

（三）中国白酒的制作

与国外蒸馏酒相比，中国白酒的制作工艺复杂得多，具有酒精含量高、酸高、酯高、醛酮高、高级醇低的特点。其原料多种多样，生产工艺也不尽相同，但共同点是：以粮谷为主要原料，以曲为糖化发酵剂，糖化和发酵同时进行，大多需经过多次糖化、发酵、蒸馏和长期储存才能成酒。

（四）中国白酒的分类

1. 按不同的酿酒原料分类

（1）粮食酒：粮食酒是以大米、高粱、玉米、小麦、稻谷等粮食为主要原料酿造而成的白酒，有高粱酒、玉米酒、大米酒等。

（2）薯类酒：薯类酒是以鲜薯、薯干、木薯、马铃薯等原料酿制或者是经串蒸而成的白酒，有红薯酒、白薯酒等。

（3）代用品酒：代用品酒是以衍生淀粉原料或含糖原料酿制而成的白酒，如粉渣酒、豆腐渣酒、高粱糠酒、米酒、米糠酒等。

2. 按不同的糖化发酵剂分类

（1）大曲酒：大曲酒是以大曲为糖化发酵剂酿制而成的白酒。

（2）小曲酒：小曲酒是以小曲为糖化发酵剂酿制而成的白酒。

（3）麸曲酒：麸曲酒是以麸曲为糖化发酵剂酿制而成的白酒。

（4）混合曲酒：混合曲酒是以大曲、小曲或麸曲为糖化发酵剂酿制而成的白酒。

3. 按不同的生产工艺分类

（1）固态法白酒：固态法白酒的原料（粮谷）经固态（或半固态）糖化、发酵、蒸馏而成。

（2）液态法白酒：液态法白酒的原料经过液态糖化、发酵、蒸馏而成。其产品为酒精，酒精再经过加工如串香、调配后为普通白酒。

（3）固液法白酒：固液法白酒是以固态法白酒（不低于30°）、液态法白酒勾调而成的白酒。

4. 按香型分类

白酒的香型主要取决于生产工艺、发酵、设备等条件。在1979年第三届全国评酒会上，正式提出和确认了五大白酒香型，即浓香、酱香、清香、米香和其他香型，在1989年第五届全国评酒会上提出了四大香型和六小香型的概念，形成了中国白酒的十种香型。据统计，目前已定型的有十二种香型。其中四种基本香型分别为浓香、酱香、清香和米香型，其他八种香型是在这四种基本香型基础以上加入一种、两种或两种以上的香型，在工艺的柔和下，形成自身的独特工艺衍生出来的香型。比如浓酱结合衍生出兼香型，浓清结合衍生凤香型等。随着科技的进步，还会有新的香型诞生。

（1）浓香型白酒

浓香型白酒以粮谷为原料，采用浓香大曲为糖化发酵剂，经泥窖固态发酵、固态蒸馏、陈酿、勾调而成，口感风味具有芳香、绵甜、香味协调等特点，以五粮液、洋河为代表。

（2）清香型白酒

清香型白酒以粮谷类为原料，采用大曲、小曲、麸曲及酒母等为糖化发酵剂，经缸、池等容器固态发酵、蒸馏、陈酿、勾调而成，具有清香、醇甜、柔和等特点，是中国北方传统酒，以山西省汾酒为代表。

（3）凤香型白酒

以乙酸、乙酯为主，一定的乙酸乙酯香气为辅，以山西西凤酒为代表。

（4）芝麻香型白酒

以芝麻香为主体，兼有浓、清、酱三种香型之所长，故有“一品三味”之美誉，是中国“十二大香型”中最“年轻”的一位成员，同时也是酿造技术难度最大、酿造条件要求最高、对环境要求最严格的一种香型。以“一品景芝”系列酒为代表。

（5）特香型白酒

以大米为原料，富含复合香气，香味协调，余味悠长，以江西四特酒为代表。

（6）馥郁香型白酒

特点为浓郁中透出秀雅，入口绵柔甘洌，酒体爽净，回味悠长，以湖南酒鬼酒为代表。

（7）酱香型白酒

酱香型白酒又称茅香型白酒，以粮谷为原料，经传统固态法发酵、蒸馏、陈酿、勾调而成，口感风味具有酱香、细腻、醇厚、回味长久等特点，以贵州茅台、贵州习酒为代表。

（8）米香型白酒

米香型白酒以大米等为原料，经传统半固态法发酵、蒸馏、陈酿、勾调而成的。口感风味具有蜜香、清雅、绵柔等特点，以广西桂林三花酒、冰峪庄园、西江贡为代表。

（9）药香型白酒

其特点是清澈透明，香气典雅，浓郁甘美，略带药香，协调醇香爽口，后味悠长，以贵州董酒为代表，亦称董香型。

（10）豉香型白酒

以大米为原料，小曲为糖化发酵剂，半固态液态糖化边发酵酿制而成的白酒，以广东佛山玉冰烧酒为代表。

（11）兼香型白酒

酱中带浓型：特点为芳香、舒适，细腻丰满，酱浓协调，余味爽净悠长，以湖北白云边酒为代表。

浓中带酱型：特点为浓香带酱香，诸位协调，口味细腻，余味爽净，以黑龙江玉泉酒为代表。

（12）老白干香型白酒

酒色清澈透明，醇香清雅，甘洌丰柔，回味悠长而著称，以河北衡水老白干为代表。

（五）著名的中国白酒

1. 茅台酒

茅台酒被誉为国酒，其历史悠久，源远流长。产于贵州北部的仁怀县茅台镇，是我国大曲酱香型酒的鼻祖，具有独特的空杯留香的特点，传统酒有53°。是风格最完美的酱香型大曲酒之典型，故“酱香型”又称“茅香型”。其酒质晶亮透明，微有黄色，酱香突出，令人陶醉。敞杯不饮，香气扑鼻；开怀畅饮，满口生香；饮后空杯，留香更大，持久不散。口味幽雅细腻，酒体丰满醇厚，回味悠长，茅香不绝。茅台酒具有酒液纯净透明等特点，是由酱香、窖底香、醇甜三大特殊风味融合而成，现已知其香气组成成分多达300余种。

茅台酒是以优质高粱为原料，用小麦制成高温曲，而用曲量多于原料。用曲多、发酵期长、多次发酵、多次取酒等独特工艺是茅台酒风格独特，品质优异的重要原因。酿制茅台酒要经过两次加生沙（生粮）、八次发酵、九次蒸馏，生产周期长达八九个月，再陈储三年以上，勾兑调配，然后再储存一年，使酒质更加和谐醇香、绵软柔和，方准装瓶出厂，全部生产过程近五年之久。

2. 汾酒

山西汾酒有着四千年的悠久历史，产于山西省汾阳市杏花村。是以高粱为主要原料的清香型白酒，酒度有38°、53°、65°三种，属于大曲清香型酒。以入口绵、落口甜、饮后余香、回味悠长特色而著称，是我国清香型白酒的典型代表，故人们又将这一香型俗称汾香型。

3. 五粮液

五粮液产于四川省宜宾市，是以高粱 、糯米 、大米、玉米和小麦五种粮食为原料的浓香型白酒。五粮液酒无色，清澈透明，香气悠久，味醇厚，入口甘绵，入喉净爽，各味谐调，恰至好处。饮后无刺激感，不上头。开瓶时，喷香扑鼻；入口后，满口溢香；饮用时，四座飘香；饮用后，余香不尽。在中外消费者中享有美名，属浓香型大曲酒中出类拔萃之佳品。

4. 剑南春

剑南春产于四川省绵竹市，因绵竹在唐代属剑南道，故称其为“剑南春” 。剑南春是以高粱、大米、糯米、玉米、小麦为原料的浓香型白酒，属浓香型大曲酒，酒质无色，清澈透明，芳香浓郁，酒味醇厚，醇和回甜，酒体丰满，香味协调，恰到好处，清冽净爽，余香悠长。

5. 古井贡酒

古井贡酒产于安徽省亳州，是以高粱为主要原料的浓香型白酒，是中国老八大名酒之一 ，自公元196 年起一直作为皇室贡品，它具有“色清如水晶、香醇似幽兰、入口甘美醇和、回味经久不息”的独特风格，被世人誉为“酒中牡丹” 。

6. 洋河大曲

洋河大曲产于江苏省宿迁市洋河镇，已有四百多年历史，属浓香型大曲酒，以黏高粱为原料，以小麦、大麦、豌豆制作的高温火曲为发酵剂，辅以闻名遐迩的“美人泉”水，老窖长期发酵酿成。其突出特点是甜、绵、软、净、香。

7. 董酒

董酒产于贵州省遵义市 ，是以高粱为主要原料的兼香型白酒，是兼香型工艺的鼻祖，其独特工艺简称为“ 两小、两大、双醋兼香”。采用小曲小窑制取洞醅 、大曲大窑制取香醅，双醅串蒸而成。董酒香气幽雅舒适，既有大曲酒的浓郁芳香，又有小曲酒的柔绵、醇和、回甜，还有淡雅舒适的药香和爽口的微酸，入口醇和浓郁，饮后甘爽味长。由于酒质芳香奇特，被人们誉为其他香型白酒中独树一帜的“药香型”或“董香型”典型代表。

8. 泸州老窖特曲

泸州老窖特曲又称泸州老窖大曲酒，产于四川省泸州市。泸州曲酒的主要原料是当地的优质糯高粱，用小麦制曲，因为大曲有特殊的质量标准，酿造用水为龙泉井水和沱江水，酿造工艺是传统的混蒸连续发酵法。蒸馏得酒后，再用“麻坛”储存1~2年，最后通过细致的评尝和勾兑，达到固定的标准，方能出厂，保证了老窖特曲的品质和独特风格。此酒无色透明，窖香浓郁，清冽甘爽，饮后尤香，回味悠长，具有浓香、醇和、味甜、回味长的四大特色。

9. 西凤酒

西凤酒产于陕西省凤翔县，历史悠久，文化灿烂。它始于殷商，盛于唐宋，距今已有两千六百多年的历史，远在唐代就已列为珍品，是我国八大名酒之一。西凤酒以当地特产高粱为原料，用大麦、豌豆制曲。发酵窖分为明窖与暗窖两种。工艺流程分为立窖、破窖、顶窖、圆窖、插窖和挑窖等工序，蒸馏得酒后，再经3年以上的储存，然后进行精心勾兑方可出厂。西凤酒无色清亮透明，醇香芬芳，清而不淡，浓而不艳，集清香、浓香之优点融于一体，幽雅、诸味谐调，回味舒畅，风格独特。被誉为“酸、甜、苦、辣、香五味俱全而各不出头”，即酸而不涩，苦而不甜，香不刺鼻，辣不呛喉，饮后回甘、味久而弥芳。属凤香型大曲酒，是“凤型”白酒的典型代表。

10. 郎酒

郎酒产于赤水河中游的四川省古蔺县二郎镇，千百年来形成了独特的微生物圈。储藏郎酒的天宝洞、地宝洞是世界最大的天然白酒酒库，洞内冬暖夏凉，常年保持在19~21　℃的恒温下，可以使新酒醇化老熟得更快。郎酒的特色是酱香突出、醇厚净爽、幽雅细腻、回味悠长、空杯留香。它在酿制过程中，虽按茅台酒的酿造工艺，但其味道又不同于茅台酒的酱香，香气较之更馥郁、更浓烈，有“浓中带酱”的味道。

（六）中国白酒的鉴赏

鉴赏中国白酒的好坏，一般从色泽、香气、味道、风格四个方面进行品评。

1. 色泽：将酒杯拿起，以白色评酒桌或白纸为背景，采用正视、俯视及仰视方式，观察酒样有无色泽及色泽深浅。然后轻轻摇动，观察酒液澄清度、有无悬浮物和沉淀物。

2. 香气：将酒杯举起，置酒杯于鼻下10~20 mm处微斜30°，头略低，匀速舒缓吸气嗅闻其静止香气，只吸气不呼气，再轻轻摇动酒杯，增大香气挥发聚集，然后嗅闻。在特殊情况下，将酒液倒空，放置一段时间后嗅闻空杯留香。

3. 味道：

（1）每次入口的酒量应保持一致，一般保持在0. 5~2. 0 mL，可根据酒精度和个人习惯进行调整。

（2）品尝时，使舌尖、舌边首先接触酒液，并通过舌的搅动，使酒液平铺于舌面和舌根部，以及充分接触口腔内壁，酒液在口腔内停留时间以3~5 s为宜，仔细感受酒质并记下各阶段口味及口感特征。

（3）最后可将酒液咽下或吐出，缓慢张口吸气，使酒气随呼吸从鼻腔呼出，判断酒的后味。

（4）通常每杯酒品尝2~3次，品评完一杯，可清水漱口，稍微休息片刻，再品评另一杯。

4. 风格：白酒的风格即白酒的典型性。要掌握中国白酒的特点和风格特征，综合香气、口味、口感等特征感受，结合12种香型及白酒风格特点，做出总结性评价，判断是否具备典型风格或独特风格。

（七）中国白酒的饮用注意事项

白酒酒杯在传统上为陶瓷白酒杯或陶瓷高脚酒杯，也可用利口酒杯、古典杯、高脚酒杯、陶瓷酒杯等。标准用量为25 mL。

中国白酒一般是佐餐用酒，常温净饮为宜，冬季宜温烫饮用。东南亚习惯冰镇后饮用，有时在调制中式鸡尾酒中可用作基酒，如采用茅台酒调制的中国马天尼（Chinatini）和采用五粮液制成的“遍地黄金”。

任务三 配 制 酒

配制酒又称浸制酒、再制酒。通常以蒸馏酒、发酵酒或食用酒精为酒基，加入香料等调制而成。配制酒的诞生比其他酒类晚，种类繁多，发展较快。一般将配制酒分为三类，即餐前酒（aperitifs）、甜食酒类（dessert Wines）和利口酒类（liqueurs）。著名的配制酒多产自欧洲，以法国、意大利等国最为出名。

一、餐前酒

（一）基础知识

餐前酒又称开胃酒，是指餐前的开胃酒，可以刺激食欲，还有滋养、强身和健胃等功效。随着饮酒习惯的演变，“开胃酒”一词逐渐被专门用于指以葡萄酒和某些蒸馏酒为主要原料的配制酒。现代餐前酒有三种主要类型，即味美思（vermouth）、比特酒（bitter）和茴香酒（anise）。

（二）品牌

1. 味美思

因加了苦艾草（wormwood）又叫苦艾酒，是以白葡萄酒为基酒，加入各种植物的根、茎、叶、花、果实种子等芳香物质酿造而成，最著名有甜型和干型。甜味美思酒香味浓，葡萄味较浓，含75%的葡萄原酒，饮用后有甜苦的味道，略带橘香，以意大利生产的最为有名。干味美思酒的含糖量在5%以内，酒精度约为18%，呈浅金黄色或无色，涩而不甜，以法国产的最为有名。

（1）仙山露（Cinzano）：产于意大利，创立于1754年，是最著名的味美思之一，有干型、白色、红色三种。如图4-82所示。

（2）马天尼（Martini）：产于意大利，创立于1800年，是最著名的味美思之一。如图4-83所示。

（3）甘嘉（Gancia）：产于意大利，所属甘嘉公司创建于1805年。主要产品有干性、白色、红色三种类型味美思，是意大利著名的味美思品牌之一。如图4-84所示。

图4-82 仙山露

图4-83 马天尼

图4-84 甘嘉

2. 比特酒

又称“必打士”，苦味酒，是以食用酒精为基酒，加入奎宁、龙胆根等药草调配而成，有强身健体、助消化的功能。

著名品牌：

（1）金巴利（CamPari）：产于意大利，酒液红色，酒度为26°，最受意大利人欢迎，配方超过千年。如图4-85所示。该酒是用橘皮、金鸡纳树皮和其他草药浸泡在葡萄酒中制成的。其药味浓郁，口感微苦而舒适。

（2）杜本内（Dubonnet）：产于法国巴黎，是法国著名的开胃酒之一，它酒液深红色，苦味中带有甜味，风格独特。杜本内有红、白两种，其中红色最出名，酒度16°。如图4-86所示。

（3）安格斯杜拉（Angostura）：产于西印度群岛的特立尼达和多巴哥共和国，它是一种红色苦味剂，是世界著名的苦味剂之一，以朗姆酒为基酒，以龙胆草为主要配料，酒精度44.7°，经常用来调制鸡尾酒。如4-87所示。

（4）飘仙一号（Pimm's）：飘仙一号产于英国，其口感较为清爽，略带甜味，酒精含量为25°。如图4-88所示。

图4-85 金巴利

图4-86 杜本内

图4-87 安格斯特拉苦精

图4-88 飘仙一号

3. 茴香酒

茴香酒是用茴香油与食用酒精或蒸馏酒配制而成。原料为八角茴香和青茴香油。酒精度在25°左右，以法国生产的最有名。

（1）潘诺（Pernod）：产于法国，酒精含量为40%，含糖量为10%。使用了茴香等15种药材，呈浅青色，半透明状，具有浓烈的茴香味，饮用时加冰加水呈乳白色。如图4-89所示。

（2）理查德（Ricard）：该酒由法国企业家保罗·里卡尔制造，其味道甘、而且强劲。该酒是由八角、草药和甘草经过浸泡、蒸馏而成。如图4-90所示。

图4-89 潘诺

图4-90 理查德

4. 餐前酒的饮用方法服务要求

（1）一般兑5倍左右的水或调入其他饮料，味美思可净饮或加冰块。

（2）净饮味美思可用白葡萄酒杯。

（3）喝金巴利可加苏打水，用平底杯，放1片柠檬。

（4）喝开胃酒，一般可加入橘皮，柠檬片等。

（5）味美思的标准用量为每杯50 mL，比特酒为20～50 mL，茴香酒为20～30 mL。

二、甜食酒

甜食酒是佐助西餐的最后一道食物——餐后甜点时饮用的酒品。餐后甜点一般是甜点和水果，与之佐助的酒口味较甜。通常以葡萄酒作为酒基，加入食用酒精或白兰地以增加酒精含量，故又称其为“强化葡萄酒”。常见的甜食酒有雪莉酒（Sherry）、波特酒（Porto）、马德拉酒（Madeira）、马拉加酒（Malaga）、马尔萨拉酒（Marsala）等。

（一）甜食酒的种类

1. 雪莉酒（Sherry）：雪莉酒又称为厘酒、雪莉酒，是著名的加强葡萄酒，是西班牙的国酒。它是以葡萄酒为原料，经过发酵、勾兑白兰地或葡萄蒸馏酒而制成的加强葡萄酒。其酒液颜色为麦秆黄色、棕红色或褐色，酒精度为16°～20°。常见的种类有菲诺雪莉酒（Fino）和奥罗露索雪莉酒（Oloroso）两大类。

（1）菲诺雪莉酒酒液淡黄而明亮，以口味清淡著称，酒精度为17%~18%，属于型，口感干洌、爽快、清淡。此类酒一般需冰镇后饮用，常见的菲诺雪莉酒有以下几种。

①曼赞尼拉（Manzanilla）：它是西班牙人最喜爱的酒品，其酒液微红、清亮，口感清爽、微苦，酒精度为16°～18°。

②阿蒙提拉多（Amontillado）：此酒销量最好，用途也最广，它属于陈年的菲诺类雪莉酒，酒液一般呈琥珀色，其酒精度为16°～18°。

（2）奥罗露索雪莉酒：“Oloroso”西班牙语意为“芳香”，有芳香雪莉酒之称，其酒液呈黄棕色，透明度极好，酒精度在18°～20°。常见的奥罗露索雪莉酒有两种。

①乳酒（Cream Sherry）：乳酒是极甜的奥罗露索雪莉酒，酒香浓郁，口味甜，在全世界销量较大，一般在餐后饮用。

②阿莫露索酒（Amoroso）：此酒又被称为“爱情酒”，此酒酒液呈深红色，酒度和甜度都较高。

2. 波特酒（Port）：波特是葡萄牙北部的港口城市名，波特酒是葡萄牙的国酒，也被称为钵酒、波尔图酒。它是以葡萄酒为基酒，在发酵过程中添加白兰地酒终止发酵，虽然将酒精度提高至16°～20°，但保留了酒中的糖分。它是世界最优秀的甜食酒，有300多年历史。

著名品牌有科伯恩（Cockburn）、桑德曼（Sandeman）、戴尔瓦（Dalva）、克罗夫特（Croft）、方瑟卡（Fonseca）、泰勒（Taylor's）等。

3. 马德拉酒（Madeira）：马德拉酒产于葡萄牙的马德拉群岛，是当地生产的葡萄酒与白兰地勾兑而成的一种强化葡萄酒。马德拉酒是世界上寿命最长的葡萄酒，最长可以达到200年之久，有“不死之酒”的称号。风味上也呈现为坚果核桃的氧化风味，还带着鲜咸的口感，既可以做成干型也可以做成甜型。马德拉酒酒度为16° ~18° ，大多数属于白葡萄酒类。饮用初期需稍微烫一下，越干越好，作为饭前开胃酒饮用最佳。

著名品牌有马德拉酒（Madeira Wine）、利高克（Leacock）、博格斯（Borges）等。

4. 马拉加酒（Malaga）：马拉加酒产于西班牙南部安达鲁西亚地区的港口，自罗马时代这个港口就以葡萄酒产地闻名。通常以甜味雪莉酒常用的品种为原料，白葡萄酒占绝大部分。其色泽深黑，酒质圆润、饱满，酒精含量为14%~23%，具有显著的滋补效用，最适合用作餐后酒和病人及疗养者进补之用。

著名品牌有弗罗尔·海马诺斯（Florse Her-manos）、菲利克斯（Felix）、黑交斯（Hijos）等。

5. 马尔萨拉酒（Marsala）：产于意大利西西里岛的马萨拉地区，是用当地生产的白葡萄酒中加酒勾兑而成，勾兑好的酒陈酿于橡木桶4~5个月或更长的时间。其风格类似雪莉酒，又兼具马德拉酒的特点，酒味香醇，略带焦糖味，酒液呈金黄色，酒精含量为18%左右。

著名品牌有佛罗里欧（Florio）、厨师长（GranChef）、拉罗（Rallo）等。

（二）甜食酒饮用方法与服务要求

1. 一般为净饮，不宜兑水或加其他饮料混合饮用。

2. 所有干型甜食酒一般作为开胃酒，甜型甜食酒作为佐食甜点或餐后饮用。

3. 雪莉酒和波特酒有专用杯具，甜食酒可用红、白葡萄杯具。

4. 开瓶后应尽快用完，最好在2~3天内饮完。

5. 白色要冰镇，10 ℃左右，红色可在室温下饮用。

6. 保存方法与葡萄酒相似。

三、利口酒

利口酒是由法文Liqueur音译而来的，也被译为力娇酒、利乔酒、利口乳酒，在美国称为Cordials，在法国称为Digestifs。利口酒是使用蒸馏酒为原料，以水果、坚果、草药、香料、花朵以及奶油增强酒水风味，在装瓶前通常会添加蔗糖或甜味剂制作的酒精性饮料。利口酒的口味很甜，一般不会陈酿很长时间，但在生产过程中会放一段时间促使酒中的香料与酒液融合。

在中世纪很长一段时间内，人们将利口酒称为“希波卡斯”，此名来自它的发明者——古希腊杰出医师希波克拉底。由于做法很简单，就是在葡萄酒里加入蜂蜜和肉桂，利口酒也被当作“保健食品”，与加入10多种香料与植物的香料甜白酒一起倍受欢迎。葡萄酒农会把酒制成利口酒保存，以便长途运送。后来教会的修士成了蒸馏酒的专家，16世纪时，酿酒技术被带回意大利，以玫瑰花瓣和橙花制成“里佐利欧”，利口酒风潮开始席卷欧洲。

利口酒也叫餐后酒，有黏稠度及甜度，一般作为调酒和鸡尾酒的基酒或烹饪的佐料。相比烈酒，利口酒会添加糖分。大多数利口酒的酒精浓度比烈酒低，在15° ~30° ，个别利口酒的酒精浓度高达55° 。利口酒和香甜酒最大的差别在于甜度。香甜酒的含糖量至少250 g/L

（以薄荷香甜酒为例），水果香甜酒的含糖量更高达400 g/L（以黑醋栗香甜酒为例）。

（一）利口酒的制作方法

利口酒是用食用酒精加香草料和糖配制成的，常见的制作方法有以下几种。

1. 滤出法：将原料放入滤网置于酒糟中，利用吸管的原理，将所用的香料全部滤到酒精里，从而滤出香味和成分。

2. 浸渍法：将果实、药草、木皮等配料浸入葡萄酒或白兰地中，使酒液从配料中充分吸收其味道和颜色，自然释出香味和成分，再经分离而成。例如制作梅子酒。

3. 蒸馏法：将香草、果实、种子等香料放入酒精中加以蒸馏而成，多用于制作香草类等透明无色的甜酒。

4. 混合法：将植物性的天然香精、糖浆或者蜂蜜等加入基酒中混配而成。

（二）利口酒的分类

1.水果利口酒（fruit Liqueur）

以各类水果为原料，香气和颜色最为丰富，一般采用浸泡法制作。

（1）柑橘及其他水果利口酒

①橘皮甜酒（Curacao）：又称为库拉索酒，产于荷兰库拉索岛，有各种颜色适合餐后饮用或调制鸡尾酒。如图4-91所示。

②君度（Cointreau）：产于法国，制作程序高度保密，应加冰饮用，用柠檬片调香，用处广泛，最早也叫三干酒（Triple Sec）。君度香橙酒是绝大多数酒吧、西餐厅是不可缺少的酒品，是法国人引以为荣的标志。如图4-92所示。

③金万利（Grand Manier）：又称柑曼怡、香橙干邑、大马尼尔酒，产于法国干邑，用苦橘皮浸泡而成。特点是橘香突出，口味凶烈劲大、甘甜醇浓。如图4-93所示。

图4-91　橘皮甜酒

图4-92　君度

图4-93　金万利

④杏仁利口酒（Liqueurs de Apricots）：杏子可以直接浸制，也可以先制成杏酒，再兑入白兰地，酒度为20°～30°。世界较有名的利口杏酒有凯克斯克麦特（Kecskmet），产于匈牙利；加尼尔杏酒（Bricotine Garnier），产于法国；蒂萨诺芳津杏仁利口酒（Disaronno），产于意大利，如图4-94所示。

还有波士品牌下的白橙味甜酒（Triple Sec）（图4-95）、椰子甜酒（Coconut）也是很好的水果利口酒。可用于配制利口酒的果料有菠萝、香蕉、草莓、覆盆子、橘子、柠檬、李子、柚子、桑葚、椰子、甜瓜等。

图4-94 帝萨诺芳津杏仁利口酒

图4-95 白橙皮利口酒

（2）草药、香草、香料利口酒

以植物为主要成分的利口酒，起初是因所谓的“医疗效果”而被人们饮用。这种酒有的风味较单纯，例如薄荷、罗勒、鼠尾草，也有制作方式较复杂的，例如查特。

①修道院酒（Chartreuse）：世界闻名的有“利口酒女王”之誉，有灵酒之称。产于法国，配方保密从不披露，但有分析表明修道院酒是以葡萄酒为基酒，浸制100多种草药，再勾兑蜂蜜。如图4-96所示。

②修士酒（Benedictine）：又译本尼狄克丁酒、泵酒，酒瓶上标有“D.O.M.”字样，意思是献给至善至高的上帝。用白兰地为基酒。如图4-97所示。

图4-96 修道院酒

图4-97 修士酒

③杜林标（Drambuie）：产于英国，用威士忌、蜂蜜、药草调配而成，有时也叫蜂蜜酒。如图4-98所示。

④加利安奴（Galliano）：产于意大利，来源于一个英雄的名字，调酒常用。如图4-99所示。

图4-98 杜林标

图4-99 加利安奴

（3）核果利口酒

①茴香利口酒（Anisette）：起源于荷兰的阿姆斯特丹，以法国和意大利最有名。品牌：玛丽莎（Marie Brizard），产于法国。如图4-100所示。

②可可乳酒（Creme de Cacao）：又称巧克力酒，产于西印度群岛，有较多品牌，如波士可可利口酒，如图4-101所示。

图4-100　玛丽莎

图4-101　波士可可利口酒

③咖啡乳酒（Coffee Liqueur）：主要产于咖啡生产国，可以直接取代热咖啡单独饮用，也可以作为调制鸡尾酒的材料。具有代表性的有添万利（Tia Maria）：咖啡利口酒的鼻祖，产地牙买加，基酒为朗姆酒，用蓝山咖啡和香料调配而成。如图4-102所示。甘露咖啡（Kahlua）：产于墨西哥，在美国很畅销，基酒为烈酒，原料是墨西哥咖啡，净饮或调配都很好。如图4-103所示。

图4-102　添万利

图4-103　甘露咖啡

（4）其他利口酒

①花朵利口酒使用的花朵类似制造香水用的香精，常见的有接骨木花、木槿、堇菜等。

②蛋黄酒（Advocaat）：荷兰语是“辩护律师”之意，品牌有波士蛋黄利口酒。如图4-104所示。

③奶油利口酒（Cream Liqueur）：奶油和酒精融为一体的甜美利口酒。品牌有百利甜酒（Bailey's），这款酒以爱尔兰威士忌为基酒，是超人气产品，特别是女性比较喜欢，百利甜酒是极具创意的甜酒。自1974年在爱尔兰生产以来，即在短短25年间，风靡全球，年销达四百多万箱，成为单一品味甜酒之冠。百利甜酒可以加入冰块或碎冰饮用或可混入冰激凌。如图4-105所示。

图4-104　波士蛋黄利口酒

图4-105　百利甜利口酒

④草莓甜酒：草莓和奶油。

（三）利口酒饮用方法

1. 利口酒一般在餐后饮用，以助消化。

2. 每份分量一般是30 mL，也可根据实际情况而定。

3. 加冰饮用时用古典杯，加苏打水或其他饮料时用果汁杯或苏打杯。

4. 果味越浓，甜度越大；香气越烈，饮用温度要越低。

5. 草本类利口酒宜加冰饮用，所有奶油利口酒加冰霜效果最佳，种子酒一般常温饮用，但茴香酒常冰镇处理。

6. 可调制鸡尾酒，也可用于冰激凌、蛋糕调味等。

四、中国配制酒

中国配制酒是以发酵原酒（葡萄酒、黄酒或果酒）、蒸馏酒（白酒）或食用酒精为基酒，用浸泡、掺兑、煮沸、复蒸等方法加入可食用的花、果、动植物或中草药，或以食品添加剂为呈色、呈香及呈味物质加工配制而成的饮料酒。具有悠久的历史和优良的传统，以其优异的保健功能倍受重视。按最新的国家饮料酒分类体系，药酒和滋补酒属于配制酒范畴。

（一）中国配制酒的特点

中国配制酒制作方法和外国配制酒大致相同。不同之处是中国配制酒所用的酒基为白酒和黄酒，因此，中国配制酒的风格特点迥然不同。

中国配制酒的酒度一般为20°~45°，药酒类酒度较低，一般为20°~30°，芳香植物类的配制酒酒度较高，在40°左右。我国大部分配制酒属于甜型酒，含糖量较高。

（二）中国配制酒的分类

根据原料不同，中国配制酒一般分为露酒、药酒和保健酒。

1. 露酒

露酒是指以白酒、曲酒等烈性酒为基酒，采用芳香型植物的花、根、皮、茎等，以及具有一定治疗效用的中草药材配制而成的饮料酒，被誉为“琼浆玉液”，是我国具有独特风味的传统美酒，这类酒的酒度和甜度比较高。典型的露酒有桂花露酒、青梅酒、竹叶青酒、五加皮酒、三鞭酒、蛤蚧酒等。

2. 药酒

药酒是指用蒸馏酒浸泡药材而制得的澄清透明的液体。根据药材的特性和对人体的作用，有特定的医疗作用。大多分为健胃酒、行气酒、祛风类酒和风湿类酒等。常见的药酒有至宝三鞭酒、鹿尾补酒、参茸灵酒、雪蛤补酒、蜂王浆补酒等。

3. 保健酒

保健酒是借助酒的力量，将动植物中有益人体的成分溶入酒中，达到滋补强身目的的配制酒，既要讲究功效又要注重口味。著名的保健酒有中国劲酒、椰岛鹿龟酒、人参酒等。

（三）著名中国配制酒

1. 山西竹叶青

中国配制酒以山西竹叶青最为著名，产于山西省汾阳市杏花村，它以汾酒为原料，用竹叶、当归、檀香等十二味芳香中草药材和冰糖浸制而成，有药材形成的独特芳香和较好的滋补作用。

2. 五加皮酒

五加皮酒又称为五加皮药酒、致中和五加皮酒，产于浙江省建德市梅城镇，是具有悠久历史的浙江名酒。此酒呈褐红色，清澈透明，具有多种药材的芳香，入口酒味浓郁，调和醇滑，风味独特。

3. 田七酒

田七酒以田七为主要原料，并配有党参、枸杞等名贵药材，在纯正米酒中浸泡一年制成。其酒液呈棕色透明状，酒质香醇。它具有补气补血、活血通经、促进新陈代谢、增进健康等功效。

4. 参茸三鞭酒

参茸三鞭酒选用稀有的梅花鹿鞭、海狗鞭、广狗鞭为主要原料，配有人参、鹿茸等各种名贵药材，用多年陈酿的高粱酒作酒基，经特殊兑制方法精心制成，具有壮阳补肾、健脑安神、补血强心等功效。

5. 杨林肥酒

杨林肥酒是享誉海内外的传统配制酒，产于云南省中部的嵩明县杨林湖畔，采用自酿的纯粮小曲酒为酒基，浸泡党参、拐枣等十余种中药材，同时加入适量的蜂蜜、蔗糖、豌豆尖、青竹叶，精心配制。酒质醇香绵甜，回味隽永，具有健胃滋脾、调和腑脏、活血健身的功效。

（四）中国配制酒的饮用

中国配制酒一般采用利口酒杯或古典杯盛酒。中国配制酒适合餐后饮用，但药酒的服用时间以及其药性功能要依据个人身体状况而定。滋补性的药酒可在餐前、餐后或睡前适量饮用。

技能训练

1. 识别六大基酒品牌的酒标

（1）两人一组，一位同学说酒名，另外一名同学快速找出相应的酒标。

（2）把所有基酒摆放在操作台上，说出每瓶酒的英文名称、汉语名称及产地。

2. 中国配制酒服务模拟练习

顾客点了一瓶中国配制酒，请为他提供专业服务。

3. 看酒标，填写酒标辨识表

酒水名称	原材料	功效	颜色	酒精度	类别	产地	容量	综合评价

练 习 题

一、填空题

1. 白兰地是以（　　）为原料，在（　　）的基础上蒸馏而成的。
2.（　　）是世界上首屈一指的白兰地生产国，其中以（　　）地区所产的白兰地最好。
3. 中国第一名酒是，其香型是（　　），产地是（　　）。
4.（　　）酒被称为“海盗之酒”。
5. 金酒又叫（　　）。最先由（　　）生产，在（　　）生产后闻名于世，是世界上第一大类的（　　）。
6. 世界上最著名地方最具有代表性的威士忌分别是（　　）、（　　）、（　　）和（　　）四大类。
7. 威士忌起码要储存（　　）年以上，储存（　　）年的为最优质的成品酒，超过（　　）年的品质会下降。
8. 金巴利属于（　　）酒。
9. 啤酒的主要原料是（　　）、（　　）、（　　）和（　　）。其中被称为啤酒“灵魂”的是（　　）。
10. AOC葡萄酒又被称为（　　）。
11.（　　）是日本的国酒。
12. 葡萄酒根据发酵方式可分为（　　）和（　　）两种。
13. 发酵酒也被称为（　　）。
14. 日本清酒的知名品牌有（　　）、（　　）、（　　）和（　　）。
15.（　　）是指储存过一个夏季的清酒。

二、选择题

1.（　　）是世界上最大的威士忌生产国和消费国。
   A. 美国　　B. 加拿大　　C. 苏格兰　　D. 爱尔兰
2. 以下哪一项不是干邑白兰地的品牌（　　）。
   A. Remy　　B. Hennessy　　C. Martell　　D. Jim Beam
3. 金酒是一种以谷物为主要原料，配以各种香料尤其是（　　）蒸馏出来的蒸馏酒。
   A. 甘蔗　　B. 龙舌兰　　C. 香草　　D. 杜松子
4.（　　）威士忌具有橡木的芳香味和烟熏味。
   A. 苏格兰　　B. 爱尔兰　　C. 美国　　D. 加拿大

5. 山西杏花汾酒属于（　　）白酒。

A. 浓香型　　B. 清香型　　C. 米香型　　D. 酱香型

6.（　　）是将经过发酵的水果或谷物等酿酒原料加以蒸馏纯酿制而成的含有乙醇的饮料。

A. 蒸馏酒　　B. 发酵酒　　C. 配制酒　　D. 混合酒

7. 蒸馏酒可分为果类、谷物类和（　　）。

A. 果杂类　　B. 蔬菜类　　C. 香草类　　D. 奶油类

8.（　　）不是酿造威士忌的原料。

A.大麦　　B. 燕麦　　C. 玉米　　D. 葡萄

9.（　　）是加拿大威士忌的著名品牌。

A. 加拿大俱乐部　　B. 普莱特·沃雷　　C. 四玫瑰　　D. 老泰勒

10.（　　）不是干邑白兰地的品牌。

A. 轩尼诗　　B. 马爹利　　C. 沙博　　D. 人头马

11. 金酒起源于（　　）。

A. 英国　　B. 法国　　C. 荷兰　　D. 美国

12. 不属于马德拉酒的是（　　）。

A. 舍希尔酒　　B. 弗得罗酒　　C. 伯亚尔酒　　D. 修道院酒

13. 添万利是（　　）出产的咖啡利口酒，以朗姆酒为基酒，加入著名的蓝山咖啡豆。

A. 法国　　B. 意大利　　C. 德国　　D. 牙买加

14. 评判啤酒质量的要素有（　　）。

A. 颜色　　B. 香气　　C. 口味　　D. 泡沫

15.（　　）在常温下饮用。

A. 白葡萄酒　　B. 红葡萄酒　　C.桃红葡萄酒　　D.香槟酒

16.（　　）饮用时一般要求酒杯使用褐色或青紫色玻璃杯。

A. 葡萄酒　　B. 啤酒　　C. 黄酒　　D. 清酒

17.（　　）是世界上最古老的酒类之一，源于中国，且唯中国有之，被称为世界三大古酒之一。

A. 葡萄酒　　B. 啤酒　　C. 黄酒　　D. 清酒

18.下列（　　）产于中国，并畅销全世界。

A. 虎牌啤酒　　B. 喜力啤酒　　C. 青岛啤酒　　D. 百威啤酒

三、判断题

1. 荷兰最具影响力的啤酒是喜力。（　　）
2. AOC级别的葡萄酒，其中O代表原产地，区域越小，葡萄酒质量越不好。（　　）
3. 清酒不宜低温保存。（　　）
4. 白葡萄酒只能用白葡萄酿造。（　　）
5. 黄酒营养丰富，被称为“液体面包”。（　　）

四、简答题

1. 什么是蒸馏酒？请列举六大蒸馏酒。
2. 世界两大白兰地产区分别是哪里？各有什么特色？各有哪些国际知名品牌？
3. 世界四大威士忌产区（国）分别是什么？在生产工艺上各有什么特色？各有哪些代表品牌？
4. 伏特加的基本种类有哪些？其主要生产国及品牌分别是什么？
5. 常见朗姆酒的分类方法有哪些？试列举其代表品牌。
6. 金酒的基本种类有哪些？其主要生产国和品牌分别是什么？
7. 特基拉的种类有哪些？其国际知名品牌有哪些？
8. 中国白酒的基本香型有哪些？对应的代表品牌分别是什么？
9. 如何提供各类蒸馏酒的饮用服务？
10. 各类蒸馏酒在储藏时应该注意哪些问题？
11. 简述露酒的种类。
12. 简述雪莉酒的生产工艺。
13. 简述利口酒的名品。
14. 什么是发酵酒？常见的发酵酒有哪些？
15. 啤酒的分类有哪些？
16. 葡萄酒的分类有哪些？
17. 如何鉴别葡萄酒？
18. 清酒储藏时注意事项有哪些？
19. 黄酒饮用时应注意的事项有哪些？

项目五　鸡 尾 酒

一、项目导读

经过两个世纪的演变，鸡尾酒不仅渗透到世界的每个角落，而且其新的内涵也得到了大家的共识：鸡尾酒是由多种烈酒、果汁、奶油等混合而成的一种色、香、形、味俱全的混合饮料，其盛载考究、装饰华丽。含有较多或较少的酒精成分，具有滋补、提神功能，饮后使人感到爽洁、愉快。

二、学习目标

【知识目标】

掌握鸡尾酒的定义及组成结构。

【能力目标】

掌握鸡尾酒的四种调制方法。

根据不同方法调制不同的鸡尾酒。

【情感、态度、价值观】

学习调制鸡尾酒，使学生慢慢爱上调酒文化。并培养团队协作及创新精神，培养对调酒技艺的热爱，强化服务意识，增强职业责任感。

任务一　鸡尾酒概述

一、鸡尾酒的起源

第一次有关“鸡尾酒”的文字记载是在1806年5月13日美国发行的一本杂志上，记载了鸡尾酒是用酒精、糖、水或苦味酒混合而成的饮料。

1862年，由托马斯撰写的第一本关于鸡尾酒的专著——《如何调配饮料》出版了，他是鸡尾酒发展的关键人物之一，他走遍欧洲大小城市，搜集配酒秘方，并开始配制混合饮料。从那时起，鸡尾酒成为众人用餐和闲暇时所喜欢的饮品。托马斯使鸡尾酒成为当时最流行的饮料。1920年，由于美国禁酒法规的实行，鸡尾酒很快在美国流行起来。经过两个世纪的演变，鸡尾酒已经渗透到世界的每一个角落。

二、鸡尾酒的定义

鸡尾酒是由两种或两种以上的酒或由酒掺入果汁配合而成的一种饮品。具体地说，鸡尾酒是用基本成分（烈酒）、添加成分（利口酒和其他辅料）、香料、添色剂及特别调味用品按一定分量配制而成的一种混合饮品。

韦氏字典对鸡尾酒的记载如下：鸡尾酒是一种量少而冰镇的酒。它是以朗姆酒、威士忌或其他烈酒、葡萄酒为酒基，再配以其他辅料，如果汁、蛋清、苦精（bitters）、糖等以搅拌或摇晃法调制而成的，最后再饰以柠檬片或薄荷叶。

鸡尾酒非常讲究色、香、味、形的兼备，故又称其为艺术酒。

三、鸡尾酒的组成部分

1. 基酒（base Liquor）

基酒又称酒基或酒底，主要以烈性酒为主，如金酒、威士忌、朗姆酒、白兰地和特基拉等蒸馏酒，也有不少鸡尾酒以葡萄酒、啤酒和利口酒为基酒的，基酒决定了一款鸡尾酒的主要风味，一般至少为1杯鸡尾酒总容量的1/3，中式鸡尾酒一般以茅台、汾酒、五粮液和竹叶青等高度酒为基酒。

2. 辅料（ingredients）

鸡尾酒的辅料有很多，如配制酒、无酒精饮料、香料、冰块等。

（1）配制酒

在调制鸡尾酒时，配制酒起到增色添味的作用，其用量较少。常见的配制酒有味美思、咖啡甘露酒、草莓糖浆、绿薄荷酒、樱桃白兰地等。

（2）无酒精饮料

调制鸡尾酒时，添加无酒精饮料的作用是降低鸡尾酒的酒精度数，但不改变酒体的风味，其用量较大，一般为基酒的3~5倍。常用的无酒精饮料有苏打水、汤力水、干姜水、七喜、雪碧、可口可乐等碳酸饮料，以及果汁、水等。

（3）香料

香料在鸡尾酒原料中所占比例较小，但起着非常重要的作用。常用的香料有肉豆蔻、玉桂粉、薄荷、辣椒汁、苦精等。

（4）冰块

在调制鸡尾酒时加入冰块，不但可以稀释酒精浓度，而且还可以给整个酒体带来清爽的感觉。调制鸡尾酒常用的冰块有大冰块、碎冰、块状冰、冰沙等。

（5）其他辅料包括牛奶、奶油、鸡蛋、砂糖、盐、咖啡和糖浆等。

3. 装饰物（garnish）

装饰物的芳香一方面使鸡尾酒的芳香更加和谐，另一方面装饰物的色彩可以烘托鸡尾酒，常见的装饰物有樱桃、橄榄、洋葱、丁香花、水果类、鲜薄荷叶、小伞、鲜花、绿叶等。

四、鸡尾酒的特点

（1）花样繁多

用于调酒的原料有很多类型，各酒所用的配料种数也不相同，如两种、三种甚至五种以上。

（2）具有刺激性

鸡尾酒具有明显的刺激性，能使饮用者兴奋，因此具有一定的酒精浓度。适当的酒浓度使饮用者紧张的神经得到和缓，肌肉放松，等等。

（3）能够增进食欲

由于酒中含有的微量调味饮料，如酸味、苦味等，饮完后可以改善食欲。

（4）色泽优美

鸡尾酒应具有细致、优雅、匀称的色调。常规的鸡尾酒有澄清透明或浑浊的两种类型。澄清型鸡尾酒应该是色泽透明，除极少量因鲜果带入固形物外，没有其他任何沉淀物。

（5）载杯讲究

鸡尾酒应由式样新颖大方、颜色协调得体、容积大小适当的载杯盛载。装饰品虽非必需品，但却是常有的，它们对于酒犹如锦上添花，使之更有魅力。

五、鸡尾酒的分类

1. 按酒精含量和鸡尾酒的容量分类

（1）长饮（long drink）

长饮属于休闲鸡尾酒。它是用烈酒、果汁、汽水等混合调制出的酒精含量较低的饮料，其酒精含量一般在8%左右。一般认为在30 min左右饮用最好。此类鸡尾酒常用平底杯或果汁酒杯等大容量的载杯盛装。

（2）短饮（short drink）

短饮即短时间喝的鸡尾酒，时间一长风味就减弱了。此类鸡尾酒适合正式场合。短饮一般指酒精含量较高的鸡尾酒，其中基酒比例在50%以上。通常使用容量较小的载杯盛装。

2. 按饮用时间和场合分类

（1）清晨鸡尾酒（morning cocktail）

清晨可饮用一杯鸡尾酒，以饱满的精神投入到一天的工作或生活中。为保证营养，清晨鸡尾酒多加鸡蛋制成。

（2）餐前鸡尾酒（appetizer cocktail）

餐前鸡尾酒即正餐前饮用，以增加食欲为目的而调制的鸡尾酒。其甜味不强，口味偏酸，略带苦味。如马天尼、曼哈顿等鸡尾酒。

（3）餐后鸡尾酒（after dinner cocktail）

餐后鸡尾酒即正餐之后饮用的鸡尾酒，目的是助消化，通常口味较甜。如青草猛、黑俄罗斯等鸡尾酒。

（4）夜餐鸡尾酒（supper cocktail）

夜餐鸡尾酒也称为夜宵。通常在晚上10点后进行。夜餐鸡尾酒酒精含量较高。如旁车（side car）。

（5）俱乐部鸡尾酒（club cocktail）

这种鸡尾酒是在正餐时代替开胃酒或开胃汤的鸡尾酒。在酒的原料中勾兑新鲜的鸡蛋或蛋黄，色泽美观，酒精度较高。如三叶草俱乐部（clover club）、皇室俱乐部（royal clover club）等。

（6）喜庆鸡尾酒（champagne cocktail）

喜庆鸡尾酒是在喜庆宴会时饮用的鸡尾酒，以香槟酒为主要原料，勾兑少了烈性酒或利口酒制成的鸡尾酒。如香槟曼哈顿（champagne cocktail）。

3. 按照温度分类

（1）冷鸡尾酒（cold cocktail）

冷鸡尾酒就是在调制鸡尾酒时加入冰块，目的是保持鸡尾酒的凉爽。90%以上的鸡尾酒都适合低温饮用，其最佳温度应保持在6~8 ℃。

（2）常温鸡尾酒（room temperature）

常温鸡尾酒就是在常温下饮用的鸡尾酒，既不加入冰块，也不加入热饮。常温鸡尾酒相对很少，最著名的代表就是彩虹酒。

（3）热饮鸡尾酒（hot cocktail）

热饮鸡尾酒指的是在调制鸡尾酒时加入热水、热咖啡、热牛奶等原料，如热冲酒、爱尔兰咖啡等。此外，除了加热的液体外，热饮酒里面通常还会加入一些如八角、桂皮、丁香、豆蔻等香料。但其温度不能超过78 ℃，否则酒精容易挥发。

4. 按照酒基分类

（1）威士忌鸡尾酒

威士忌鸡尾酒就是以威士忌为基酒调制的鸡尾酒。如曼哈顿、教父。

（2）白兰地鸡尾酒

白兰地鸡尾酒就是以白兰地为基酒调制的鸡尾酒。如旁车、亚历山大。

（3）金酒鸡尾酒

金酒鸡尾酒就是以金酒为基酒调制的鸡尾酒。如干马天尼、红粉佳人、金汤力等。

（4）朗姆鸡尾酒

朗姆鸡尾酒即以朗姆酒为基酒调制的鸡尾酒。如莫吉托、椰林飘香。

（5）伏特加鸡尾酒

伏特加鸡尾酒即以伏特加为基酒调制的鸡尾酒。如黑俄罗斯、大都会、血腥玛丽等。

（6）特基拉鸡尾酒

特基拉鸡尾酒即以特基拉为基调制的鸡尾酒。如玛格丽特、特基拉日出。

（7）中国白酒鸡尾酒

中国白酒鸡尾酒即以中国白酒为基酒调制的鸡尾酒。如中国皇帝、夜上海、山寺桃花等。

5. 按定型与否分类

（1）定型鸡尾酒

指配方固定的鸡尾酒，部分属于传统经典鸡尾酒，部分则为创意鸡尾酒。这种鸡尾酒一般事先已经确定好了配方，原则上不允许改变。

（2）不定型鸡尾酒

指调酒师临时创意、现场发挥调制的鸡尾酒，也就是我们所说的“即兴调酒”。它临时根据顾客的个性需求或表演需求现场变换配方而调，随意性和创新性很强。如夜场酒吧流行的子弹酒、火焰鸡尾酒、沙滩酒、试管鸡尾酒、分子鸡尾酒等。

六、鸡尾酒的命名方法

鸡尾酒的命名五花八门，千奇百怪，丰富多彩，具有联想、遐思和随意性。

1. 以材料命名，如樱桃香槟、荷兰咖啡等。

2. 以人名、地名、公司名命名，如曼哈顿、病房八号、百加得等。

3. 以寄托情思，如血玛丽、玛格丽特等。

4. 以色香味命名，如红粉佳人（石榴）、青龙（薄荷）、蓝色夏威夷（调）、黑俄罗斯（咖啡）、金色梦幻（橙汁）等。

5. 以联想命名，六月新娘、三角洲、印第安河、南海玫瑰、郁金香、亚当与夏娃、拿破仑、B-52轰炸机、深水炸弹、螺丝钻。

七、鸡尾酒的量度

1盎司（Oz）≈30 mL

1但士（Dash）≈1 mL

1吧匙（Bar Spoon）≈4 mL

1量杯（Jigger）≈45 mL

1品脱（Pint）≈490 mL

1夸脱（Quart）≈960 mL

1加仑（Gallon）≈3840 mL

任务二　调制鸡尾酒的程序和标准

一、鸡尾酒调制的程序

1. 准备

先按配方要求将所需的基酒、辅料等找出，整齐地摆放在专用的调酒工作台上。再将调制鸡尾酒所需要的用具、载杯、装饰物等放在特定位置上。

2. 示瓶

从调酒工作台上取过瓶子，把酒瓶展示给顾客，用左手托住瓶底，右手持瓶颈，呈45°，把酒标朝向顾客。

3. 开瓶

右手拿住瓶子的中下端，左手虎口开酒盖，即拇指和食指夹住瓶盖。

4. 量酒

开瓶后，用左手的食指和中指夹住量酒器中间最狭窄的部分，两臂略微抬起呈环抱状，把量杯放在容器正前上方约3 cm处，端好量杯，用右手把酒液倒入量酒器，倒完之后左手同时将酒液倒入容器中。然后放下量杯，盖好瓶盖，并放回原来位置。

5. 调酒

按照配方规定采用正确规范的调酒方法调制、装饰、出品并进行服务。

6. 清理

清理工作台、清洗所有的调酒器具，并将所用过的酒品及调酒器具放回原处。

二、鸡尾酒调制的标准

1. 时间（time）

调完1杯鸡尾酒规定时间为1 min。实际操作中，要求一位熟练调酒师在1 h内能为顾客提供80 ~ 120杯饮料。

2. 姿势（fundamental position）

调制鸡尾酒时要求调酒师动作熟练、姿势优美，不能有不规范动作。

3. 仪表（presence）

调酒师的形象不仅影响酒吧的声誉，而且还影响顾客的饮酒情绪，所以调酒师工作时一定要仪表整洁。

4. 调法（method）

调酒方法与酒水要求一致。

5. 程序（assembling procedure）

调制鸡尾酒时要严格按照配方要求逐步操作。

6. 载杯（glasses）

所用的载杯与鸡尾酒要求一致，不能用错载杯。

7. 用料（ingredient）

要求所用原料准确，少用或错用主要原料都会破坏鸡尾酒的标准口味。

8. 装饰（decorate）

装饰应与酒水要求一致，并做到操作卫生。

9. 颜色（colour）

颜色深浅程度应与配方要求与一致，太浅或太浓都会影响酒水的整体美观。

10. 香气（aroma）

香气的浓度要符合鸡尾酒的香型。

11. 味道（taste）

调出饮料的味道正常，不能偏重或偏淡。

12. 卫生（hygienism）

多数饮料是不需加热而直接提供给顾客的，所以在操作上的每个环节都应严格按卫生要求和标准进行。任何不良习惯如手摸头发、脸部等都会直接或间接影响卫生状况。

三、调制鸡尾酒的注意事项

1. 严格按照鸡尾酒配方进行调制。
2. 调制鸡尾酒所用的器具应保持干净，所用载杯保持透明、光亮，不能有污渍、油渍。调制冷饮类酒水时应将载杯进行冰杯处理。
3. 调制时必须严格规范使用量酒器，以保证调出的酒水口味一致。
4. 用完的量酒器、吧匙、载杯等用具一定要及时清洗干净。
5. 调制鸡尾酒所用的酒水，质量一定要合格，不能随意代替或使用劣质酒水。
6. 所有需要挂盐边、糖边的载杯应在使用前做好。
7. 部分鸡尾酒杯需要冰杯。
8. 调制好的鸡尾酒应立即倒入载杯中并尽快出品。
9. 给顾客服务鸡尾酒时应使用杯垫。
10. 调酒所用的材料一定要新鲜。
11. 水果装饰物一定要选用新鲜水果。使用糖浸樱桃罐头作为装饰物时，使用前应用清水漂洗。
12. 避免用手直接去接触酒水、冰块或装饰物。
13. 倒酒时，倒入的酒液不可太满，以八分满为宜。
14. 调制完毕，所有的器具、载杯清洗干净，所有酒水拧好瓶盖并复位。
15. 所有的碳酸类饮品均不能倒入摇壶摇晃。

任务三　鸡尾酒调制的基本方法

鸡尾酒的调制，是根据各种鸡尾酒的名称，按照其配方规定的材料、方法、载杯、装饰物、步骤加冰块混合调制的过程。常用的调制方法有四种，即摇和法、调和法、兑合法、搅拌法。

一、摇和法（shaking）

摇和法也被称为摇荡法，是指将各种辅料和基酒倒入摇酒壶中，酒水通过快速、剧烈的摇晃，充分进行混合与冷却，且不会因冰块过多融化而冲淡酒液。

摇和法主要是在调制鸡尾酒配方中含有鸡蛋、蜂蜜、糖、果汁、奶油等较难混合原料时使用。

（一）摇和法所用的器具

英式/美式摇壶、量酒器、载杯、吧匙、滤冰器、冰铲、冰夹、冰桶。

（二）英式摇壶操作技法

英式摇壶可分为单手摇和双手摇。

1. 单手摇和法（one-hand shaking）

单手摇和法适合小号摇壶或调酒材料较少时使用。单手摇一般使用右手，食指按压摇壶壶盖，拇指在壶身左侧，中指在壶身右侧按压滤冰器，无名指和小指在右侧夹住壶身，手心不与壶身接触。在身体右侧利用手腕力量上、下摇晃摇壶，呈纺锤状移动。要求力量大、速度快、有节奏、动作连贯。

2. 双手摇和法（two-hand shaking）

双手摇和法是用左手拇指按住滤冰器，中指托住壶底，其他三指自然伸开。右手拇指按住壶盖，其余手指夹住壶身，壶头朝向调酒师，壶底朝外，并略向上方。摇壶时可在身体左上方或者右上方，两臂抬起，呈伸曲动作，手腕呈三角形靠身体的一侧摇晃。要求用力均匀，不要忽慢忽快。双手摇和方法有很多，但是手法必须遵循此原则，在此基础上练出一套适合自己，动作优美的方法。

小贴士：摇和时，当摇壶壶身出现霜状物、手有冰冻感时，则说明壶内酒水已经充分混合，这时可以打开壶盖，斟倒酒液。

（三）摇和法步骤

1. 冰杯

冰杯指的是在调制鸡尾酒前先将酒杯降温。冰杯的方法有很多种，冰杯可使用冰杯机冰镇、冰箱冷藏，还可使用冰块进行冰杯等多种方法。

2. 加料

加料时可先加冰块，再加入其他基酒及辅料，也可先辅料后基酒。

3. 摇和

使用单手摇和或双手摇和，使所用材料充分混合，一直摇至壶身出现霜状物。

4. 倒酒

如使用英式摇壶，打开壶盖即可把酒倒入载杯；如使用美式摇壶，则需要滤冰器将酒液滤入载杯。倒酒时左手按压载杯底部，右手持壶将酒液按顺时针方向倒入载杯。

5. 装饰

根据配方要求，为鸡尾酒添加装饰物。

（四）摇和法调制鸡尾酒

1. 红粉佳人（pink lady）（图5-1）

准备材料。

（1）原料：金酒 30 mL

君度利口酒7~8 mL；

柠檬汁15 mL；

红石榴糖浆7~8 mL；

鸡蛋清 1/2个。

（2）工具：摇酒壶、量酒器、冰桶、冰夹、杯垫、吧匙、口布。

（3）载杯：鸡尾酒杯。

（4）装饰物：红樱桃。

操作步骤。

（1）洗净双手并擦干。

（2）在鸡尾酒杯中加入冰块，进行冰杯。

（3）将摇酒壶分三段放于操作台面上。

（4）取适量冰块放入摇壶内。

（5）将原料倒入摇酒壶中摇和。

（6）用单手摇和或双手摇和的方法摇均匀，壶身出霜即可。

（7）将鸡尾酒杯里的冰块倒掉，将摇酒壶中的酒液滤入鸡尾酒杯中。

（8）用吧匙将红樱桃取出，用刀在其底部划一道口子，置于鸡尾酒杯上。

（9）将调制好的鸡尾酒置于杯垫上。

（10）归还材料，清洁器具，清理工作台。

图5-1 红粉佳人

2. 亚历山大（alexander）（图5-2）

准备材料。

（1）原料：白兰地 30 mL;

棕可可 30 mL;

鲜奶油30 mL。

（2）工具：摇酒壶、量酒器、冰桶、冰夹、杯垫、吧匙、口布。

（3）载杯：鸡尾酒杯。

（4）装饰物：豆蔻粉。

操作步骤。

（1）洗净双手并擦干。

（2）在鸡尾酒杯中加入冰块，进行冰杯。

（3）将摇酒壶分三段放于操作台面上。

（4）取适量冰块放入摇壶内。

图5-2 亚历山大

（5）将原料倒入摇酒壶中摇和。
（6）用单手摇和或双手摇和的方法摇均匀，壶身出霜即可。
（7）将鸡尾酒杯里的冰块倒掉，将摇酒壶中的酒液滤入鸡尾酒杯中。
（8）用豆蔻粉洒在鸡尾酒上。
（9）将调制好的鸡尾酒置于杯垫上。
（10）归还材料，清洁器具，清理工作台。

3. 威士忌酸（whisky sour）（图5-3）

准备材料。

（1）原料：波本威士忌45 mL;
青柠汁15 mL;
糖浆15 mL。
（2）工具：摇酒壶、量酒器、冰桶、冰夹、杯垫、吧匙、口布。
（3）载杯：鸡尾酒杯。
（4）装饰物：青柠角。

图5-3　威士忌酸

操作步骤。

（1）洗净双手并擦干。
（2）在鸡尾酒杯中加入冰块，进行冰杯。
（3）将摇酒壶分三段放于操作台面上。
（4）取适量冰块放入摇壶内。
（5）将原料倒入摇酒壶中摇和。
（6）用单手摇和或双手摇和的方法摇均匀，壶身出霜即可。
（7）将鸡尾酒杯里的冰块倒掉，将摇酒壶中的酒液滤入鸡尾酒杯中。
（8）将青柠角放在鸡尾酒杯内或挂于杯沿上。
（9）将调制好的鸡尾酒置于杯垫上。
（10）归还材料，清洁器具，清理工作台。

4. 绿草蜢（grasshopper）（图5-4）

准备材料。

（1）原料：绿薄荷利口酒30 mL;
白可可利口酒30 mL;
鲜奶油15 mL。
（2）工具：摇酒壶、量酒器、冰桶、冰夹、杯垫、吧匙、口布。
（3）载杯：鸡尾酒杯。
（4）装饰物：红樱桃。

图5-4　绿草蜢

操作步骤。

（1）洗净双手并擦干。
（2）在鸡尾酒杯中加入冰块，进行冰杯。
（3）将摇酒壶分三段放于操作台面上。

（4）取适量冰块放入摇壶内。

（5）将原料倒入摇酒壶中摇和。

（6）用单手摇和或双手摇和的方法摇均匀，壶身出霜即可。

（7）将鸡尾酒杯里的冰块倒掉，将摇酒壶中的酒液滤入鸡尾酒杯中。

（8）将红樱桃放在鸡尾酒杯内或挂于杯沿上。

（9）将调制好的鸡尾酒置于杯垫上。

（10）归还材料，清洁器具，清理工作台。

二、调和法（stirring）

调和法是指将冰块和酒水按照配方量倒入调酒杯内，然后用吧匙或调酒棒沿杯壁按顺时针方向均匀搅拌，直至调酒杯的杯体出现冰霜。

调和法有两种。第一种是单纯的调和，调制时不需要滤冰，冰块留在酒液中，这种鸡尾酒一般要用较大的杯子。第二种是调和后需要滤冰，这种方法调制的鸡尾酒一般使用的是鸡尾酒杯，酒液中无冰块。

调和法适用于比较容易混合的原料。

（一）调和法所用的器具

调酒杯、量酒器、调酒棒、吧匙、滤冰器、冰铲、冰夹、冰桶、载杯。

（二）吧匙的操作技法

用左手拇指、中指、食指轻握调酒杯的底部，将吧匙的螺旋部分夹在右手拇指和食指、中指、无名指之间，快速转动吧匙做顺时针方向运动，搅拌10~15圈后，酒液均匀冷却后停止。但应注意调和时，吧匙的匙头部分不能与调酒杯接触，操作时动作不宜太大，取出吧匙时，匙背应向上从调酒杯内取出，防止带出水来。

（三）调和法步骤

1. 冰杯

在载杯中直接调制的不需要此步骤。冰杯指的是在调制鸡尾酒前先将酒杯降温。冰杯的方法有很多种，冰杯可使用冰杯机冰镇、冰箱冷藏，还可使用冰块进行冰杯等多种方法。

2. 加料

加料时可先加冰块，再加入其他基酒及辅料，也可以先辅料后基酒。

3. 搅拌

用吧匙在调酒杯内进行搅和。

4. 倒酒

在酒杯中直接调和的没有此步骤。如果需要滤冰的，就用滤冰器将酒液滤入载杯。倒酒时左手按压载杯底部，右手持壶将酒液按顺时针方向倒入载杯。

5. 装饰

根据配方要求，为鸡尾酒添加装饰物。

（四）调和法调制鸡尾酒

1. 干马天尼（dry Martini）(图5-5)

准备材料。

（1）原料：金酒45 mL；

干味美思7~8 mL。

（2）工具：调酒杯、量酒器、冰桶、冰夹、杯垫、吧匙、口布。

（3）载杯：鸡尾酒杯。

（4）装饰物：青橄榄。

操作步骤。

（1）洗净双手并擦干。

（2）在鸡尾酒杯中加入冰块，进行冰杯。

（3）用冰夹取适量冰块置于调酒杯中。

（4）将原料倒入调酒杯中。

（5）用吧匙进行调和。

（6）将鸡尾酒杯里的冰块倒掉，使用滤冰器将酒液滤入鸡尾酒杯中。

（7）将青橄榄放在鸡尾酒杯内。

（8）将调制好的鸡尾酒置于杯垫上。

（9）归还材料，清洁器具，清理工作台。

图5-5　干马天尼

2. 黑俄罗斯（black Russian）（图5-6）

准备材料。

（1）原料：伏特加45 mL；

咖啡利口酒30 mL。

（2）工具：调酒杯、量酒器、冰桶、冰夹、杯垫、吧匙、口布。

（3）载杯：古典杯。

（4）装饰物：柠檬片。

操作步骤。

（1）洗净双手并擦干。

（2）在古典杯中加入冰块，进行冰杯。
（3）用冰夹取适量冰块置于调酒杯中。
（4）将原料倒入调酒杯中。
（5）用吧匙进行调和。
（6）将古典杯里的冰块倒掉，使用滤冰器将酒液滤入鸡尾酒杯中。
（7）将柠檬片放在古典杯内。
（8）将调制好的鸡尾酒置于杯垫上。
（9）归还材料，清洁器具，清理工作台。

图5-6 黑俄罗斯

3. 螺丝刀（screwdriver）（图5-7）
准备材料。
（1）原料：伏特加45 mL柳橙汁八分满。
（2）工具：量酒器、冰桶、冰夹、杯垫、吧匙、口布。
（3）载杯：直身杯。
（4）装饰物：柠檬片。
操作步骤。
（1）洗净双手并擦干。
（2）在古典杯中加入适量冰块，进行冰杯。
（3）将伏特加倒入古典杯中并添加八分满的柳橙汁。
（4）用吧匙进行调和。
（5）将柠檬片放在古典杯内。
（6）将调制好的鸡尾酒置于杯垫上。
（7）归还材料，清洁器具，清理工作台。

图5-7 螺丝刀

4. 马颈（horse neck）

准备材料。

（1）原料：白兰地45 mL；

姜汁汽水1听。

（2）工具：量酒器、冰桶、冰夹、杯垫、吧匙、口布。

（3）载杯：柯林杯。

（4）装饰物：柠檬皮。

操作步骤。

（1）洗净双手并擦干。

（2）在柯林杯中加入适量冰块，进行冰杯。

（3）将白兰地倒入柯林中并添加八分满的姜汁汽水。

（4）用吧匙进行调和。

（5）将柠檬皮放在柯林杯中。

（6）将调制好的鸡尾酒置于杯垫上。

（7）归还材料，清洁器具，清理工作台。

三、兑和法（building）

兑和法是将不同色泽、不同糖分、不同酒精度的原料使用吧匙的匙背依次倒入酒杯中，将酒液在载杯中形成层次感，互不混淆，色泽鲜艳。通常不需要搅拌。

原料的比重主要与含糖量和酒精度有关，含糖量越高材料越沉，酒精度越高则越往上飘。

这种方法主要适合极易混合的饮品，如彩虹酒。

（一）兑和法所用的器具

量酒器、吧匙、载杯。有的需要冷饮则需要冰夹、冰桶。

（二）吧匙的操作技法

一种方法是将吧匙的背部斜放在杯中，用匙尖轻微接触酒杯内壁，将酒水轻轻倒在匙背上，使酒水沿匙背顺着杯子内壁缓缓流入载杯中。第二种方法是将吧匙竖立在杯子上方，将酒液沿着匙背缓缓流入载杯。如分层不多时，也可将量酒器中的酒水直接沿杯壁缓缓流入载杯中，但糖浆类不宜沿着杯壁注入。

（三）兑和法步骤

1. 加料

按照原材料比重的不同，依次将原材料沿着吧匙注入载杯中。

2. 装饰

根据配方要求，为鸡尾酒添加装饰物。

（四）兑和法调制鸡尾酒

1. 彩虹酒（Tainbow）（图5-8）

图5-8 彩虹酒

准备材料。

（1）原料：红石榴糖浆6 mL；
绿薄荷糖浆6 mL；
蓝橙利口酒6 mL；
君度利口酒6 mL；
白兰地6 mL。

（2）工具：量酒器、吧匙、口布。

（3）载杯：子弹杯。

（4）装饰物：无。

操作步骤。

（1）洗净双手并擦干。

（2）将红石榴糖浆直接倒入子弹杯中。

（3）将绿薄荷糖浆 、蓝橙利口酒、君度利口酒、白兰地酒依次沿吧匙倒入子弹杯中。

（4）将调制好的鸡尾酒置于杯垫上。

（5）归还材料，清洁器具，清理工作台。

2.日出（sunrise）（图5-9）

图5-9 日出

准备材料。

（1）原料：1个完整的鸡蛋清，
蜂蜜7 mL，
红石榴糖浆7 mL，
绿薄荷糖浆7 mL，
雪碧45 mL，
白兰地10 mL。

（2）工具：量酒器、吧匙、口布、杯垫。

（3）载杯：香槟杯。

（4）装饰物：无。

操作步骤。

（1）洗净双手并擦干。

（2）将完整鸡蛋清直接倒入香槟杯中。

（3）将蜂蜜直接倒入杯中。

（4）将红石榴糖浆 、绿薄荷糖浆、雪碧、白兰地酒依次沿吧匙倒入香槟杯中。

（5）将调制好的鸡尾酒置于杯垫上。

（6）归还材料，清洁器具，清理工作台。

3. 五环之梦（dream of olympic）（图5-10）

准备材料。

（1）原料：红石榴糖浆6 mL，
咖啡利口酒6 mL，
绿薄荷利口酒6 mL，
香蕉利口酒6 mL，
蓝橙利口酒6 mL。
（2）工具：量酒器、吧匙、口布。
（3）载杯：子弹杯。
（4）装饰物：无。
操作步骤。
（1）洗净双手并擦干。
（2）将红石榴糖浆直接倒入子弹杯中。
（3）将咖啡利口酒、绿薄荷利口酒、香蕉利口酒、蓝橙利口酒依次沿吧匙倒入子弹杯中。
（4）将调制好的鸡尾酒置于杯垫上。
（5）归还材料，清洁器具，清理工作台。
4. 变色龙（Chamelean）（图5-10）
准备材料。
（1）原料：红石榴糖浆30 mL，
橙汁180 mL；
蓝橙利口酒30 mL；
椰子口酒30 mL；
白朗姆酒30 mL。
（2）工具：量酒器、吧匙、英式摇酒壶、冰夹、冰桶、口布、美式摇壶中的听。
（3）载杯：子弹杯8个。
（4）装饰物：无。
操作步骤：
（1）洗净双手并擦干。
（2）听中加入冰块。
（3）将红石榴糖浆直接倒入听中。
（4）听中再次加入适量冰块，有利于分层。
（5）分次注入橙汁。
（6）加入八分满冰块。
（7）将英式摇酒壶中加入冰块。

图5-10　变色龙

（8）将蓝橙利口酒、椰子口酒、白朗姆酒依次注入摇壶中。
（9）用单手摇和或双手摇和的方法摇均匀，壶身出霜即可。
（10）将摇和好的酒液沿着吧匙缓缓滤入听中。
（11）将滤冰器安装在听上。
（12）将听中的酒液依次倒入各子弹杯中。

（13）归还材料，清洁器具，清理工作台。

你会发现，将鸡尾酒倒入各子弹中，每个杯中酒液的颜色都是不一样的。

四、搅和法（blending）

搅和法是指使用电动搅拌机进行酒水混合的一种方法，主要是在混合鸡尾酒配方中含有水果等较难混合的成分或碎冰时使用。这种调酒方法是通过高速搅拌，达到混合的目的，同时也能极大地提高调酒师的调制效率和调酒出品量。

（一）搅和法所用的器具

冰沙机、量酒器、冰夹、冰桶、杯垫、载杯、口布。

（二）操作步骤

1. 把所用原料与冰块放入冰沙机中。

2. 启动冰沙机运转10 s。

3. 将酒水与冰块同时倒入载杯中。

4. 根据配方要求，为鸡尾酒添加装饰物。

（三）搅和法调制鸡尾酒

1. 冰冻蓝色玛格丽特（frozen blue margarita）

准备材料。

（1）原料：特基拉30 mL；
蓝橙利口酒30 mL；
柠檬汁60 mL；
糖浆15 mL；
适量食盐；
柠檬1个。

（2）工具：冰沙机、量酒器、冰桶、冰夹、杯垫、口布、小碟。

（3）载杯：玛格丽特杯。

（4）装饰物：盐边和柠檬片。

操作步骤。

（1）洗净双手并擦干。

（2）将食盐倒在小碟子中。

（3）切1片柠檬角用于湿润玛格丽特杯沿。

（4）给玛格丽特杯沿制作盐边。

（5）在冰沙机中加入适量冰块。

（6）将特基拉、蓝橙利口酒、柠檬汁、糖浆倒入冰沙机中搅拌均匀。

（7）将搅拌好的酒液倒入玛格丽特杯中。

（8）将柠檬片挂在玛格丽特杯杯沿上。

（9）将调制好的鸡尾酒置于杯垫上。

（10）归还材料，清洁器具，清理工作台。

2. 特基拉日落（tequila sunset）

准备材料。

（1）原料：特基拉30 mL；

柠檬汁30 mL；

红石榴糖浆15 mL。

（2）工具：冰沙机、量酒器、冰桶、冰夹、杯垫、口布。

（3）载杯：蝶形香槟杯

（4）装饰物：无

操作步骤。

（1）洗净双手并擦干。

（2）在冰沙机中加入适量冰块。

（3）将特基拉、柠檬汁、红石榴糖浆倒入冰沙机中搅拌均匀。

（4）将搅拌好的酒液倒入蝶形香槟杯中。

（5）将调制好的鸡尾酒置于杯垫上。

（6）归还材料，清洁器具，清理工作台。

3. 蓝色夏威夷（blue Hawaii）

准备材料。

（1）原料：朗姆酒30 mL；

蓝橙利口酒15 mL；

凤梨汁30 mL；

柠檬汁15 mL。

（2）工具：冰沙机、量酒器、冰桶、冰夹、杯垫、吸管、口布。

（3）载杯：果汁杯。

（4）装饰物：柠檬片、薄荷叶。

操作步骤。

（1）洗净双手并擦干。

（2）在冰沙机中加入适量冰块。

（3）将朗姆酒、蓝橙利口酒、凤梨汁、柠檬汁倒入冰沙机中搅拌均匀。

（4）将搅拌好的酒液倒入果汁中。

（5）将柠檬片挂在杯沿上，薄荷叶、吸管放入杯中装饰。

（6）将调制好的鸡尾酒置于杯垫上。

（7）归还材料，清洁器具，清理工作台。

4. 冰冻得其利（frozen daiquiri）

准备材料。

（1）原料：朗姆酒45 mL；

白橙皮酒15 mL；

橙汁15 mL；

红石榴糖浆15 mL。

（2）工具：冰沙机、量酒器、冰桶、冰夹、杯垫、口布。

（3）载杯：蝶形香槟杯。

（4）装饰物：薄荷叶。

操作步骤。

（1）洗净双手并擦干。

（2）在冰沙机中加入适量冰块。

（3）将朗姆酒、白橙皮酒、橙汁、红石榴糖浆倒入冰沙机中搅拌均匀。

（4）将搅拌好的酒液倒入果汁中。

（5）将薄荷叶夹入杯中装饰。

（6）将调制好的鸡尾酒置于杯垫上。

（7）归还材料，清洁器具，清理工作台。

技能实训

一、分成四个小组，使用不同的方法调制鸡尾酒并展示

考核标准：

要求与评分细则	分值	扣分	备注
严格按配方投料，用料量准确			
酒品色泽正确			
酒品口感符合标准			
操作程序规范，操作方法得当			
调酒用具保持干净，整齐			
酒水使用完毕，复归原位			
操作姿势优美，手法干净卫生			
合计			
规定酒操作时间： 分 秒	超时： 扣分：		
物品掉落 件 物品碰倒 件 扣分：			
倒酒滴洒 滴 滩 扣分：			
最终得分：			

二、练习单手摇和双手摇，并选出最佳选手

任务四　鸡尾酒装饰物及制作

一、装饰物的分类

1. 水果类：水果作装饰物非常美观，这是鸡尾酒装饰中常见的。常用的有草莓、柠檬、橙、梨、香蕉、荔枝、青瓜、菠萝、苹果、杧果、木瓜、西瓜、蜜瓜、哈密瓜、龙眼、番石榴、黑加仑、西柚、奇异果、桃、西梅、樱桃等。

2. 蔬菜类：小洋葱、芹菜、青瓜等。

3. 花草类：玫瑰花、薄荷叶、菊花等。

4. 饰品类：各种调酒棒、小雨伞、造型吸管、酒签等带有各种样式的图案，具有纪念性和装饰性。小酒签还可以串联各种小水果放在酒上，作装饰用。

5. 香料类：食盐、豆蔻粉、肉桂棒等。

6. 盐边或糖边：用盐或糖挂在杯沿上，起装饰作用。

以上各种类型的装饰物有的可放在杯中作装饰，有的可挂在杯沿上作装饰。

二、鸡尾酒的装饰注意事项

1. 应按照鸡尾酒口味选择与其协调的装饰物。

既要求装饰物的味道和香气须与酒品原有的味道和香气相吻合，并且能更加突出该款鸡尾酒的特色。

2. 装饰物应增加鸡尾酒的特色，使酒品特色更加突出。

装饰物的选取，主要取决于鸡尾酒配方的要求，它就像鸡尾酒的主要成分一样重要，不能随意改动。

3. 装饰物的形状要与杯型协调统一，形成鸡尾酒装饰的特色。

比如用平底直身杯或高大矮脚杯时，常常少不了吸管、调酒棒这些实用性的装饰物。另外，常用大块的果皮、或复杂的花形装饰，体现出一种高拔秀气的美感，在此基础上，再用樱桃、草莓等小型果实做复合辅助装饰来增添新的色彩。

而在食盐古典杯时，在装饰上要体现传统风格；使用高脚小型杯时，则要表现出小巧玲珑的特色来。

4. 注重传统规律，切忌画蛇添足。

大部分鸡尾酒都需要装饰，但也有部分鸡尾酒品是不需要装饰的，如彩虹酒，因为其自身颜色有很多，已经充分展现了它的美，如再加装饰会造成颜色混乱。

三、常见的装饰方法

（一）杯口装饰

杯口装饰是常用的装饰方法之一。其特点是装饰物直观突出、色彩鲜艳，与饮品协调一致。常用的杯口装饰一般为挂盐边、糖边或水果类，所以一定要掌握盐边、糖边及水果类装饰物的制作方法。

1. 挂盐边、糖边的做法

挂盐边或挂糖边时先用柠檬角沿杯沿转一圈，在杯口均匀地涂上一圈果汁，将杯子反扣在盐盒或糖盒上，轻轻转动杯子，使杯沿均匀地粘上一圈细盐或细糖，但不要下手太重。

2. 芹菜杆的切法

首先切掉芹菜根部带泥土的部分。

量测酒杯的高度。

切除过长不用的底部。

将芹菜浸泡在冰水中以免变色、发黄或萎缩。

3. 橙子切片

（1）横放，由中心下刀，从头到尾切成两半。

（2）由中间直划1/2深的刀缝。

（3）平面朝下每隔适当距离切片。

（4）半月形的橙片可挂于杯边装饰。

4. 橙子、柠檬及青柠檬切圆片

（1）水果放直，下刀划约1cm深。

（2）横放后每间隔适当距离下刀切成薄片。

（3）切成圆片可挂于杯边装饰。

5. 柠檬角切法（一）

（1）柠檬横放，切去头和蒂，由中央横向下刀一切为二。

（2）切面果肉朝下，再切成四等份或八等份。

（3）切成的柠檬角，挤出果汁后放入饮料中（一般不挂杯边）。

6. 柠檬角切法（二）

（1）柠檬横放，切去头和蒂，由中央横向下刀一切为二。

（2）由横切面以刀轻轻划入1/2深。

（3）直切成八面新月形。

（4）横刀切成半月形的水果片，此种不宜挤汁，应挂杯装饰。

7. 柠檬角切法（三）

（1）头尾切掉一部分。

（2）由上而下直刀一切为二。

（3）果肉朝下直刀切成两长条状（四瓣）。

（4）横放后再直刀每间隔适当距离下刀切成三角形状。

8. 长条柠檬皮的切法

（1）头尾切掉一小部分。

（2）以酒吧匙把果肉挖出。

（3）挖出果肉后一刀将外匹切成两片。
（4）切实由果肉部下刀，刀才不会打滑，也较省力。
9. 菠萝块的切法
（1）选择成熟的菠萝把顶端绿叶拉掉。
（2）菠萝横放将头尾一小截切掉。
（3）直正后直刀而下，一切为二。
（4）果肉朝下再直刀切成四分之一块。
（5）直立或横着将果心切掉。
（6）上端中央点划刀口至半。
（7）再横刀切片即成三角形。
（8）若以牙签将樱桃与菠萝叉在一起即成为菠萝旗。
10. 牙签装饰的应用
（1）牙签串上红樱桃与橙子圆片即为橙子旗。
（2）红樱桃也可串上三角形柠檬。
（3）以牙签串上三粒橄榄或两粒珍珠洋葱。
（二）杯中装饰

杯中装饰是指把装饰物放入杯中。其特点是艺术性强，常起到画龙点睛的作用。常用的装饰材料有樱桃、薄荷叶、花瓣、橄榄等。

（三）实物装饰

常用的实物装饰一般指耗材类装饰，如搅棒、吸管、装饰伞等。

技能实训

一、练习挂盐边、糖边并展示。
二、练习柠檬、橙子的不同切法。
三、练习红樱桃的切法。

任务五　经典鸡尾酒的制作

一、以威士忌为基酒的鸡尾酒制作

威士忌苏打（whisky soda）
方法：兑和法
准备材料。
（1）原料：威士忌30 mL；
　　　　1听苏打水。

（2）工具：量酒器、冰桶、冰夹、杯垫、吧匙、口布。
（3）载杯：柯林杯。
（4）装饰物：吸管。
操作步骤。
（1）洗净双手并擦干。
（2）柯林杯中加入适量冰块。
（3）将威士忌倒入柯林杯中。
（4）苏打水注入杯中八分满。
（5）用吧匙搅拌。
（6）将吸管插入杯中。
（7）将调制好的鸡尾酒置于杯垫上。
（8）归还材料，清洁器具，清理工作台。
2. 教父（godfather）
方法：调和法
准备材料。
（1）原料：苏格兰威士忌45 mL；
杏仁甜酒15 mL。
（2）工具：量酒器、冰桶、冰夹、杯垫、吧匙、口布。
（3）载杯：古典杯。
（4）装饰物：无。
操作步骤。
（1）洗净双手并擦干。
（2）在古典杯中加入冰块。
（3）将杏仁甜酒、苏格兰威士忌依次倒入古典杯中。
（4）用吧匙调和均匀。
（5）将调制好的鸡尾酒置于杯垫上。
（6）归还材料，清洁器具，清理工作台。
3. 生锈钉（rusty nail）
方法：调和法。
准备材料。
（1）原料：苏格兰威士忌45 mL；
杜林标 15 mL。
（2）工具：量酒器、冰桶、冰夹、杯垫、吧匙、口布。
（3）载杯：古典杯。
（4）装饰物：柠檬皮。
操作步骤。
（1）洗净双手并擦干。

（2）在古典杯中加入冰块。
（3）将杜林标酒 、苏格兰威士忌倒入古典杯中。
（4）用吧匙调和均匀。
（5）杯中加入柠檬皮
（6）将调制好的鸡尾酒置于杯垫上。
（7）归还材料，清洁器具，清理工作台。

4. 加州柠檬汁（califomia lemonade）

方法：摇和法、兑和法。

准备材料。

（1）原料：威士忌45 mL；
柠檬汁15 mL；
红石榴糖浆15 mL；
白砂糖适量15 mL；
苏打水适量。
（2）工具：摇酒壶、量酒器、冰桶、冰夹、杯垫、口布。
（3）载杯：海波杯。
（4）装饰物：无。

操作步骤：

（1）洗净双手并擦干。
（2）在海波杯中加入冰块，进行冰杯。
（3）将摇酒壶分三段放于操作台面上。
（4）取适量冰块放入摇壶内。
（5）将威士忌、柠檬汁、红石榴糖浆、1吧匙白糖倒入摇酒壶中摇和。
（6）用单手摇和或双手摇和的方法摇均匀，壶身出霜即可。
（7）将鸡尾酒杯里的冰块倒掉，将摇酒壶中的酒液滤入海波杯中。
（8）在海波杯中加入适量冰块，再倒入八分满的苏打水即可。
（9）将调制好的鸡尾酒置于杯垫上。
（10）归还材料，清洁器具，清理工作台。

5. 干曼哈顿（dry Manhattan）

方法：调和法。

准备材料。

（1）原料：美国威士忌30 mL；
干味美思20 mL。
（2）工具：量酒器、冰桶、冰夹、杯垫、吧匙、口布、滤冰器、调酒杯。
（3）载杯：鸡尾酒杯。
（4）装饰物：橄榄。

操作步骤。

（1）洗净双手并擦干。
（2）在调酒杯中加入冰块。
（3）将金酒、干味美思倒入调酒杯中。
（4）用吧匙调和均匀。
（5）用滤冰器将调和杯中的酒液过滤到鸡尾酒杯中。
（6）用酒签穿橄榄装饰
（7）将调制好的鸡尾酒置于杯垫上。
（8）归还材料，清洁器具，清理工作台。

6. 柠檬威士忌（lemon whisky）

方法：摇和法。

准备材料。

（1）原料：威士忌45 mL；
柠檬汁15 mL；
糖水15 mL。
（2）工具：摇酒壶、量酒器、冰桶、冰夹、杯垫、口布。
（3）载杯：鸡尾酒杯。
（4）装饰物：新鲜柠檬片、樱桃。

操作步骤。

（1）洗净双手并擦干。
（2）在鸡尾酒杯中加入冰块，进行冰杯。
（3）将摇酒壶分三段放于操作台面上。
（4）取适量冰块放入摇壶内。
（5）将威士忌、柠檬汁、糖水倒入摇酒壶中摇和。
（6）用单手摇和或双手摇和的方法摇均匀，壶身出霜即可。
（7）将鸡尾酒杯里的冰块倒掉，将摇酒壶中的酒液滤入鸡尾酒杯中。
（8）在鸡尾酒中加入装饰物新鲜柠檬片和樱桃。
（9）将调制好的鸡尾酒置于杯垫上。
（10）归还材料，清洁器具，清理工作台。

7. 红粉知己

方法：摇和法。

准备材料。

（1）原料：苏格兰威士忌22.5 mL；
橙汁30 mL；
红石榴糖浆7.5 mL。
（2）工具：摇酒壶、量酒器、冰桶、冰夹、杯垫、口布。
（3）载杯：海波杯。
（4）装饰物：青提。

操作步骤。

（1）洗净双手并擦干。

（2）在海波杯中加入冰块，进行冰杯。

（3）将摇酒壶分三段放于操作台面上。

（4）取适量冰块放入摇壶内。

（5）将苏格兰威士忌、橙汁、红石榴糖浆倒入摇酒壶中摇和。

（6）用单手摇和或双手摇和的方法摇均匀，壶身出霜即可。

（7）将海波杯里的冰块倒掉，将摇酒壶中的酒液滤入鸡尾酒杯中。

（8）将青提穿在牙签上，装饰在杯口即可。

（9）将调制好的鸡尾酒置于杯垫上。

（10）归还材料，清洁器具，清理工作台。

二、以金酒为基酒的鸡尾酒调制

1. 金巴克（Gin Buck）

方法：兑和法。

准备材料。

（1）原料：金酒30 mL；
1听干姜汽水；
青柠角。

（2）工具：量酒器、冰桶、冰夹、杯垫、吧匙、口布、吸管。

（3）载杯：柯林杯。

（4）装饰物：吸管。

操作步骤。

（1）洗净双手并擦干。

（2）柯林杯中加入适量冰块。

（3）将金酒倒入柯林杯中。

（4）干姜汽水注入杯中八分满。

（5）将青柠角挤汁放入杯中。

（6）用吧匙搅拌。

（7）将吸管插入杯中。

（8）将调制好的鸡尾酒置于杯垫上。

（9）归还材料，清洁器具，清理工作台。

2. 金汤力（Gin Tonic）

方法：兑和法。

准备材料。

（1）原料：金酒30 mL；
1听汤力水；

青柠角。

（2）工具：量酒器、冰桶、冰夹、杯垫、吧匙、口布。

（3）载杯：柯林杯。

（4）装饰物：吸管。

操作步骤。

（1）洗净双手并擦干。

（2）柯林杯中加入适量冰块。

（3）将金酒倒入柯林杯中。

（4）汤力水注入杯中八分满。

（5）将青柠角挤汁放入杯中。

（6）用吧匙搅拌。

（7）将吸管插入杯中。

（8）将调制好的鸡尾酒置于杯垫上。

（9）归还材料，清洁器具，清理工作台。

3. 雪球（Snow Ball）

方法：兑和法。

准备材料。

（1）原料：金酒30 mL；
蛋黄利口酒30 mL；
柠檬汁7.5 mL；
冰激凌一勺；
雪碧。

（2）工具：量酒器、冰桶、冰夹、杯垫、吧匙、口布。

（3）载杯：柯林杯。

（4）装饰物：樱桃。

操作步骤：

（1）洗净双手并擦干。

（2）在柯林杯中加入冰块。

（3）将金酒、蛋黄利口酒、柠檬汁倒入柯林杯中。

（4）用吧匙调和均匀。

（5）倒入八分满的雪碧。

（6）将樱桃放在柯林杯内。

（7）杯中放入吸管

（8）将调制好的鸡尾酒置于杯垫上。

（9）归还材料，清洁器具，清理工作台。

4. 金色布朗士（Golden Bronx）

方法：摇和法。

准备材料。

（1）原料：金酒45 mL；
干味美思15 mL；
甜味美思15 mL；
2吧匙橙汁；
1个鸡蛋黄；
红樱桃。

（2）工具：摇酒壶、量酒器、冰桶、冰夹、杯垫、口布。

（3）载杯：鸡尾酒杯。

（4）装饰物：无。

操作步骤：

（1）洗净双手并擦干。

（2）在鸡尾酒杯中加入冰块，进行冰杯。

（3）将摇酒壶分三段放于操作台面上。

（4）取适量冰块放入摇壶内。

（5）将金酒、干味美思、甜味美思、2吧匙橙汁、1个鸡蛋黄倒入摇酒壶中摇和。

（6）用单手摇和或双手摇和的方法摇均匀，壶身出霜即可。

（7）将鸡尾酒杯里的冰块倒掉，将摇酒壶中的酒液滤入鸡尾酒杯中。

（8）将调制好的鸡尾酒置于杯垫上。

（9）归还材料，清洁器具，清理工作台。

5.新加坡司令（Singapore Sling）

方法：摇和法、兑和法。

准备材料。

（1）原料：金酒30 mL；
柠檬汁45 mL；
红石榴糖浆15 mL；
苏打水；
樱桃白兰地10 mL。

（2）工具：摇酒壶、量酒器、冰桶、冰夹、杯垫、口布。

（3）载杯：柯林杯。

（4）装饰物：樱桃、柠檬片。

操作步骤。

（1）洗净双手并擦干。

（2）在柯林杯中加入冰块，进行冰杯。

（3）将摇酒壶分三段放于操作台面上。

（4）取适量冰块放入摇壶内。

（5）将金酒、柠檬汁、红石榴糖浆倒入摇酒壶中摇和。

（6）用单手摇和或双手摇和的方法摇均匀，壶身出霜即可。
（7）将摇酒壶中的酒液滤入柯林杯中。
（8）倒入苏打水八分满。
（9）在柯林杯中加入樱桃白兰地。
（10）将柠檬片、樱桃挂在杯口。
（11）将调制好的鸡尾酒置于杯垫上。
（12）归还材料，清洁器具，清理工作台。

6. 汤姆柯林斯（Tom Collins）

方法：摇和法、兑和法。

准备材料。

（1）原料：金酒30 mL；
柠檬汁22.5 mL；
苏打水。
（2）工具：摇酒壶、量酒器、冰桶、冰夹、杯垫、口布。
（3）载杯：柯林杯。
（4）装饰物：樱桃、橙片。

操作步骤：

（1）洗净双手并擦干。
（2）在柯林杯中加入冰块，进行冰杯。
（3）将摇酒壶分三段放于操作台面上。
（4）取适量冰块放入摇壶内。
（5）将金酒、柠檬汁倒入摇酒壶中摇和。
（6）用单手摇和或双手摇和的方法摇均匀，壶身出霜即可。
（7）将摇酒壶中的酒液滤入柯林杯中。
（8）倒入苏打水八分满。
（9）将橙片、樱桃挂在杯口。
（10）将调制好的鸡尾酒置于杯垫上。
（11）归还材料，清洁器具，清理工作台。

7. 环游世界（Around the world）

方法：摇和法。

准备材料。

（1）原料：金酒15 mL；
伏特加15 mL；
朗姆酒15 mL；
特基拉15 mL；
威士忌15 mL；
白兰地15 mL；

绿薄荷利口酒15 mL；
糖浆15 mL；
菠萝汁90 mL。

（2）工具：摇酒壶、量酒器、冰桶、冰夹、杯垫、口布。

（3）载杯：柯林杯。

（4）装饰物：菠萝、橙绿樱桃。

操作步骤。

（1）洗净双手并擦干。

（2）在柯林杯中加入冰块，进行冰杯。

（3）将摇酒壶分三段放于操作台面上。

（4）取适量冰块放入摇壶内。

（5）将金酒、伏特加、朗姆酒、特基拉、威士忌、白兰地、绿薄荷利口酒、糖浆、菠萝汁倒入摇酒壶中摇和。

（6）用单手摇和或双手摇和的方法摇均匀，壶身出霜即可。

（7）将摇酒壶中的酒液滤入柯林杯中。

（8）将菠萝、绿樱桃挂在杯口。

（9）将调制好的鸡尾酒置于杯垫上。

（10）归还材料，清洁器具，清理工作台。

三、以朗姆酒为基酒的鸡尾酒调制

1. 自由古巴（cuba Libre）

方法：兑和法。

准备材料。

（1）原料：白朗姆酒30 mL；
柠檬汁15 mL；
1听可乐；
青柠角。

（2）工具：量酒器、冰桶、冰夹、杯垫、吧匙、口布。

（3）载杯：柯林杯。

（4）装饰物：吸管。

操作步骤。

（1）洗净双手并擦干。

（2）柯林杯中加入适量冰块。

（3）将白朗姆酒倒入柯林杯中。

（4）加入柠檬汁。

（5）可乐注入杯中八分满。

（6）将青柠角挤汁放入杯中。

（7）用吧匙搅拌均匀后插入1支吸管。
（8）将调制好的鸡尾酒置于杯垫上。
（9）归还材料，清洁器具，清理工作台。
2. 长岛冰茶（Long Island Iced Tea）
方法：调和法。
准备材料。
（1）原料：白朗姆酒15 mL；
伏特加15 mL；
金酒15 mL；
龙舌兰酒15 mL；
橙皮甜酒15 mL；
青柠汁45 mL；
1听可乐。
（2）工具：量酒器、冰桶、冰夹、杯垫、吧匙、口布。
（3）载杯：柯林杯。
（4）装饰物：柠檬角。
操作步骤。
（1）洗净双手并擦干。
（2）将柯林杯中加入冰块适量。
（3）将白朗姆酒、伏特加、金酒、龙舌兰酒、橙皮甜酒、青柠汁分别倒入柯林杯中。
（4）加入八分满的可乐。
（5）用吧匙放入杯中调和酒液。
（6）将柠檬角挤汁入杯中。
（7）将调制好的鸡尾酒置于杯垫上。
（8）归还材料，清洁器具，清理工作台。
3. 百加得（Bacardi）
方法：摇和法。
准备材料。
（1）原料：百加得朗姆酒30 mL；
柠檬汁15 mL；
红石榴糖浆10 mL。
（2）工具：摇酒壶、量酒器、冰桶、冰夹、杯垫、口布。
（3）载杯：鸡尾酒杯。
（4）装饰物：无。
操作步骤。
（1）洗净双手并擦干。
（2）在鸡尾酒杯中加入冰块，进行冰杯。

（3）将摇酒壶分三段放于操作台面上。
（4）取适量冰块放入摇壶内。
（5）将百加得朗姆酒、柠檬汁、红石榴糖浆倒入摇酒壶中摇和。
（6）用单手摇和或双手摇和的方法摇均匀，壶身出霜即可。
（7）将鸡尾酒杯里的冰块倒掉，将摇酒壶中的酒液滤入鸡尾酒杯中。
（8）将调制好的鸡尾酒置于杯垫上。
（9）归还材料，清洁器具，清理工作台。

4. 新月（New Moon）

方法：调和法。

（1）原料：白朗姆酒45 mL；
香蕉利口酒15 mL；
白可可利口酒7.5 mL；
樱桃白兰地7.5 mL。
（2）工具：量酒器、冰桶、冰夹、杯垫、吧匙、口布、调酒杯、滤冰器。
（3）载杯：鸡尾酒杯。
（4）装饰物：绿樱桃。

操作步骤。

（1）洗净双手并擦干。
（2）将适量冰块加入调酒杯中。
（3）将白朗姆酒、香蕉利口酒、白可可利口酒、樱桃白兰地分别倒入调酒杯中
（4）用吧匙放入杯中调和酒液。
（5）将鸡尾酒杯中的冰块倒掉。
（6）套上滤冰器，将调酒杯中的酒液滤入鸡尾酒杯中。
（7）将绿樱桃挂在杯沿上。
（8）将调制好的鸡尾酒置于杯垫上。
（9）归还材料，清洁器具，清理工作台。

5. 椰林飘香（Pina Colada）

方法：摇和法、调和法。

准备材料。

（1）原料：白朗姆酒30 mL；
马利宝酒60 mL；
菠萝汁90 mL。
（2）工具：摇酒壶、量酒器、冰桶、冰夹、杯垫、口布、吧匙。
（3）载杯：柯林杯。
（4）装饰物：菠萝条。

操作步骤。

（1）洗净双手并擦干。

（2）在柯林杯中加入冰块，进行冰杯。
（3）将摇酒壶分三段放于操作台面上。
（4）取适量冰块放入摇壶内。
（5）将白朗姆酒、马利宝酒倒入摇酒壶中摇和。
（6）用单手摇和或双手摇和的方法摇均匀，壶身出霜即可。
（7）将鸡尾酒杯里的冰块倒掉，将摇酒壶中的酒液滤入柯林杯中。
（8）将菠萝汁倒入柯林杯中。
（9）用吧匙调和酒液。
（10）将调制好的鸡尾酒置于杯垫上。
（11）归还材料，清洁器具，清理工作台。

四、以伏特加为基酒的鸡尾酒调制

1. 莫斯科之骡（Moscow Mule）
方法：兑和法。
准备材料。
（1）原料：伏特加30 mL；
一听姜汁啤酒。
（2）工具：量酒器、冰桶、冰夹、杯垫、吧匙、口布。
（3）载杯：柯林杯。
（4）装饰物：柠檬皮。
操作步骤。
（1）洗净双手并擦干。
（2）将柯林杯中加入冰块适量。
（3）将伏特加倒入柯林杯中。
（4）在柯林杯中注入八分满的啤酒。
（5）将柠檬皮置于杯中。
（6）将调制好的鸡尾酒置于杯垫上。
（7）归还材料，清洁器具，清理工作台。
2. 血腥玛丽（Bloody Mary）
方法：调和法。
准备材料。
（1）原料：伏特加30 mL；
番茄汁90 mL；
柠檬汁15 mL；
1吧匙辣酱汁；
1吧匙辣酱油；
少许胡椒粉。

（2）工具：量酒器、冰桶、冰夹、杯垫、吧匙、口布。
（3）载杯：柯林杯。
（4）装饰物：芹菜杆。
操作步骤。
（1）洗净双手并擦干。
（2）将柯林杯中加入适量冰块。
（3）将伏特加、番茄汁、柠檬汁、1吧匙辣酱汁、1吧匙辣酱油分别倒入柯林杯中。
（4）用吧匙放入杯中调和酒液。
（5）撒上胡椒粉。
（6）将芹菜杆置于杯中。
（7）将调制好的鸡尾酒置于杯垫上。
（8）归还材料，清洁器具，清理工作台。
3. 盐狗（salty dog）
方法：兑和法。
准备材料。
（1）原料：伏特加30 mL；
适量西柚汁。
（2）工具：量酒器、冰桶、冰夹、杯垫、吧匙、口布。
（3）载杯：古典杯。
（4）装饰物：盐边。
操作步骤。
（1）洗净双手并擦干。
（2）给古典杯制作盐边。
（3）将伏特加倒入古典杯中。
（4）古典杯中加入冰块。
（5）西柚汁注入杯中八分满。
（6）用吧匙调和酒液。
（7）将调制好的鸡尾酒置于杯垫上。
（8）归还材料，清洁器具，清理工作台。
4. 白俄罗斯（white Russian）
方法：调和法。
准备材料。
（1）原料：伏特加30 mL；
咖啡蜜15 mL；
淡奶15 mL。
（2）工具：量酒器、冰桶、冰夹、杯垫、吧匙、口布。
（3）载杯：古典杯。

（4）装饰物：无。

操作步骤。

（1）洗净双手并擦干。

（2）在古典杯中加入冰块。

（3）将伏特加、咖啡蜜、淡奶倒入古典杯中。用吧匙调和均匀。

（4）将调制好的鸡尾酒置于杯垫上。

（5）归还材料，清洁器具，清理工作台。

5. 黑人南非（Black South African）

方法：摇和法、调和法。

准备材料。

（1）原料：绝对伏特加30 mL；
君度利口酒15 mL；
柠檬汁7.5 mL；
红石榴糖浆7.5 mL。

（2）工具：摇酒壶、量酒器、冰桶、冰夹、杯垫、口布。

（3）载杯：鸡尾酒杯。

（4）装饰物：柠檬丝、吸管。

操作步骤。

（1）洗净双手并擦干。

（2）在鸡尾酒杯中加入冰块，进行冰杯。

（3）将摇酒壶分三段放于操作台面上。

（4）取适量冰块放入摇壶内。

（5）将绝对伏特加、君度利口酒、柠檬汁、红石榴糖浆倒入摇酒壶中摇和。

（6）用单手摇和或双手摇和的方法摇均匀，壶身出霜即可。

（7）将鸡尾酒杯里的冰块倒掉，将摇酒壶中的酒液滤入鸡尾酒杯中。

（8）在杯中放入柠檬丝、吸管。

（9）将调制好的鸡尾酒置于杯垫上。

（10）归还材料，清洁器具，清理工作台。

五、以特基拉为基酒的鸡尾酒调制

1. 龙舌兰日出（Tequlia sunrise）

方法：兑和法。

准备材料。

（1）原料：特基拉酒30 mL；
橙汁120 mL；
红石榴糖浆15 mL；

（2）工具：摇酒壶、量酒器、冰桶、冰夹、杯垫、口布。

（3）载杯：海波杯。

（4）装饰物：樱桃、柠檬片。

操作步骤。

（1）洗净双手并擦干。

（2）在海波中加入冰块，进行冰杯。

（3）将橙汁倒入海波杯中。

（4）用吧匙沿杯边缓缓倒入红石榴糖浆。

（5）将特基拉酒加入最顶层。

（6）将柠檬角、樱桃挂在杯口。

（7）将调制好的鸡尾酒置于杯垫上。

（8）归还材料，清洁器具，清理工作台。

2. 葡萄美酒夜光杯（Luminous glass of wine）

方法：摇和法。

准备材料。

（1）原料：特基拉30 mL；
蓝橙利口酒15 mL；
紫葡萄汁30 mL。

（2）工具：摇酒壶、量酒器、冰桶、冰夹、杯垫、口布。

（3）载杯：鸡尾酒杯。

（4）装饰物：无。

操作步骤。

（1）洗净双手并擦干。

（2）在鸡尾酒中加入冰块，进行冰杯。

（3）将摇酒壶分三段放于操作台面上。

（4）取适量冰块放入摇壶内。

（5）将特基拉、蓝橙利口酒、紫葡萄汁倒入摇酒壶中摇和。

（6）用单手摇和或双手摇和的方法摇均匀，壶身出霜即可。

（7）将鸡尾酒杯里的冰块倒掉，将摇酒壶中的酒液滤入鸡尾酒杯中。

（8）将调制好的鸡尾酒置于杯垫上。

（9）归还材料，清洁器具，清理工作台。

3. 初恋（First Love）

方法：摇和法。

（1）原料：特基拉酒30 mL；
橙皮利口酒15 mL；
鲜柠檬汁30 mL。

（2）工具：摇酒壶、量酒器、冰桶、冰夹、杯垫、口布。

（3）载杯：蝶形香槟杯。

（4）装饰物：柠檬片。

操作步骤。

（1）洗净双手并擦干。

（2）在鸡尾酒中加入冰块，进行冰杯。

（3）将摇酒壶分三段放于操作台面上。

（4）取适量冰块放入摇壶内。

（5）将特基拉、橙皮利口酒、鲜柠檬汁倒入摇酒壶中摇和。

（6）用单手摇和或双手摇和的方法摇均匀，壶身出霜即可。

（7）将鸡尾酒杯里的冰块倒掉，将摇酒壶中的酒液滤入蝶形香槟杯中。

（8）在杯中放入柠檬片。

（8）将调制好的鸡尾酒置于杯垫上。

（9）归还材料，清洁器具，清理工作台。

4. 斗牛士（Matador）

方法：摇和法。

（1）原料：特基拉酒30 mL；
菠萝汁30 mL；
鲜柠檬汁30 mL。

（2）工具：摇酒壶、量酒器、冰桶、冰夹、杯垫、口布。

（3）载杯：老式杯。

（4）装饰物：柠檬片。

操作步骤。

（1）洗净双手并擦干。

（2）在老式杯中加入冰块，进行冰杯。

（3）将摇酒壶分三段放于操作台面上。

（4）取适量冰块放入摇壶内。

（5）将特基拉、菠萝汁、鲜柠檬汁倒入摇酒壶中摇和。

（6）用单手摇和或双手摇和的方法摇均匀，壶身出霜即可。

（7）将老式杯里的冰块倒掉，将摇酒壶中的酒液滤入老式杯中。

（8）在杯中放入柠檬片。

（9）将调制好的鸡尾酒置于杯垫上。

（10）归还材料，清洁器具，清理工作台。

5. 玛格丽特（Margarita）

方法：摇和法。

（1）原料：特基拉酒30 mL；
君度利口酒15 mL；
柠檬汁30 mL。

（2）工具：摇酒壶、量酒器、冰桶、冰夹、杯垫、口布。

（3）载杯：玛格丽特杯。
（4）装饰物：柠檬片挂杯、挂盐边。
操作步骤。
（1）洗净双手并擦干。
（2）用柠檬片擦拭玛格丽特杯口，挂盐边。
（3）在玛格丽特杯中加入冰块，进行冰杯。
（4）将摇酒壶分三段放于操作台面上。
（5）取适量冰块放入摇壶内。
（6）将特基拉、君度利口酒、柠檬汁倒入摇酒壶中摇和。
（7）用单手摇或双手摇的方法摇均匀，壶身出霜即可。
（8）将玛格丽特杯里的冰块倒掉，将摇酒壶中的酒液滤入玛格丽特杯中。
（9）把柠檬片挂在杯沿上。
（10）将调制好的鸡尾酒置于杯垫上。
（11）归还材料，清洁器具，清理工作台。

六、以白兰地为基酒的鸡尾酒调制

1. 士天架（Stinger）
方法：调和法。
准备材料。
（1）原料：白兰地45 mL；
白薄荷酒7.5 mL。
（2）工具：量酒器、冰桶、冰夹、杯垫、吧匙、口布。
（3）载杯：古典杯。
（4）装饰物：无。
操作步骤。
（1）洗净双手并擦干。
（2）在古典杯中加入冰块。
（3）将白兰地、白薄荷酒倒入古典杯中。
（4）用吧匙调和均匀。
（5）将调制好的鸡尾酒置于杯垫上。
（6）归还材料，清洁器具，清理工作台。
2. 月光（Moon Light）
方法：摇和法、兑和法。
准备材料。
（1）原料：白兰地90 mL；
3吧匙柠檬汁；
2吧匙糖浆；

适量苏打水。

（2）工具：摇酒壶、量酒器、冰桶、冰夹、杯垫、口布。

（3）载杯：古典杯。

（4）装饰物：苹果片。

操作步骤。

（1）洗净双手并擦干。

（2）在鸡尾酒杯中加入冰块，进行冰杯。

（3）将摇酒壶分三段放于操作台面上。

（4）取适量冰块放入摇壶内。

（5）将白兰地、柠檬汁、匙糖浆倒入摇酒壶中摇和。

（6）将摇酒壶中的酒液滤入古典杯中。

（7）杯中加入少量苏打水。

（8）将苹果片放入杯中。

（9）将调制好的鸡尾酒置于杯垫上。

（10）归还材料，清洁器具，清理工作台。

3. 白兰地亚历山大（Brandy Alexander）（图5-11）

方法：摇和法。

准备材料。

（1）原料：白兰地30 mL；

棕可可利口酒30 mL；

淡奶30 mL。

（2）工具：摇酒壶、量酒器、冰桶、冰夹、杯垫、口布。

（3）载杯：鸡尾酒杯。

（4）装饰物：豆蔻粉。

操作步骤。

（1）洗净双手并擦干。

（2）在鸡尾酒杯中加入冰块，进行冰杯。

（3）将摇酒壶分三段放于操作台面上。

（4）取适量冰块放入摇壶内。

（5）将白兰地、棕可可利口酒、淡奶倒入摇酒壶中摇和。

（6）用单手摇和或双手摇和的方法摇均匀，壶身出霜即可。

（7）将摇酒壶中的酒液滤入鸡尾酒杯中。

（8）撒入豆蔻粉。

（9）将调制好的鸡尾酒置于杯垫上。

（10）归还材料，清洁器具，清理工作台。

图5-11 白兰地亚历山大

4. 酒神（Bacchus）

方法：摇和法。

准备材料。

（1）原料：白兰地45 mL；

白橙皮利口酒15 mL；

红石榴糖浆15 mL；

1个蛋黄；

茴香酒少许。

（2）工具：摇酒壶、量酒器、冰桶、冰夹、杯垫、口布。

（3）载杯：香槟杯。

（4）装饰物：红樱桃。

操作步骤。

（1）洗净双手并擦干。

（2）在香槟杯中加入冰块，进行冰杯。

（3）将摇酒壶分三段放于操作台面上。

（4）取适量冰块放入摇壶内。

（5）将白兰地、白橙皮利口酒、红石榴糖浆、1个蛋黄倒入摇酒壶中摇和。

（6）用单手摇和或双手摇和的方法摇均匀，壶身出霜即可。

（7）将摇酒壶中的酒液滤入香槟杯中。

（8）将茴香酒洒在酒上面。

（9）红樱桃挂在杯沿上。

（10）将调制好的鸡尾酒置于杯垫上。

（11）归还材料，清洁器具，清理工作台。

5. 蓝天使（Blue Angel）

方法：摇和法

准备材料。

（1）原料：白兰地15 mL；

蓝橙利口酒15 mL；

紫罗兰利口酒15 mL；

柠檬汁15 mL；

鲜奶油15 mL。

（2）工具：摇酒壶、量酒器、冰桶、冰夹、杯垫、口布。

（3）载杯：鸡尾酒杯。

（4）装饰物：红樱桃。

操作步骤。

（1）洗净双手并擦干。

（2）在鸡尾酒杯中加入冰块，进行冰杯。

（3）将摇酒壶分三段放于操作台面上。
（4）取适量冰块放入摇壶内。
（5）将白兰地、蓝橙利口酒、紫罗兰利口酒、柠檬汁、鲜奶油倒入摇酒壶中摇和。
（6）用单手摇和或双手摇和的方法摇均匀，壶身出霜即可。
（7）将摇酒壶中的酒液滤入鸡尾酒杯中。
（8）红樱桃挂在杯沿上。
（9）将调制好的鸡尾酒置于杯垫上。
（10）归还材料，清洁器具，清理工作台。

七、以配制酒为基酒的鸡尾酒调制

1. 天使之吻（Angel's kiss）
方法：兑和法。
准备材料。
（1）原料：咖啡利口酒30 mL；
淡奶15 mL。
（2）工具：量酒器、冰桶、冰夹、杯垫、吧匙、口布。
（3）载杯：鸡尾酒杯。
（4）装饰物：无。
操作步骤。
（1）洗净双手并擦干。
（2）给古典杯制作盐边。
（3）将咖啡利口酒倒入鸡尾酒杯中。
（4）沿着吧匙将淡奶引流入杯中。
（5）将调制好的鸡尾酒置于杯垫上。
（6）归还材料，清洁器具，清理工作台。
如图5-12所示。

图5-12 天使之吻

2. B52轰炸机（Bomber）
方法：兑和法。
准备材料。

（1）原料：咖啡利口酒10 mL；

百利甜酒10 mL；

君度利口酒10 mL。

（2）工具：量酒器、冰桶、冰夹、杯垫、吧匙、口布。

（3）载杯：子弹杯。

（4）装饰物：无。

操作步骤：

（1）洗净双手并擦干。

（2）先将咖啡利口酒倒入子弹杯中。

（3）沿着吧匙将百利甜酒引流入杯中。

（4）再将君度利口酒倒入杯中。

（5）将调制好的鸡尾酒置于杯垫上。

（6）归还材料，清洁器具，清理工作台。

如图5-13所示。

图5-13　B52轰炸机

3. 美国人（American）

方法：调和法。

准备材料。

（1）原料：甜味美思30 mL；

金巴利 mL；

苏打水 mL。

（2）工具：量酒器、冰桶、冰夹、杯垫、吧匙、口布。

（3）载杯：老式杯。

（4）装饰物：橙片。

操作步骤。

（1）洗净双手并擦干。

（2）在古典杯中加入冰块。

（3）将甜味美思、金巴利倒入老式杯中。

（4）苏打水注入八分满。

（5）用吧匙调和均匀。

图5-14　美国人

（6）用橙片挂杯。

（7）将调制好的鸡尾酒置于杯垫上。

（8）归还材料，清洁器具，清理工作台。

如图5-14所示。

八、其他鸡尾酒及流行饮料

1. 绿茶啤酒（Green tea and beer）

原料：啤酒90 mL；

绿茶60 mL；

柠檬糖浆30 mL；

鲜柠檬汁7.5 mL。

用具：柯林杯、吧匙、盎司器。

步骤：将啤酒、绿茶、柠檬糖浆、鲜柠檬汁放入杯中混合均匀，加冰后即可。

特点：茶香淡雅，酸甜适中，清爽解渴。

2. 牛奶啤酒（Milk beer）

原料：冰啤酒60 mL；

冰牛奶150 mL；

鸡蛋1个；

白糖适量。

用具：柯林杯、吧匙、盎司器。

步骤：将冰啤酒、冰牛奶、鸡蛋、白糖一起放入装有啤酒的杯中，充分搅拌均匀即可。

特点：牛奶的醇香与酒的香醇完美结合，绵甜爽口。

3. 脑震荡（Cerebral Concussion）

原料：水蜜桃利口酒10 mL；

百利甜酒10 mL；

红石榴糖浆2滴；

百加得朗姆酒10 mL。

用具：子弹杯、吧匙、盎司器。

步骤：先将水蜜桃利口酒倒入杯中，再通过吧匙将百利甜酒引入子弹杯中，用吸管往酒中滴入红石榴糖浆，待出现絮状物质后，再将百加得朗姆酒沿着吧匙注入杯中。饮用前直接向杯中点燃火焰即可。

特点：火焰慢慢消失后，杯体略有余热，一口饮尽，此时的朗姆酒略有酸感，随之是百利甜酒的丝丝滑意，最后用水蜜桃利口酒冲破百利甜酒的防线，酸、甜与热烈的火焰让人回味无限。

4. 今夜不回家（Won't go home tonight）

原料：百加得朗姆酒7.5 mL；

懒虫龙舌兰酒7.5 mL；

加利安奴7.5 mL；

杰克丹尼7.5 mL。

用具：子弹杯、吧匙、盎司器。

步骤：将所有基酒倒入杯壁较厚的杯子里，用火机给杯子的四壁加热后，点燃杯中的基酒，此时杯中呈现蓝色的火苗，取一个开口较宽的高脚杯，将点燃的蓝色火焰基酒慢慢倒入杯中。

特点：此款鸡尾酒适合男士饮用，所有的基酒都超过了40 ℃，被火点燃后更有在伤口上撒盐的感觉，厚重、辛辣、浓烈，或许只有真正的强者才敢于尝试，也只有他们才知道，喝过之后是回不了家了。

5. 上海（Shanghai）

原料：黑色朗姆酒15 mL；

茴香利口酒5 mL

1吧匙红石榴糖浆；

柠檬汁10 mL。

用具：调酒壶、鸡尾酒杯、盎司器。

步骤：将冰块和材料倒入调酒壶中摇匀，过滤到鸡尾酒杯中即可。

特点：上海曾被称为魔都，此款鸡尾酒就是以此命名。黑色朗姆酒的焦味配上茴香利口酒的甜味，调制出口味复杂的上海鸡尾酒。

6. 奥林匹克（Olympic）

原料：白兰地10 mL；

君度利口酒10 mL；

柳橙汁15 mL。

用具：调酒壶、鸡尾酒杯、盎司器。

步骤：将冰块和材料倒入调酒壶中摇匀，过滤到鸡尾酒杯中即可。

特点：此款鸡尾酒诞生在巴黎有名的高级饭店。君度利口酒独特道德味道不但将柳橙汁的甜味衬托得恰到好处，同时也使白兰地的香味更加浓郁、香醇。这款鸡尾酒是为了纪念1900年在巴黎举行的奥林匹克运动会所调制的。

7. 悬浮式威士忌（Suspended whisky）

原料：威士忌45 mL；

矿泉水适量。

用具：平底杯、盎司器。

步骤：将冰块放入杯中倒入矿泉水，慢慢再滴一层威士忌。

特点：这是一种由矿泉水及威士忌构成的双层鸡尾酒，它利用水与威士忌的密度差，使二者分层，将威士忌悬浮在矿泉水上面。

8. 一杆进洞（A hole in one）

原料：威士忌20 mL；

苦艾酒10 mL；

柠檬汁60 mL；

柳橙汁30 mL。

用具：调酒壶，鸡尾酒杯，盎司器。

步骤：将冰块和材料倒入调酒壶内，摇匀滤入鸡尾酒杯中即可。

特点：据说这种酒的诞生是在最盛行打高尔夫球的美国，每个打高尔夫球的人都希望能有机会一杆进洞。它的口味极其复杂。

9. 反舌鸟（Mockingbird）

原料：龙舌兰15 mL；

绿薄荷酒7.5 mL；

柠檬汁7.5 mL。

用具：调酒壶。鸡尾酒杯。盎司器。

步骤：将冰块和材料倒入调酒壶内，摇匀滤入鸡尾酒杯中即可。

特点：本款鸡尾酒的名字源自一种叫反舌鸟的鸟类。这款鸡尾酒色泽翠绿，有明显的清凉、提神作用，别有一番风味。

10. 野莓龙舌兰（Wild-berry tequila）

原料：龙舌兰30 mL；

野莓金酒15 mL；

柠檬汁30 mL；

小黄瓜条1条。

用具：调酒壶、古典杯、盎司器。

步骤：将原料放入调酒壶中摇匀，倒入装有碎冰的古典杯中，放上装饰物即可。

特点：野莓金酒是一种能使英国人缅怀往昔乡村景色的利口酒，或许这种酒比出生在苏格兰的威士忌更具有乡村气息。在古老的英国，野莓金酒是一种乡下人喝的酒，当他们狩猎的时候喜欢喝这种酒提神。它是将野莓浆果放在金酒里浸泡，再加些果实风味的材料，装入木桶所酿成的。

任务六　鸡尾酒创作

创作设计一款新型鸡尾酒，对有经验的调酒师来说是一件很容易的事情。因为鸡尾酒是一种随机性很强的混合饮料，调酒师只需要把选用的材料，按照鸡尾酒调制的基本规律和程序，借助自己的审美意识和饮食习惯，完全可以自由发挥地设计出一款独特的创新鸡尾酒。

一、鸡尾酒创作的基本原则

创新鸡尾酒必须新颖独特，体现创新性。 自创的鸡尾酒无论在主题、色彩、口味、装饰，还是寓意等方面都应令人耳目一新，充满新意。

创新鸡尾酒时注意价格的合理性。成本的价格直接决定了鸡尾酒的销售价格，制作时应根据创作意图和创作主题选择价格合适的原材料。

创新鸡尾酒必须注意色彩搭配。 色彩是表现鸡尾酒魅力的重要因素之一，所以在创制鸡尾酒过程中应注意色彩组合、光度反差、杯体设计、外围装饰等因素，从而引发人们美好的情感，调制出五彩缤纷的饮品。

红色：象征活力、健康、热情和希望。

黄色：象征温和、光明和快乐。

绿色：象征着青春、冰霜、和平、嫩稚等。

蓝色：象征宁静、清新。

橙色：象征兴奋、欢乐和活泼。

还要注意色彩的搭配，常见的组合有：

红色+黄色=橙色;

黄色+蓝色=绿色;

蓝色+红色=紫色。

在创作鸡尾酒时，一定要控制好用量，用量不合适会导致颜色过深或过浅。

创作的鸡尾酒口味独特。 口味是判断鸡尾酒优劣的重要标志，因此，在创作鸡尾酒时必须将口味作为一个重要因素。

基酒决定了酒品口味的基础。另外，利口酒、调香调味的辅料种类繁多，也应加以把握。

二、鸡尾酒创作的步骤

1. 确定主题

确定主题是鸡尾酒创作的基础，是鸡尾酒创作背景、目的或理想信念的综合。

2. 选料

选料的关键是对各种酒品要有充分的认识，包括酒的生产原料、生产工艺、口味特征、色泽、酒精含量等。

3. 确定调制方法

为了使鸡尾酒与众不同，可以选择两种或两种以上调制方法来增加调制难度。

4. 确定载杯

在选用载杯时可根据主题、酒量的多少来选择适合的杯型。

5. 确定装饰物

鸡尾酒的装饰并无固定模式可循，但在选择时一定要遵循“宜简不宜繁”的原则挑选适合主题的装饰物。

6. 完善鸡尾酒配方

完善鸡尾酒的配方包括鸡尾酒的中英文名称、原材料、载杯、装饰物、寓意等。

知识扩展

鸡尾酒会案例

一、酒会目的

年月**日晚，拟于**地点举办**酒会，力争实现以下目的：

1. 沟通平台。将答谢酒会建设成公司与合作伙伴沟通的平台，一方面向社会各界介绍**的经营业务与发展方向，让社会更深入地了解**的实力和远景发展，另一方面，联络沟通政界人士，以及各领域专家、学者、名人。为**进一步的发展壮大，吸纳人才。

2. 关系维系。基于对**未来发展的考虑，本次酒会也将成为维持合作伙伴关系的手段之一，使合作伙伴感觉到**始终在关注着自己。

3. 促进合作。本次酒会计划设计成一部分潜在合作伙伴参加的活动，合作伙伴通过参加酒会亲身感受**实力和良好合作氛围，以最终达成合作目的。

通过此次答谢酒会的整体运作与宣传，在各企业、合作伙伴及专家学者中建立良好的口碑与广告效应，打造品牌形象，壮大合作伙伴队伍，为后期的工作做好铺垫。

二、酒会主题

以“海纳百川，博聚天下”为主题。

备选主题：（舞台背景板文字）

（一）“海博百川，欢聚你我**年**客户答谢会”

（二）“海博百川，携手共进**年**客户答谢会”

（三）“真诚地感谢，一路上有你——**年**客户答谢会”

（四）“海纳百川，博聚四方——**年**客户答谢会”

三、酒会形式

形式内容：自助晚餐及酒会、精彩演出、抽奖活动等。

自助餐除提供各种酒类、饮料、果汁、各类果盘、小点心等。

酒水供应：鸡尾酒、啤酒、葡萄酒、香槟酒、白兰地、威士忌、白酒等。

精彩演出：与礼仪公司协商确定节目及演出公司。

整体答谢酒会控制在90分钟左右。

四、酒会时间

年月**日　点　分—点　分

五、酒会地点

六、酒会参加人员　（具体名录见附件）

1. 本次酒会共计（　　　）位嘉宾参与，其中：

**人员（　　　）位出席；

**人员（　　　）位出席；

有关方面的负责人及特邀嘉宾人员（　　　）位出席。

2. 内部参加人员共计（　　）位，其中：

（1）公司（　　）位参加；

（2）部门（　　）位参加；

（3）部门（　　）位参加。

3. 演出人员约（　　）人参加（包括演员、主持、礼仪公司人员等）。

4.其他人员约（　　）人参加（包括会务记录公司等）。

七、酒会主持

1男、1女　（建议由**主持人主持）。

八、现场布置

建议会场四处用彩带彩灯、绿植鲜花（舞台正前方）等饰品装饰出喜庆的气氛，各出入口安放引导牌，会场入口区有“企业简介”展板，建议在“企业简介”摆放一些宣传资料等，提示来宾随意取阅。舞会及演出时灯光设备也非常重要，舞台布置要体现出“高端”特点，整个现场典雅大方透出一种用心、专业、爱心感觉。

1. 迎宾区

包括入口大门部分、楼梯入口部分、走廊部分的内容。

大门区域

悬挂本次活动名称、主题条幅；

地上布置红地毯；

在大门两侧可利用拉网展架作为导向识别系统。

门厅入口区域：

设置易拉宝和指示牌。

楼梯及走廊区域：

事先请礼仪小姐迎宾。

入口区（产品展示区）

在会场入口处左侧设置“企业简介区”，配置相关宣传资料。

会场入口处设签到台，来宾签到或赐名片。另由4名工作人员微笑肃立迎接，并依据嘉宾不同的身份，由工作人员负责给嘉宾戴花并引导座位。

2. 会场区

（1）舞台背景区

设计一：主题背景板设计，以简洁突出本次酒会主题。采用蓝色为主色调，并配以此次答谢酒会的主题，用七彩射灯打亮整个背景。

设计二：基于成本最小化的原则，可以充分把舞台的幕布利用起来，用泡沫刻字若干（答谢酒会主题）用双面胶贴在幕布上，用七彩射灯打亮整个背景。

（2）空中布置区

在会场周围的上空，悬挂印有**形象宣传的挂幅，呼应舞台的背景。

（3）会场布置区

提供几种会场布置方案如下。

效果一：

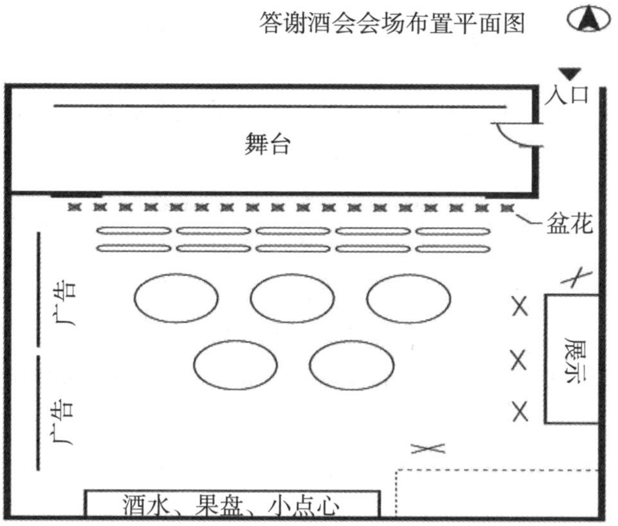

效果二：

注明：以上答谢酒会示意效果中，餐桌已摆放好酒水、果盘、小点心，示意图下方“酒水、果盘、小点心”为“补充储备摆放区”。

九、酒会流程

18：00—18：30 来宾进场或签到；

18：30—18：40 宣布酒会开始并致辞；

18：50—20：00 酒会开始、精彩文艺表演，抽奖。

十、 建议着装

男士须着正装，请勿着便装、牛仔裤、运动鞋。

女士可着正装、晚装等。

十一、奖项设置

为了答谢各界朋友、合作伙伴，营造气氛，在酒会中将安排抽奖活动。现场嘉宾均有机会参与抽奖。抽奖方式以签约序号（或座位号、签到号、嘉宾卡号）作为抽奖号，由特约嘉宾主持抽奖。

具体奖项及奖金如下：

1. 特等奖 1名 赠送价值3 000元的**或等值的其他产品

2. 一等奖 2名 赠送价值1 200元的**或等值的其他产品

3. 二等奖 3名 赠送价值800元的**或等值的其他产品

注明：以上各奖项的设置和名额由酒会的预算最终确定。

十二、节目安排

16：00 舞台搭建完毕，灯光、音响做调试工作

17：30 所有工作人员及演员、礼仪小姐等到场做准备工作

18：00 一切准备工作完毕，客户开始陆续入场

主持人串词

18：35—18：40 **致辞

主持人串词

18：40—18：50 公司领导致辞

主持人串词

18：50—18：55 声乐表演

主持人串词

18：55—19：00 歌舞

主持人串词

19：00—19：05 互动抽奖，现场颁奖（抽取二等奖）

主持人串词

19：05—19：10 声乐表演

主持人串词

19：10—19：20 精彩魔术表演

主持人串词

19：20—19：30 激情小提琴表演

主持人串词

19：30—19：35 互动抽奖，现场颁奖（抽取一等奖）

主持人串词

19：35—19：45 花式调酒表演

主持人串词

19：45—19：55 互动抽奖，现场颁奖（抽取特等奖

主持人串词

准备好备选节目、开场音乐、抽奖音乐、退场音乐。

十三、人员安排

（1）第一组：总协调控制组。

组长：（　　）

①负责酒会筹备工作进程控制，以及酒会的圆满召开；

②负责对其他各组工作的督促检查工作，协调并协助其他各组按计划完成；

③负责经费的调配；

④处理紧急情况。

（2）第二组：宣传组。

组长：（　　）。

任务：

①利用海报（包括手绘和喷绘海报）、横幅、网络等方式开展宣传，并在酒会当日布置活动现场；

②现场摄像及拍照；

③监督并确保舞台的搭建及时及质量。
④酒会期间舞台灯光设备、音箱设备的安装。
（3）第三组：后勤组。
组长：（　　）。
任务：
①联系活动场所等；
②确定酒会邀请的客户；
③酒会相关物品的购买；
④酒会当日准备好会场服务物品，如饮料、水杯、茶叶等，并接待好宾朋。
（4）第四组：节目组。
组长：（　　）。
任务：
①完成节目收集、筛选及后期协调工作；
②负责协调节目及衔接酒会全流程；
③主持人（1男1女）的选择、形象设计及台词审核；
④准备好酒会所需的一切服装道具；
⑤确定礼仪小姐。
注：以上为答谢酒会人员配置为最基本组织架构。
十四、费用预算
（略）。

技能实训

一、根据学过的配方练习调制鸡尾酒（表5-1）

姓名：

表5-1　鸡尾酒调制评分表

	项　目	分　值	得　分	扣　分
鸡尾酒调制（100分）	1. 准备工作充分、到位	5		
	2. 配方和载杯正确无误	5		
	3. 原料用量准确	10		
	4. 调酒方法正确	5		

表5-1（续）

	项　目	分　值	得　分	扣　分
鸡尾酒调制（100分）	5. 调酒动作正确、美观	10		
	6. 工具使用规范	5		
	7. 操作卫生	10		
	8. 无物品掉落，无滴洒；若出现掉落或滴洒，每次扣3分，不设上限	10		
	9. 酒品要求八分满，无浪费，反之扣5分	10		
	10. 装饰合理，缺装饰扣5分，装饰不合格扣5分	5		
	11. 酒品色彩偏差扣5分	10		
	12. 酒品口味偏差扣5分，严重偏差扣10分	10		
	13. 超时扣5分	5		
	操作时间：　　分　　秒　　扣分：			

二、练习自创一款鸡尾酒，并完成鸡尾酒表格（表5-2）

表5-2 鸡尾酒表格

作者姓名	
鸡尾酒名称	
英文名称	
鸡尾酒配方、载杯：	
调制步骤：	
鸡尾酒寓意：	

练 习 题

一、填空题

1.（　　　）鸡尾酒适合在短时间内喝，时间一长风味就减弱了。

2. 层次分明的鸡尾酒须用（　　　）来调制。

3. 调制1杯鸡尾酒的速度，应控制在 ________ min之内。

4. 先在调酒杯内放入适量冰块，然后依次放入所需材料，最后用吧匙搅动的是 ________ 调酒法。

5. 当鸡尾酒中含有鸡蛋、蜂蜜时，必须采用 ________ 调酒法。

二、判断题

1. 鸡尾酒用不同色彩传达不同的情感，其中白色给人纯洁、神圣、善良的感受。（　　）

2. on the Rocks 是指不加冰。（　　）

3. 调制鸡尾酒的调制原则包括口味不同的酒和饮料最适宜混合调配成鸡尾酒，烈酒只能与辛辣口味的酒相搭配调制成鸡尾酒。（　　）

4. Dry Martini的装饰物是青橄榄。（　　）

5. 鸡尾酒是一种配制酒。（　　）

6. 在鸡尾酒调制中进行示瓶时，应把瓶口展示给顾客。（　　）

7. "Here is your drink"翻译成中文为"这是您点的酒"。（　　）

三、简答题

1. 简述摇和法调酒时需要准备哪些器具?

2. 简述调制红粉佳人的调制材料及步骤。

3. 简述鸡尾酒的调制程序。

4. 简述鸡尾酒的调制标准。

项目六 酒吧管理

一、项目导读

本项目主要学习的是酒吧工作程序、酒水服务、酒水推销、酒水管理的相关知识，是酒吧经营管理的主体。

二、学习目标

【知识目标】

掌握酒吧工作程序、酒水服务、酒水推销、酒水管理的概况、技巧和标准。

【能力目标】

熟悉酒吧服务程序和服务标准。

掌握酒水服务与饮用技巧。

能够正确使用推销和服务技巧。

掌握酒吧酒水管理的专业知识。

【情感、态度、价值观】

通过对酒吧整个工作程序标准的学习，提高学生对调酒行业的了解认知，增强学生在调酒时的工作能力，增加了学生对调酒行业的热爱。

任务一 酒吧工作程序和服务标准

一、营业前的准备工作

酒吧营业前的准备工作俗称为“开吧”，术语叫作“open bar”。其中主要包括：酒吧内的卫生清洁工作、领货工作、酒水补充工作、酒吧摆设、日常管理，以及调酒前的准备工作等。在酒吧正式营业前，酒吧人员首先应换好工装，准备参加每日工作例会。当班经理会根据每日不同的工作任务安排调酒师当天具体应有哪些工作。在会议结束后，调酒师将回到自己的工作岗位，开始酒吧营业前的准备工作。

“开吧”的时间根据每个酒吧的营业情况不同，约为 1 小时。

（一）酒吧内的卫生清洁工作

1. 吧台与操作台的清洁。传统酒吧的吧台材质通常是用大理石或硬木材料制成的，现代酒吧的吧台材质通常是用有机玻璃结合不锈钢等防火材料制作而成，表面光滑。由于每天顾客喝完酒后会弄脏或倒翻少量的酒水在其光滑表面而形成点块状污迹，在隔了一个晚上后会残留污垢。清洁时要先用湿毛巾擦拭，再用清洁剂喷在吧台表面擦抹，至污迹完全消失为止。清洁后要在吧台表面喷上蜡光剂以保护光滑面。操作台是不锈钢材料制成的，表面可以直接用清洁剂或肥皂粉擦洗，清洁后必须要用干毛巾擦干，否则会留有水渍。

2. 冰箱的清洁。冰箱内常堆放罐装饮料和食物，底部易形成油滑的尘积块，网隔层也会由于果汁和食物的翻倒粘上滴状和点点污痕，3天左右必须对冰箱彻底清洁一次，从底部、壁到网隔层。先用湿布和清洁剂擦洗干净污迹，再用清水抹干净。

3. 地面的清洁。酒吧柜台内地面多用大理石或瓷砖铺砌，每日要多次用拖把擦洗地面。地面的清洁一定要在酒水“出库”结束后再进行，否则地面清洁后再搬运物品会使得很多纸屑留在地面，还得进行再次清洁。

4. 酒瓶与罐装饮料的表面清洁。瓶装酒在散卖或调酒时，瓶上残留下的酒液会使酒瓶变得黏滑，特别是餐后甜酒，因为酒中含糖多，残留酒液会在瓶口结成硬颗粒状。瓶装或罐装的汽水啤酒饮料则由于长途运输仓储而表面积满灰尘，需要用湿毛巾每日将瓶装酒及罐装饮料的表面擦干净，以符合食品卫生标准。

5. 酒杯与调酒器具的清洁。酒杯与调酒器具的清洁与消毒要按照规程做，即使没有使用过的酒杯每天也必须要重新消毒。酒杯在消毒后要用热水冲洗，然后用口布擦干。擦杯时，要将酒杯对准白炽灯光擦拭，因为其他灯光的颜色会影响观察酒杯的整洁度。调酒常用的器具量酒器、酒吧匙、冰夹在不用的时候要浸泡在水中。

6. 酒柜的清洁。吧台内的酒柜要每日清洁，在控酒柜玻璃的时候要用干的口布清洁，不要用带水的抹布擦拭。在摆放酒水时一定要轻轻地将酒水放在酒柜内。

（二）领货工作

1. 酒水领货工作。每天将酒吧所需领用的酒水（参照酒吧存货标准）数量填写“酒水领货单”，然后让酒吧经理签字方可生效。将酒水领货单拿到酒水仓库交给保管员后取酒发货。此项工作要特别注意，在领酒水时清点数量以及核对名称，以免造成误差，领货后要在酒水领货单上的收货人一栏上签名以便核实查对。食品（锅巴、南瓜子、爆米花、干果、配料等）领货程序大致与酒水领货相同。

2. 酒杯和瓷器的领货。酒杯和瓷器相对而言容易损坏，所以领用和补充是日常要做的工作。需要领用的酒杯和瓷器，要按用量规格填写领货单，再拿到管事部仓库交保管员发货，领回酒吧后要先清洗再消毒才能使用。

3. 领物料用品。物料用品包括各种表格（酒水供应单、领货单，调拨单等）、笔、记录本、棉织品等用品。一般每星期领用1~2次。领用货物时需填好货物领料单交酒吧经理和成本会计签名后才能拿到仓库管理员发货。

（三）补充酒水

根据酒吧每天的销量补充不同种类的酒水，一般情况下，周五、周六是酒吧最忙的两天。而在周日的时候，同时是库房人员休息的时候，所以在周五和周六的时候一定要多出库，把常用的酒水提前准备出来。将领回来的酒水分类堆好，需要冷藏的如啤酒、果汁等放进冷柜内。补充酒水一定要遵循先进先出的原则，即先领用的酒水先销售使用，先存放进冷柜中的酒水先卖给顾客。以免因酒水存放过期而造成浪费。特别是果汁及水果食品更是如此。

（四）酒水记录

每个酒吧为便于进行成本检查以及防止失窃现象，需要设立一本酒水记录簿（barbook）。上面清楚地记录酒吧每日的存货、领用酒水，售出数量、结存的具体数字。每个调酒员取出“酒水记录簿”就可一目了然地知道酒吧各种酒水的数量。值班的调酒员要准确地清点数目，记录在案，以便上级检查。

（五）酒吧摆设

酒吧摆设主要是瓶装酒的摆设和酒杯的摆设。摆设要遵循几个原则：美观大方，有吸引力、方便工作和专业性强。酒吧的气氛和吸引力往往集中在瓶装酒和酒杯的摆设上。在摆设瓶装酒时，一是要分类摆放，开胃酒、烈酒、餐后甜酒要分开；二是价钱最贵的与便宜的分开摆，例如白兰地，便宜的几十块钱一瓶，贵重的几千块钱一瓶，两种价钱的酒是不能并排陈列的。瓶与瓶之间要有间隙，可放进合适的酒杯以增加气氛，使顾客的感觉得到满足的享受。散卖酒要放在工作台前伸手可及的位置以方便工作。不常用的酒放在酒架的高处，以减少从高处拿取酒的麻烦。酒杯可分悬挂与摆放两种，悬挂的酒杯主要是装饰酒吧气氛，一般不使用，因为拿取不方便，必要时，取下后要擦净再使用；摆放在工作台位置的酒杯要方便拿取，加冰块的杯（柯林杯、平底杯）放在离冰槽近的地方，不加冰块的酒杯放在其他空位，啤酒杯、鸡尾酒杯可放在冰柜冷冻。

（六）调酒准备工作

1. 取放冰块。用桶从制冰机中取出冰块放进工作台上的冰块池中，把冰块放满，没有冰块池的可用保温冰桶装满冰块盖上盖子放在工作台上。

2. 配料。如李派林汁、辣椒油、胡椒粉、盐、糖、豆蔻粉等放在工作台前面，以备调制时取用。鲜牛奶、淡奶、菠萝汁、番茄汁等，打开罐装入玻璃容器（不能开罐后就在罐中存放，因为铁罐打开后，内壁有水分很容易生锈造成果料变质），存放在冰箱中。橙汁、柠檬汁要先稀释再倒入瓶中备用，存放在冰箱中。其他调酒用的汽水也要放在伸手拿得到的位置。

3. 准备水果装饰。橙角要预先切好与樱桃一起排放在碟子里备用，表面封上保鲜纸；从瓶中取出少量咸橄榄放在杯中备用；红樱桃取出用清水冲洗后放入杯中（因樱桃是用糖水浸泡，表面太黏）备用；柠檬片、柠檬角也要切好排放在碟子里用保鲜纸封好备用。以上几种装饰物都放在工作台上。

4. 清洗用具。把酒杯拿到清洗间消毒后按需要放好。工具用餐巾垫底排放在工作台上。拭杯、酒吧匙、冰夹要浸泡在干净水中。杯垫、吸管、调酒捧和鸡尾酒签也要放在工作台上。

（七）更换棉织品

酒吧使用的棉织品有两种，即餐巾和毛巾。毛巾是用来清洁吧台的，要用湿水。餐巾（镜布、口布）主要用于擦杯，要干用，不能弄湿。棉织品只能使用一次，不能连续使用而不清洗。每日要将脏的棉织品送到洗衣房更换干净的棉织品。

（八）设备维修

在营业前要仔细检查各类电器：灯光、空调、音响；各类设备：冰箱、制冰机、咖啡机等；所有家具：酒吧台、椅、墙纸及装修有无损坏。如有任何不符合标准要求的地方，要马上填写工程维修单交酒吧经理签名后送工程部，由工程部派人维修。

（九）单据表格的准备

检查所需使用的单据表格是否齐全够用，特别是“酒水供应单”与“每日销售日报”一定要准备好，以免影响营业。

二、营业中的工作程序

吧台营业中的工作程序主要包括：酒水出品与服务、结账程序、酒杯的清洗与补充台面清理工作等。

酒吧营业时是调酒师真正体现自己能力和展现人格魅力的时候。在营业的时候会出现很多的突发事件。比如说喝酒的时候原料没有了、酒杯不够用了，或者同时有很多张单子等待调酒师的出品等。这就要求调酒师不仅要掌握熟练的操作技能和出品常识，同时更要有良工好作的经验与应变技巧，否则会导致营业困难。所以调酒师对平时的工作流程以及对酒水出品知识的掌握就显得尤为重要了。

吧台营业中的工作程序主要包括以下几个方面：

1. 酒水出品与服务

（1）顾客点酒水

顾客点酒水时，调酒师要耐心细致，有些顾客会询问酒水品种的质量、产地和鸡尾酒的配方内容，调酒师要简单明了地介绍，千万不要表现出不耐烦的样子。还有些无主见的顾客请调酒师介绍品种，调酒师介绍时须先询问顾客所喜欢的口味，再介绍品种。如果一张台有若干顾客，务必对每一个顾客点的酒水做出记号，以便正确地将顾客点的酒水送上。

（2）调酒师或服务员开单

调酒师或服务员在填写酒水供应单时要重复顾客所点的酒水名称、数目、避免出差错。有时会因为顾客讲话的发音不清楚或调酒员精神不集中听错而做错饮品。所以调酒师或服务员要特别注意听清楚顾客的要求。酒水供应单一式三联，填写时要清楚地写上日期、经手人、酒水品种、数量、顾客的特征或位置，以及顾客所提的特别要求。填好后交收款员。

收款员拿到供应单后须马上处理账单。首先将第一联供应单与账单钉在一起，然后将第二联盖章后交还调酒师（当日收吧后送交成本会计），最后第三联由调酒师自己保存备查。

调酒师收到收款员盖章后的第二联供应单才可配制酒水，没有供应单的调酒属违反酒吧的规章制度，不管理由如何充分都不应提倡。凡在操作过程中因不小心调错或翻倒浪费的酒水需填写损耗单，列明项目、规格、数量后送交酒吧经理签名认可，再送成本会计处核实入账，配制好酒水后按服务标准送给顾客。

（3）鸡尾酒的调制

调酒师在酒吧中调酒时一定要出品快、质量好，同时可以采用花式的手法为大家展示自己的个人魅力，体现花式调酒在当今酒吧的流行趋势。鸡尾酒的作品固然重要，但是能够体现调酒师其正价值的是调酒部分的展示。所以调酒师一定要在吧台展示出自己熟练的技能，一定要在顾客面前调酒，不要把酒放在操作台或是厨房内调制，这样就失去了调酒师独特的魅力了。在调酒的时候必须要采用先放冰块，然后辅料，最后放基酒的原则。出品好酒后要迅速地出品，因为有些鸡尾酒颜色的效果经常一段时间后会出现折扣，所以一杯好的鸡尾酒要讲究冰冻、适口、美感，就必须在它在新鲜的状态下出品。无论出品的环节有多复杂，调酒师必须要按照调酒的基本环节去操作，不能张冠李戴，也不能不按配方出品。一个好的调酒师可以根本顾客的要求调制出不同颜色、口味的酒，但是操作的配方与程序一定要统一。不能说张三调酒好喝，而李四调得就很一般，在一个吧台工作的调酒师，所有人的出品必须是要严格统一的。因为在确定口味一致的时候，同时还有成本的原因，这就要求我们的吧台出品是正规的、严格的、专业的。

（4）花式调酒表演

花式调酒从人们的视线里逐渐从陌生到熟悉，它已经取代了传统调酒的风格，将比较正式，庄重的调酒风格变成比较随意自然的特点。现在很多酒吧的顾客都是冲着调酒师去的，因为他们熟练的技术和独立的魅力深深地吸引时尚人群，使得酒吧的亮点逐渐展示出来了。

在花式表演中，一定要展示给顾客你最熟练的技，巧平时在练习中，最有把握的动作要在表演中体现千万不要为了追求难度而展示比较没有把握的动作。同时在表演的时候一定要用其酒调制，不要一味地玩儿空酒瓶。因为花式调酒是以花式为辅以调酒为主的一种新型凋酒形式。在倒入满瓶酒水的时候最好采用不锈钢的酒，嘴因为它的流社比较快. 方便出品。在表演花式调酒的时候最好采用塑料的酒嘴，因为这样在表演的时候不用考虑不锈钢的酒嘴比较锋利容易使酒嘴伤到人。

（5）应酬顾客

调酒师除了在酒吧调酒、付货出品外，必不可少的一个环节就是要与顾客沟通。拥有一个良好的沟通能力是调酒师必须要掌握的一个技能。当散客座在吧台时他们非常希望能找人聊天，这个时候调酒师的出现就迎合了人们的心理。同时，通过调酒师与顾客之间的交流使得吧台才有亮点，所以很多真正喜欢泡吧的顾客都喜欢做吧台，因为吧台能够更近距离地让人们接触到酒文化的魅力所在。

在吧台的顾客都很喜欢与调酒师玩儿些小的游戏，来增加娱乐性，同时在玩儿游戏的时候也增加了与顾客之间的交流。所以，调酒师要掌握一定的酒吧游戏与吧台魔术，在娱乐顾客的同时也完成了自己应有的本职工作。

不过调酒师要随时掌控顾客的酒量，当感觉顾客要喝多的时候一定要主动提醒各人，同时少让顾客喝些比较容易醉的酒。应酬顾客的同时也是要随时提醒顾客饮酒不要过度，这样才是一个合格的调酒师。

2. 结账

有的酒吧采用先结账的方式。

顾客打招呼要求结账时，调酒师或服务员要立即有所反应，不能让顾客久等。许多顾客的投诉都是因结账时间长而造成的。调酒师或服务员需仔细检查一遍账单，核对酒水数量品种有无遗漏，这关系顾客的切身利益，必须非常认真仔细，核对完后将账单拿给顾客，顾客认可后，收取账单上的现金（如果是签账单，那么签账的客人要用正楷签名，信用卡结账按银行所提供的机器填单办理），然后交收款员结账，结账后将账单的副本和零钱交给顾客。

3. 酒杯的清洗与补充

在营业中要及时收集顾客使用过的空杯，立即送清洗间清洗消毒。决不能等一群顾客一起喝完后再收杯。清洗消毒后的酒杯要马上取回酒吧备用。在操作中，要有专人不停地运送、补充酒杯。

4. 台面清理工作

调酒师要注意经常清理台面，将吧台上顾客用过的空杯、吸管、杯垫收集。将一次性使用的吸管、杯垫扔到垃圾桶中，空杯送去清洗，台面要经常用湿毛巾清理，但不能留有脏水痕迹。要回收的空瓶放回洗涤筐中，其他的空罐与垃圾要轻轻放入垃圾桶内，并及时送去垃圾间，以免时间长产生异味。顾客用的烟灰缸要经常更换，换下后要清洗干净，严格来说烟灰缸里的烟头不能超过两个。

5. 鸡尾酒的调制

调酒师在酒吧中调酒时一定要出品快、质量好，同时可以采用花式的手法为大家展示自己的个人魅力，体现花式调酒是当今酒吧的流行趋势。鸡尾酒的作品固然重要，但是能够体现调酒师其正价值的是调酒部分的展示。所以调酒师一定要在吧台展示出自己熟练的技能，一定要在顾客面前调酒，不要把酒放在操作台或是厨房内调制，这样就失去了调酒师独特的魅力了。在调酒的时候必须要遵守先放冰块，然后辅料，最后放基酒的原则。调制好酒后要迅速地出品，因为有些鸡尾酒的颜色效果经常在一段时间后会出现折扣，所以一杯好的鸡尾酒要讲究冰冻、适口、美感，就必须在新鲜的状态下出品。无论出品的环节有多复杂，调酒师都必须要按照调酒的基本环节去操作，不能张冠李戴，也不能不按配方出品。一个好的调酒师可以根据顾客的要求调制出不同颜色、口味的酒，但是操作的配方与程序一定要统一。不能说张三调酒好喝，而李四调得就很一般。在一个吧台工作的调酒师，所有人的出品必须是要严格统一的。因为在确定口味一致的时候，还要考虑成本的原因，这就要求我们的吧台出品是正规的、严格的、专业的。

三、营业中的工作流程明细案例详情：

行见顾客走向吧台时，向顾客招手示意。

当顾客刚坐到吧台时，主动伸手与顾客打招呼。

当顾客准备点酒的时候，主动向顾客介绍本酒吧的特色酒水，如洋酒套餐。

当顾客犹豫时，向顾客介绍酒水的特点及价格。

调酒师接过点单后，为顾客出品时一定要执行“见单付货”的原则。

酒吧的结账方式有两种，一种是先结账，另一种是后结账。所以要根据自己酒吧的规定，及时让顾客结账，不要出现“跑单”的现象。

在与顾客聊天的时候可以征求一下顾客对酒吧的意见，同时也可以将自己酒吧的表演活动和具体时间告诉顾客。

酒水的调制与出品服务：

出品干果、小吃、果盘等。

吧台送的果盘要与出品的果盘分开。

服务酒水的同时，要主动为顾客介绍酒水的特点。

及时更换烟灰缸，清理吧台内的杂物。

主动为顾客点烟。

如果顾客主动给你香烟或其他物品时，无论你是否抽烟都要用双手接下，并说声“谢谢”。

顾客吃小吃与果盘时，要提供牙签与餐巾纸。

酒吧高峰期的时候（11点左右）进行花式调酒表演。

花式调酒表演之后可以用拍卖、赠送等方式与顾客互动。

如果顾客在吧台内存有物品，当顾客离开时应主动提醒顾客，第一时间让顾客保管好自己的物品。

主动陪顾客玩游戏，顾客有不会玩的项目应耐心为顾客解释。

顾客走的时候，要与顾客打招呼。

四、营业后的工作程序

吧台营业后的工作程序主要包括酒吧卫生清理工作、每日工作报告、清点酒水、检查火灾隐患、关闭电器开关等。

1. 酒吧卫生清理工作

营业时间到点后要等顾客全部离开后，才能动手收拾酒吧。绝不允许驱赶顾客。先把脏的酒杯全部收起送清洗间，必须等清洗消毒后全部取回酒吧才算完成一天的任务，不能到处乱放。垃圾桶用后要倒空，并清洗干净，否则第二天早上酒吧就会因垃圾发酵而充满异味。把所有陈列的酒水小心取下放入柜中，散卖和调酒用过的酒要用湿毛巾把瓶口擦干净再放入柜中。水果装饰物要放回冰箱中保存并用保鲜纸存封。凡是开了罐的汽水、啤酒和其他易拉罐饮料（果汁除外）要全部处理掉，不能放到第二天再用。酒水收拾好后，酒水存放柜要上锁，防止失窃。酒吧台、工作台、水池要清洗一遍。酒吧台、工作台用湿毛巾擦抹，水池用洗洁精洗，单据表格夹好后放入柜中。

2. 每日工作报告

主要有几个项目，当日营业额、顾客人数、平均消费、特别事件和顾客投诉。每日工作报告主要供上级掌握酒吧的营业详细状况和服务情况。

3. 清点酒水

把当天所销售出的酒水按第二联供应单数目及酒吧现存的酒水确实数字填写到酒水记录簿上。这项工作要细心，不准弄虚作假，否则造成很大的麻烦。特别是贵重的瓶装酒要精确到0.1瓶。

4. 检查火灾隐患

全部清理、清点工作完成后要将整个酒吧检查一遍，检查有没有会引起火灾的隐患，特别是掉落在地毯上的烟头。消除火灾隐患在酒店中是一项非常重要的工作，每个员工都要担负起责任。

5. 关闭电器开关

除冰箱外所有的电器开关都要关闭。包括照明、咖啡机、咖啡炉、生啤酒机、电动搅拌机、空调和音响。

最后把所有的门窗锁好，再将当日的供应单（第二联）与每日工作报告、酒水调拨单送到酒吧经理处。通常酒水领料单由酒吧经理签名后可提前投入食品仓库的领料单收集箱内。

任务二　酒水服务与饮用技巧

一、酒水服务流程

（一）迎客服务

1. 问候顾客

迎接顾客时应礼貌地问候顾客，目光应注视顾客。如果知道顾客的姓名，问候时应称呼顾客的姓名。如果顾客没有听清问候，应再重复一遍。

2. 引领顾客入座

首先应当询问顾客的人数，并用手势示意顾客进入酒吧。迎客时应在顾客左前方1.5 m处为顾客引路，征询顾客对座位是否满意，如果不满意，可由顾客自己选择座位。

3. 为顾客拉椅让座

将椅子向后拉开，使顾客能站在椅子前；顾客坐下时，应将椅子向前推至顾客腿部，使顾客坐下感到舒适。

4. 向顾客展示酒水单

礼貌地用双手呈递酒水单。

（二）点酒服务

礼貌询问顾客是否可以点酒水。注意和顾客保持目光交流，听清顾客所点的酒水时一定要重复一遍。

点酒水时要询问顾客关于一些烈酒或特殊酒水的饮用方式，并在酒单中注明。

在填写酒水单时要注意写单的顺序：首先是净饮酒和高杯酒，其次是鸡尾酒，再次是果汁，最后是乳饮料及啤酒。在填写酒水单时字迹一定要工整。点酒单上要写好时间、服务员的姓名、台号及相关所需要的酒水的名称和数量。

（三）取酒服务

1. 检查酒水有无杂质，是否变质、过期。

2. 检查酒水包装盒是否完好，瓶口是否有破损。

3. 用干净口布将瓶口、瓶身擦拭干净。

4. 准备好开启瓶盖的起子及酒钻，配备杯垫等服务用品。

注：取杯具时，手指不能触碰杯口。

（四）托盘服务

取酒水、饮料时需要使用托盘。托盘按质地分为木质托盘、塑料托盘、不锈钢托盘、铝制托盘等，形状分圆形托盘和方形托盘，规格有大、中、小三种。托盘的动作有轻托和重托两种。

1. 轻托

轻托又称胸前托，主要用于餐前服务（餐具、酒具的托送）、餐中服务（斟酒、上菜、撤换餐具）及托送较轻的物品。通常使用中小托盘。其操作要领是：左手托盘，左臂弯曲90°，左手掌心向上，五指分开；用五个手指指端和手掌跟部托住盘底，手掌自然形成凹形，重心压在大拇指根部，使重心点和左手五指指端形成六个“力点”，利用五指的弹性掌握盘面的平稳；托盘平托于胸前，略低于胸部，位于第二、三粒衣扣之间，盘面与左手臂呈直角状，利于左手腕灵活转向；行走时，头正，肩平，上身挺直，两眼平视前方，步伐轻盈自如；托盘随步伐在胸前自然摆动，切勿用大拇指按住盘边。

2. 重托

重托又称为肩上托，通常使用大型托盘，用于托送较重的菜点、酒水，以及收拾餐具和菜盘等，所托物品质量一般为5~10 kg。其操作要领是：左手五指伸开，托住盘底中央；在掌握好重心后，用右手将托盘扶起，左手手腕向上向后转动，将托盘稳托于肩上；托盘上肩要做到不搁肩，盘前不近嘴，盘后不靠发；右手自然下垂、摆动或扶住托盘边沿；行走时，上身挺直，轻松自如，做到“盘平、肩平、物平”。

（五）酒水服务

1. 示瓶服务（图6-1）

当顾客点选整瓶酒水时，开瓶之前应先报酒名，然后在顾客面前展示酒瓶，方法如下：

（1）服务员站在顾客的右侧。

（2）左手托瓶底，右手持瓶颈。

（3）酒瓶的商标朝向顾客，让顾客辨认商标，直至顾客点头认可。

（4）当着顾客的面开启酒水。

图6-1 示瓶服务展示

2. 特殊酒品的服务

顾客在选用酒品时，往往同时选用几种不同的品种，如啤酒、白酒、葡萄酒或黄酒、鸡尾酒等。啤酒的最佳饮用温度在8～11 ℃，高级啤酒的饮用温度为8 ℃左右，白葡萄酒（干型）饮用的温度宜在8～12 ℃，大多数顾客饮用白酒时喜欢冷饮，但有些顾客则喜欢温饮，黄酒一年四季人们都喜欢热饮，鸡尾酒既有冷饮服务也有热饮服务，因此，服务员应视具体情况确定酒是否需要冰酒或温酒。

冰酒时可把酒放入冰箱冷藏，可以把酒放入带冰块的冰桶中降温，还可以在酒中加入冰块。温酒时可用水烫法、烧煮法、燃烧法，也可以将热饮注入酒液或将酒液注入热饮。

注：白酒酒温一般掌握在30～35 ℃即可黄酒达到40～50 ℃即可，不可用烘烤和燃烧的方法，以免酒温过高挥发掉酒香而影响质量。

3. 开瓶服务

酒水的品种繁多，包装方式也各不相同，开瓶基本要求如下：

（1）选用正确的开瓶器，如图6-2所示。

（2）开口方向朝向自己，并用手遮掩，以示对顾客的礼貌。

（3）开瓶时动作要轻，声音越小越好，并尽量减少瓶体的晃动，动作尽可能正确、敏捷、果断。

（4）开瓶后，用干净的布仔细擦拭瓶口，检查瓶中酒是否存在质量问题，气味是否正常。

（5）开瓶后将酒瓶留在顾客的桌台上，酒瓶的封皮、软木塞、瓶盖等杂物放入小碟中，顾客确认后再撤走。

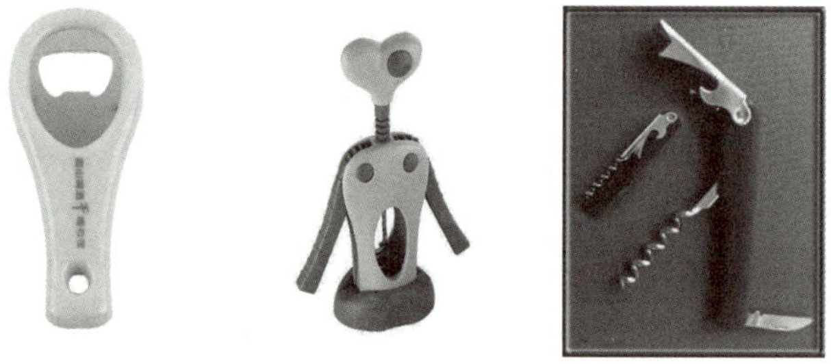

图6-2　开瓶器

注意：在制作鸡尾酒时一定要严格按照配方去做，一定要注意量的多少。在量酒水时，如使用不锈钢组合量杯时须将酒倒至量杯的杯沿，如使用玻璃量杯、塑料量杯等有刻度的量杯时须将酒应倒至刻度线处。而且每次量完，须把量杯内的酒水倒尽，然后把量杯倒扣在滴漏板上，使量杯中剩余的酒液沥干，防止与不同种类的酒水味道混合在一起。

4. 斟酒服务

（1）斟酒顺序

一般从主宾位置开始，按顺时针方向依次进行。

①中餐斟酒

中餐宴席斟酒的顺序一般是从主宾开始，主宾在先，主人在后，女士在前，男士在后。两名服务员一同为顾客斟酒时，一个从主宾开始，另一个可以从副主宾倒起，然后依座次按逆时针为顾客斟上酒水或饮料。

当主宾发表讲话时，餐厅员工的一切活动都应当停止，宜静静地站在离顾客适当的距离，以免对顾客的正常活动造成不必要的干扰。当主人发言快要结束时，服务员应当将主人的酒杯递上，以供主人敬酒之用。

②西餐斟酒

中餐主人一旦确定饮用何种酒以后，可能就不会发生太大的变化，但西餐却不同，高级的西餐所饮用的酒有时有七种之多，每吃一道菜就要变换一种酒，吃相应的菜就要喝相应的酒。

每斟一种酒时，应先将前面所用的酒杯与即将饮用的酒杯调换一下位置，然后倒上酒，以方便顾客敬酒。

（2）站位姿势

斟酒时应站在餐位右侧，面向顾客，双脚呈“丁”字步或小“八”字步站立。手臂横越顾客的视线等，均是忌讳和不礼貌的做法。服务人员右手持瓶，面向顾客进行斟酒，每斟一杯酒需更换一次位置，站到下一位顾客的右侧，换位要做到进退有序。切记，不能站在顾客的左侧，不准隔位斟酒。

（3）斟酒方式

斟酒的基本方式有两种：一种是桌斟，是指将顾客的酒杯放在台面上，服务员用右手持瓶向杯中斟倒酒水。另一种是捧斟，是指服务员右手持瓶，左手持杯，向杯中斟酒，斟倒完将杯子放在顾客的右手处。捧斟方式一般适用于非冰镇酒品。

（4）持瓶姿势

右手持酒瓶的中下端，商标朝外，正对顾客，利用腕部转动斟酒。斟倒时瓶口与杯口要保持1~2 cm的距离，动作要轻、稳、准、雅。

（5）分量

烈性酒、软饮料斟至酒杯的八分满，红葡萄酒斟至酒杯的1/3或一半，白葡萄酒斟至酒杯的七成满，啤酒斟倒80%酒、20%泡沫，鸡尾酒八成满。

（6）续点酒水

当顾客的酒水剩下1/3时，应及时上前为顾客添加酒水或询问顾客是否续点酒水。

当顾客续点酒水时，要更换新的酒水杯。

空瓶要及时撤走，顾客杯中的酒水用完，顾客也未再要酒水时，应征得顾客的同意后为顾客撤下空杯。

5. 值台服务

（1）询问顾客是否满意或者有无其他要求。

（2）发现顾客饮酒过量，不得再提供酒精饮料。

（3）发现问题及时向领班汇报。

6. 送客

当顾客结账准备离座时，服务人员应主动上前拉椅子，并按标准姿势向顾客行礼，表示感谢。等顾客离开后立即进行桌面的清洁整理工作。

二、酒水分类饮用技巧

（一）红葡萄酒

1. 酒温。红酒的温度应在15~20 ℃，白葡萄酒一般在8~12 ℃。

2. 醒酒。一瓶尘封多年的佳酿，刚刚打开时需要“唤醒”这支酒。将酒倒入醒酒器后稍稍等待，待红酒充分氧化之后，浓郁的香味就出来了，醒酒时间一般在0.5 ~1 h。

3. 品酒。斟酒时以酒杯横置，酒不溢出为基本要求，在光线充足的情况下将红酒杯横在白色背景上，观看红酒的边缘，观看颜色的变化，红酒颜色越深，表明是新酒，颜色越浅，则是陈酒；白葡萄酒颜色越淡，则为新酒，颜色越深，则为陈酒。在酒入口前，先深深地在杯里嗅一下，新酒的果香味很重，陈酒则将这“张扬”的个性深深地收敛。小啜一口酒，让酒在口腔里多停留片刻，然后慢慢咽下，一股幽香立刻萦绕其中。

4. 饮酒顺序。喝酒时应遵循新在先、陈在后，淡在先、浓在后的原则饮用。

（二）啤酒

啤酒服务方法：啤酒酒精度较低，一般饮用前最好冷藏。斟瓶装啤酒时，要慢慢注入杯中，或者将杯子稍稍倾斜，让酒沿着杯壁流下，这样就不会冒出许多泡沫，一般斟啤酒应八分酒二分泡。另外，斟啤酒的杯子一定要干净，不可以有油垢。否则会影啤酒的口味。

（三）六大基酒的饮用

1. 白兰地的饮用：净饮、混饮（加冰、加汽水、果汁等）。

2. 威士忌的饮用：净饮、加冰、加水、加汤力水、加可乐、加苏打水、加绿茶。

3. 伏特加的饮用：净饮、加冰、加水、加可乐、加七喜、加苏打水、加汤力水、加青柠汁。

4. 特基拉的饮用：净饮（加柠檬、加盐）、加冰、加七喜、加橙汁。

5. 朗姆酒的饮用：净饮、加冰、加水、加可乐、加橙汁、加青柠汁。

6. 金酒的饮用：加汤力水。

知识扩展

识别洋酒真伪五妙招

1. 看标识。按海关规定要求，洋酒标签上必须要有中文标识及卫生检验检疫章。而中文标识是必须经过国家相关部门多个证明及样品抽查合格后才能获得的。因此没有中文标识及卫生检验检疫章的洋酒可能是假酒。

2. 辨标签。真品标签字迹清楚、轮廓好;假酒标签字迹模糊、不规则。

3. 观酒色。真品液体呈金黄色、透亮；假酒的液体则暗淡、光泽差。

4. 认防伪盖。真品瓶盖上的金属防伪盖与瓶盖是连为一体的，而假酒的防伪盖却是粘上去的。同时，真品金属防伪盖做工严密，塑封整洁、光泽好;而假酒瓶盖做工粗糙，塑封材质不好，偏厚，光泽差，商标模糊，立体感差。

5. 记防伪图案。各地葡萄酒防伪标志在不同的角度下可出现不同的图案变换，防伪线可撕下来；假酒的防伪标志无光泽，图案变换不明显，防伪线是印上去的。

任务三 酒吧推销与服务技巧

推销是指推销人员通过合理的方式、方法将商品推荐给顾客，达到盈利的目的。

在服务的过程中，服务员不仅仅是一名接待者，同时也是一名兼职的推销员。推销要有建议性的推销，合理推销和盲目推销之间会有很大的差别，后者会使顾客生厌，有被愚弄的感觉，或者认为是急于脱手某些不实际的或非名副其实的东西，盲目推销也会与顾客的“物有所值”的消费心理背道而驰。另外，服务人员不能凭借自己的喜好和偏见去影响顾客的消费情绪，你不喜欢的或许正是顾客所乐意接受的，不可对任何顾客所点的食品、饮品表示不满，不能对顾客持有色眼光。

一、介绍

1. 了解商品（主要指各类商品特性）。

2. 先推介高价位酒水后再推介中低价酒水，要主推套餐酒水，因为董事长都会给管理层下达一些指标，比如每个月必须要买多少套餐等，然后再看顾客的数量，卡座还是散台，不要讲最低消费。

3. 男士推介白兰地、威士忌，女士推介香槟套餐等。

二、推销技巧

1. 了解顾客（各类型的顾客特征）

（1）经济型顾客：推荐优惠活动酒水。

怎样确定这类型的顾客：像这类型的顾客要看他的穿着来确定，或在顾客点酒时，询问这样酒怎么买，那样酒又是怎么买，以此衡量顾客的消费能力。针对这类型的顾客一定要推销公司的主打酒水套餐。让顾客感觉我们是在为他们着想。

（2）犹豫不决型顾客：提出建议，削弱缺点。

怎样确定这类型的顾客：顾客在点酒的时候会有一些小动作（比如拿着酒水牌左看右看就是不知道喝什么酒），这时，服务人员就要主动地给顾客做出推荐。从高价位的酒水开始给顾客做介绍，主要介绍喝这种酒的好处在哪，帮顾客做决定。

（3）从容不迫型顾客：耐心，多方面介绍产品的利益所在。

怎样确定这类型的顾客：这类型的顾客是很急，很想马上就可以开始玩，不想等。马上就要位置坐、点完酒马上就可以喝到酒的那种。对这类型的顾客就要用自己的服务态度和熟练的业务技能去和顾客沟通、给顾客介绍产品，要以很快的速度帮顾客介绍完酒水、小吃等。

（4）情感型顾客：注意观察，尽量迎合顾客的需求。

怎样确定这类型的顾客：这类顾客在玩的时候一般是很热情、开放（就是说玩得很疯的顾客）如果这类的顾客有其他的要求，要先倾听，后根据情况来满足顾客的需求。如有过分的要求还是要先倾听，后给顾客做出合理的解释。

（5）豪放型顾客：赞美顾客，推荐高档酒水。

怎样确定这类型的顾客：这类型的顾客一般是看上去感觉很自信、很有钱、一脸什么都不在乎的态度。这类型顾客坐下后要马上给顾客介绍酒水，从高价位酒水介绍起。（这类型的顾客一般都是很有消费能力的）。

（6）时尚型顾客：推荐喝法特别新颖的酒水。

怎样确定这类型的顾客：穿着前卫、新颖，打扮特殊。对这样的顾客就要给他们介绍我们有特色的鸡尾酒和喝法新颖，并且好看的酒水。可以到吧台给顾客拿点干冰这些东西放进酒里，使酒水变得好看，新奇。

（7）圆滑难缠型顾客：耐心，不能看不起顾客，坚持原则，不断给顾客解释。

怎样确定这类型的顾客：这类的顾客一进门就是这不好那不好的，选座位也是一样，会有很多的挑剔。对这样的顾客要耐心，不能对顾客表达任何不满的情绪，要以优质的服务和专业技能去让顾客肯定你。以便为顾客提出的不合理要求做解释。

2. 做好倾听

（1）集中精力，专心倾听。

（2）不打断顾客说话。

（3）谨慎反驳，巧妙提问。

（4）和顾客建立良好的关系。

（5）把产品和顾客要求结合起来。

（6）处理顾客异议的能力。

（7）敏捷的思维和说话技巧。

（8）良好的心理素质。

三、推销时应注意的细节及技巧：

1. 顾客入座时，观察是熟客还是生客。熟客尽量用“某某哥（美女），还是喝某某酒吗？”或者问“还是老规矩吗？”如果是生客，判断客户类型，注意给顾客的第一印象要好。

2. 推销时注意全面性。包括酒、饮料、果盘、小吃、纸巾等。

3. 做好准备工作，尽量捆绑销售。先计算好几样商品的累计价格，告诉顾客全套餐的价格观察顾客的反应，若顾客反应明确，就征询点餐数量，然后推一套多少钱，两套多少钱，三套多少钱，买大瓶的有什么好处，办理会员卡有什么优惠。若顾客犹豫不定时，则要帮顾客拿主意，主动引导顾客（我们现在主打什么套餐，优惠力度比较大，配送包括什么，如软饮、果盘、小吃、纸巾等）。

4. 尽量站在点酒顾客的右边。与顾客讲话时，目光注视对方，以示尊重，半跪式上身微倾，尽量靠近顾客讲话，用手捂嘴，不要将唾液喷进耳朵里，不要距离太远。顾客讲话时，随时点头附和，以示听清，若没有听清，说声：“对不起，麻烦您再说一遍。”

5. 对于喝啤酒或饮料的顾客，向顾客介绍价格差距不大，分量又多，又上档次的饮品。推荐喝洋酒。

6. 注意推销的对象。有女士在尽量问女士，或站在被请顾客的旁边

7. 用二选一的金法则。如“先生/小姐/老板/哥哥/姐姐：晚上好!请问您需喝点什么？是喝洋酒？还是香槟？”假设顾客选择洋酒，继续询问：“您是喜欢喝白兰地？还是威士忌？”

8. 整取整零法推销。

9. 用酒水知识引起顾客的兴趣。用中途服务代替推销。

10. 抓住时机，适当地赞美顾客，博得顾客信任，让顾客跟着自己的思路走。

11. 酒水确定后，需进一步推销，介绍一些厨房小吃，语气采用征询的语气：“先生/小姐/老板/哥哥/姐姐，需不需要来点送酒小食？”“××味道不错的，是我们餐厅的特色小食。很多顾客都点的，想不想试试？”

四、中途推销注意细节

1. 及时搞好台面卫生，在清台或收空瓶的时候进行二次推销。在酒水剩余不多即将喝完时（不要等到喝完，即还有1/3的时候），再一次询问顾客“先生/小姐/老板哥哥姐姐？酒还有软饮不够了，用上“再来一套（打）吗？我们的软饮套餐是多少……”

2. 留意女士的饮料是否喝完，若差不多喝完，同样实行第二次推销。

3. 在顾客之间发生意见不一致时，用上折中的办法，如先来半打吧，喝不完可以存等。

4. 注意说话时声音的高低。请客或有女士在，因为面子不想买也会买，说话时要让被请的人或女士听到。

5. 抓住时机进行推销。气氛好的时候或有一方输了不服气的时候。

6. 看见顾客闷坐在桌上时，通知外联部，通过配合进行推销。

7. 对喝多的顾客适当进行劝阻，给醉酒或饮酒过量的顾客送去热水、热鲜奶。

8. 二次推销时间也有很大的关系，比如说11点推销和12点推销就是两个效果，一定要控制好推销时间，和营销经理事前沟通好，若果顾客在10：30点之前还有一扎酒的量，顾客觉得11点过后还想再玩一会儿，会再买一瓶酒，但是12点以后顾客有点疲劳了，就想回家了，不会去买这第二瓶酒。但是买了第二瓶酒，会加大我们的营业时间。

任务四　酒吧酒水管理

一、酒水销售管理

在酒吧经营过程中，利润是经营的目的，要获得利润则需要良好的销售。常见的酒水

销售形式有三种，即零杯销售、整瓶销售和配制销售。这三种销售形式各有特点，管理和控制的方法也各不相同。

（一）零杯销售

零杯销售是酒吧经营中常见的一种销售形式，销售量较大，它主要用于一些烈性酒，如白兰地、威士忌等的销售，葡萄酒偶尔也会采用零杯销售的方式销售。销售时机一般在餐前或餐后，尤其是餐后，顾客用完餐，喝杯白兰地或餐后甜酒，一方面消磨时间，相聚闲聊，另一方面饮酒帮助消化。控制零杯销售首先必须计算每瓶酒的销售份额，然后统计出每一段时期的总销售数，采用还原控制法进行酒水的成本控制。

由于各酒吧采用的标准计量不同，各种酒的容量也不同，在计算酒水销售份额时首先必须确定酒水销售标准计量。目前酒吧常用的计量有每份30 mL、45 mL和60 mL三种，同一餐厅的酒吧在确定标准计量时必须统一。标准计量确定以后，便可以计算出每瓶酒的销售份额。以人头马VSOP为例，每瓶的容量为700 mL，每份计量设定为 1 盎司（约30 mL），计算方法如式6-1：

$$\text{销售份额}=\frac{\text{每瓶酒容量}-\text{溢损量}}{\text{每份计量}}=\frac{700-30}{30}=22.3\text{（份）}\quad\text{（式6-1）}$$

计算公式中溢损量是指酒水存放过程中自然蒸发损耗和服务过程中的滴漏损耗，根据国际惯例，这部分损耗控制在每瓶酒 1 盎司左右被视为正常。根据计算结果可以得出每瓶人头马VSOP可销售22份，核算时可以分别算出每份或每瓶酒的理论成本，并将之与实际成本进行比较，从而发现问题并及时纠正销售过程中的差错。

零杯销售关键在于日常控制，日常控制一般通过酒吧酒水盘存表来完成，每个班次的当班调酒员必须按表中的要求对照酒水的实际盘存情况认真填写。

盘存表的填写方法是，调酒员每天上班时按照表中品名逐项盘存，填写存货基数，营业结束前统计当班销售情况，填写售出数，再检查有无内部调拨，若有则填上相应的数字，最后用“基数 + 调进数 + 领进数 - 调出数 - 售出数 = 实际盘存数”的方法计算出实际盘存数填入表中，并将此数据与酒吧存货数进行核对，以确保账物相符。酒水领货按惯例一般每天一次，此项可根据饭店实际情况列入相应的班次。管理人员必须经常不定期检查盘点表中的数量是否与实际贮存量相符，如有出入应及时检查，及时纠正，堵塞漏洞，减少损失。

（二）整瓶销售

整瓶销售是指酒水以瓶为单位对外销售，这类销售情势在一些大饭店，营业状态比较好的酒吧较为多见，而在普通档次的饭店和酒吧则较为少见。一些饭店和酒吧为了鼓励顾客消费，通常采用低于零杯销售10%~20%的价格对外销售整瓶酒水，从而达到提高经济效益的目的，但是，由于差价的关系，常常也会诱使觉悟不高的调酒员和服务员，相互勾结，把零杯销售的酒水进以整瓶酒的售价入账，从而中饱私囊。为了避免此类作弊行为的发生，减少酒水销售的损失，整瓶销售可以通过整瓶酒水销售日报来进行严格控制，即天天将按整瓶销售的酒水品种和数目填进日报表中，由主管签字后附上订单，一联交财务部，一联酒吧保存。

另外，在饭店各餐厅的酒水销售进程中，国产名酒和葡萄酒的销售量较大，而且以整瓶销售居多，这类酒水的控制也能够使用整瓶酒水销售日报表来进行，或直接使用酒水盘存表进行控制。

（三）混合销售

混合销售通常又称为配制销售或调制销售，主要指混合饮料和鸡尾酒的销售。鸡尾酒和混合饮料在酒水销售中所占比例较大，触及的酒水品种也较多，因此，销售控制的难度也较大。

酒水混合销售的控制比较复杂，有效的手段是建立标准配方，标准配方的内容一般包括酒名、各种调酒材料及用量、成本、载杯和装潢物等。建立标准配方的目的是使每种混合饮料都有统一的质量，同时确定各种调配材料的标准用量，以利加强成本核算。标准配方是成本控制的基础，不但可以有效地避免浪费，而且还可以有效地指导调酒员进行酒水的调制操纵，酒吧管理职员则可以根据鸡尾酒的配方采用还原控制法实施酒水的控制，其控制方法是先根据鸡尾酒的配方计算出某一酒品在某段时期的使用数目，然后再按标准计量还原成整瓶数。计算方法如式6-2：

$$\text{酒水消耗量}=\text{配方中该酒水用量}\times\text{实际销售量} \qquad \text{（式6-2）}$$

以“干马提尼”酒为例，其配方是金酒2盎司，干味美思0.5盎司，假定某时期共销售“干马提尼”150份，那么，根据配方可算出金酒的实际用量为

$$2\text{盎司}\times 150\text{份}=300\text{盎司}$$

如果每瓶金酒的标准份额为25盎司，则实际耗用整瓶金酒数为

$$300\text{盎司}\div 25\text{盎司/瓶}=12\text{瓶}$$

因此，混合销售完全可以将调制的酒水分解还原成各种酒水的整瓶耗用量来核算成本。在平常管理中，为了正确计算每种酒水的销售数目，混合销售可以采用鸡尾酒销售日报表进行控制，天天将销售的鸡尾酒或混合饮料登记在日报表中，并将使用的各类酒品数目按照还原法记录在酒吧酒水盘点表上，管理职员将两表中酒品的用量相核对，并与实际储存数进行比较，检查是不是有过失。鸡尾酒销售日报表也应一式两份，由当班调酒员，主管签字后一份送财务部，一份酒吧保存。

总之，酒水的销售控制固然有一定的难度，但是只要管理者认真对待，做好员工的思想工作，建立完善的操纵规程和标准，是可以做好的。

二、酒水的存放管理

酒的种类繁多，酒类经营者在保管上要讲求方法，注意科学，需从以下几方面进行管理，才能保证其酒类的品质。

1. 储存酒类的库房应专库专存。库房要经常保持清洁，要远离和隔绝火源（特别是白酒），并配备专用消防设备。仓库房顶、墙壁要有隔热层，并把向阳面的窗户涂白，以防辐射热和阳光直射。

2. 库房内温湿度要适宜。储存酒的仓库要清洁光亮、通风较好、空气较为干燥，但也不能过于潮湿，相对湿度一般控制在75%左右。

3. 白酒储存的环境温度不宜超过30 ℃，温度较高易霉烂，同时容器封口要严密，防止漏酒和“跑度”。对散装白酒要适当增加湿度，降低温度，特别是在夏季，如果库房内温度较高，又比较干燥，可在地面上洒适量的清水，以求降低库温，增加湿度。库温的高低因酒的不同而有不同的要求，一般散装白酒应保持在较低温度条件下，黄酒、葡萄酒和果酒的适宜库温为20 ℃左右，熟啤酒4~20 ℃，鲜啤酒0~10 ℃。北方地区在严寒季节，应做好酒类库房防冻保温工作。

4. 酒类堆码要牢固，高度要适当，搬运要轻拿轻放，不能倒置，并定期检查库内温湿度，酒类数量和质量情况，发现问题及时解决。

5. 啤酒、葡萄酒和果酒等低度酒，要本着先进先出的原则，掌握好出厂日期和保质期，要在保质期内出库。保存啤酒的场所要保持阴暗、凉爽、清洁、卫生，温度不宜过高，并避免光线直射。要减少震动次数，以避免发生浑浊现象。啤酒一般保存期为两个月。白酒在库房内条件适宜，又不影响经营的情况下，可适当延长储存期，这样会改善酒水的品质，提高水的质量。

练 习 题

一、多选题

1. 酒吧服务程序包括（　　　　）。

A. 营业前准备　B. 营业中服务　C. 营业中准备　D. 营业后服务

2. 酒吧营业前准备主要包括（　　　　）。

A. 酒吧卫生　B. 备齐物品　C. 填写报表　D. 调酒准备

3. 备齐物品主要包括（　　　　）。

A. 服务用品　B. 调酒用具和杯具　C. 消费品　D. 杂物

4. 下列属于服务用品的有（　　　　）。

A. 点 酒单　B. 烟灰缸　C. 餐巾纸　D. 记录本

5. 下列属于杂物的有（　　　　）。

A. 文具用品　B. 装饰雨伞　C. 长短搅棒　D. 垃圾袋

6. 酒吧卫生包括（　　　　）。

A. 吧台卫生　B. 地面卫生　C. 清洁电器　D. 清洁酒瓶

7. 领取酒水原料时，要注意核对酒水的（　　　　）。

A. 种类　B. 品牌　C. 名称　D. 数量

8. 酒吧营业中服务包括（　　　　）。

A. 迎宾引座　B. 接受点酒　C. 结账送客　D. 清理台面

9. 酒吧营业后服务包括（　　　　）。

A. 清空垃圾　B. 安全检查，　C. 工程维修　D. 处理垃圾

10. 酒吧服务员应具备的能力有（　　　　）等。

A. 礼节礼貌　B. 察言观色　C. 应变能力　D. 外语水平

二、判断题

1. 在呈递酒单时，应站在顾客的右侧，可单手呈递。（　　　）
2. 一般将单个顾客领到座位区就座，也可让顾客自行选择座位。（　　　）
3. 入座前为顾客拉出椅子，等其站入座位后，用手将椅子轻轻推入。（　　　）
4. 当顾客杯中的酒水少于1/3时应及时添加酒水至顾客示意不要为止。（　　　）
5. 顾客点单后，应重复报送酒水名称，让顾客确认。（　　　）
6. 冰镇酒杯可以用冰箱冷藏也可以溜杯。（　　　）
7. 酒水的销售价格要根据市场需要随时调整。（　　　）

8. 示瓶时，要左手托瓶底，右手持瓶颈。（　　）
9. 白酒一般要加热到40 ℃。（　　）
10. 酒杯在降温时，可以使用溜杯法。（　　）

三、简答题

1. 简述营业前的准备工作有哪些？
2. 简述营业中的工作有哪些？
3. 简述示瓶的步骤。
4. 简述酒水存放管理的注意事项。

附录一　经典鸡尾酒45款

1. 天使之吻（Angels Kiss）原料：深色可可香甜酒、奶水、红樱桃装饰。作法：用量酒器深色可可香甜酒于香甜酒杯中，用吧匙的背面顺杯壁缓缓倒入鲜奶，深色可可香甜倒满3/4杯，奶水倒满1/4杯（不论容量，只论高度），红樱桃于杯口完成后置于杯垫上。烈度：3。

2. 狗鼻子（Dogs Nose）原料：琴酒45 mL，啤酒。作法：量45 mL琴酒倒入冰镇的香槟酒杯中，加冰镇过的啤酒至8分满，轻搅均匀，完成后置于杯垫上。来历：本款鸡尾酒润泽光亮，就像一只健康小狗湿润的鼻子，以此命名。

3. 莱姆酸奶（Lime Yogurt）原料：莱姆糖浆50 mL，酸奶50 mL，雪碧50mL。作法：将莱姆糖浆50 mL，酸奶50 mL，雪碧50 mL倒入搅拌机内。用碎冰机碎适量冰，加入搅拌机内。打匀倒入柯林杯中，放入吸管与调酒棒，完成后置于杯垫上。来历：本款鸡尾酒以其配料及口味取名。自制。烈度：0

4. 上海（Shanghai）原料：黑色朗姆酒30 mL，柠檬汁20 mL，香酒10 mL，红石榴糖浆不超过3-5 mL（否则颜色太红）。作法：用8分满冰块冰摇杯，倒入配料，摇至外部结霜，倒入鸡尾酒杯，完成后置于杯垫上。来历：上海曾为欧美各国的界地，这款鸡尾酒无论是色香味反映的就是旧上海的风貌，故名“上海”。烈度：3。

5. B对B（B&B）原料：白兰地酒1/2杯，班尼狄克丁香甜酒1/2杯。作法：量班尼狄克丁香甜酒1/2杯倒入香甜酒杯，再沿吧匙背面1/2杯白兰地酒缓缓倒入杯中（动作要轻缓），完成后置于杯垫上。来历：白兰地酒brandy和班尼狄克丁香甜酒benedictine都是B字母开头的，故名“B&B”。烈度：4

6. 神风特攻队（Kamikaze）原料：伏特加30 mL，白柑橘香甜酒15 mL，莱姆汁15 mL，柠檬一片作饰品。作法：在古典杯中加8分满冰块，量30 mL伏特加，白柑橘香甜酒15 mL，莱姆汁15 mL倒入，用吧匙轻搅4~5下，夹柠檬片于杯口，置于杯垫上。烈度：4。

7. 加州宾治（CaliforniaPunch）原料：白朗姆酒30 mL，柳橙汁90 mL，苏打水8，插入柳橙片与红樱桃作饰品。作法：在高飞球杯中加满8分冰块，将朗姆30 mL，柳橙汁90 mL，倒入，再加入苏打水至8分满杯，用吧匙轻2~3下。插入柳橙片与红樱桃于杯口，放入调酒棒，完成后置于杯垫上。烈度：2。

8. 普施咖啡（Pousse Cafe）原料：红石榴糖浆1/5杯，深色可可酒1/5杯，白柑橘香酒1/5杯，绿薄荷香甜酒1/5杯，白兰地1/5杯。作法：将5种酒按顺序用吧匙的背面顺杯壁缓缓倒入香甜酒杯，完成后置于杯垫上。烈度：3.5。

9. 夏威夷酷乐（HawaiianCooler）原料：琴酒30 mL，白柑橘香甜酒15 mL，柠檬汁15 mL，苏打水8分满，插入红樱桃与凤梨片作饰品。作法：高飞球杯加8分满冰块，将琴酒30 mL，白柑橘香甜酒15 mL，柠檬汁15 mL倒入，加苏打水至8分满，吧匙轻搅2~3下，插入樱桃与凤梨片于杯口，放入调酒棒，完成后置于杯垫上。来历：Hawaiian Cooler即为夏威夷人用来降温避暑的饮料。烈度：2。

10. 薄荷芙莱蓓（Mint Frappe）原料：绿薄荷香甜酒30 mL，碎冰1杯，红桃作装饰。作法：在鸡尾酒杯中加满碎冰，量绿薄荷香甜酒30 mL淋上，切短两根吸管插入碎冰内，夹樱桃于冰上，置于杯垫上。来历：frappe即果汁刨冰，又加绿薄荷香甜酒，故名“薄荷芙莱蓓”。烈度：2.5。

11. 戴吉利（Daiquiri）原料：白朗姆酒45 mL、莱姆汁15 mL、糖水15 mL或1吧匙砂糖。作法：将原料倒入摇酒壶摇匀，倒入鸡尾酒杯，完成后置于杯垫上。来历：Daiquiri是古巴一座矿山的名字，1898年古巴独立后，很多美国人来到了Daiquiri，人们把古巴特产朗姆酒，砂糖与莱姆汁混在一起作为消暑饮料，故名“戴吉利”。烈度：3

12. 杏仁酸酒（Amaretto Sour）原料：杏仁香甜酒45 mL、柠檬汁22.5 mL、糖水2.5 mL，插入柳橙片与红樱桃作饰品。作法：用8分满冰块冰摇杯，倒入配料，至外部结霜，倒入酸酒杯，插入柳橙片与红樱桃于杯上，完成后置于杯垫上。来历：本款鸡尾酒以其配料及口味取名。烈度：2.5。

13. 飞天蚱蜢（Flying Grasshopper）原料：伏特加30 mL、绿薄荷香甜酒15 mL、白可可香甜酒15 mL。作法：用8分满冰块冰摇杯，倒入配料，摇至外部结霜，倒入鸡尾酒杯，完成后置于杯垫上。来历：款鸡尾酒乃是“绿色蚱蜢”去掉奶水，换作伏特加，酒性更烈，故名“飞天蚱蜢”。烈度：4。

14. 蛋酒（Egg Nog）原料：白兰地30 mL、白朗姆酒5 mL、糖水15 mL、鲜奶油90 mL，蛋黄1个，少量豆蔻粉。作法：用8分满冰块冰摇杯，倒入配料（最后倒入黄），摇至外部结霜。倒入高飞球杯，撒上少许豆蔻粉。置于杯垫上。来历：本款鸡尾酒因为用到了白兰地，鸡蛋，亦称作“白兰地蛋诺”Brandy Egg Nog烈度：2.5。

15. 凤梨霜汁（Frosted Pineapple）原料：白薄荷糖浆30 mL，凤梨汁8分满，插入红樱桃与凤梨一片作饰品。作法：柯林杯中加入8分满冰块，量白薄荷糖浆30 mL倒入，加入凤梨汁至8分，用吧匙轻搅几下，叉红樱桃与凤梨片于杯口，入吸管与调酒棒，置于杯垫上。来历：本款鸡尾酒以其配料及口味取名。烈度：0。

16. 奇奇（Chi Chi）原料：伏特加30 mL、凤梨汁90 mL、柠檬汁15 mL、椰浆30 mL，穿插柠檬片与红樱桃作饰品。作法：将伏特加30 mL、凤梨汁90 mL、柠檬汁15 mL、椰浆30 mL倒入搅拌机内。用碎冰机碎适量冰块，加入搅拌机内。打匀倒入可杯中，插入柠檬片与红樱桃于杯上，放入吸管与调酒棒，置于杯垫上。烈度：0。

17. 凤梨可乐达（Pina Colada）原料：白朗姆酒30 mL，凤梨汁 90 mL，檬汁15 mL，椰浆30 mL，插入凤梨片与红樱桃作饰品。作法：将白朗姆酒30 mL，凤梨汁90 mL，柠檬汁15 mL，椰浆30 mL倒入搅拌机内。用碎冰机碎适量冰块，加入搅拌机内。打匀倒柯林杯中，插入凤梨片与红樱桃于杯上，放入吸管与调酒棒，置于杯垫上。来历：“pina”即西班牙语“凤梨”，而“colada”即冰镇果汁朗姆，此款鸡尾酒是墨西哥等地区极流行的降暑饮料。烈度：1.5。

18. 天蝎座（Scorpion）原料：白朗姆酒30 mL、白兰地15 mL、柳橙汁60 mL、凤60 mL，插入柳橙片与红樱桃作饰品。作法：将白朗姆酒30 mL，白兰地15 mL，柳橙汁mL，凤梨汁60 mL，倒入搅拌机内。用碎冰机打碎适量冰块，加入搅拌机内。打匀入柯林杯中，插入柳橙片与红樱桃于杯上，放入吸管与调酒棒，置于杯垫上。烈度：2。

19. 水果宾治（Fruit Punch）原料：柳橙汁60 mL、凤梨汁60 mL、10 mL、七喜汽水8分满，插入柳橙片与红樱桃作饰品。作法：柯林杯中加入8分满冰块，将柳橙汁60 mL、凤梨汁60 mL、红石榴糖浆10 mL倒入杯中，注入七喜汽水至8分满，用吧匙搅几下，插入柳橙片与红樱桃于杯口，放入吸管与调酒棒，完成后置于杯垫上。来历："punch"即果汁、料、奶、茶、酒等掺和的香甜混合饮料，本款鸡尾酒又由多种果汁调成，故名"水果宾治"。烈度：0。

20. 金色梦幻（Golden Dream）原料：意大利加里亚诺香草酒30 mL、白柑橘香甜酒15 mL、柳橙汁15 mL、奶水15 mL。作法：用8分满冰块冰摇杯，倒入配料，摇至外部结霜，倒入鸡尾酒杯，完成后置于杯垫上。烈度：2.5。

21. 醉汉（Stinger）原料：白兰地45 mL、白薄荷香甜酒22.5 mL。作法：用分满冰块冰摇杯，倒入配料，摇至外部结霜，倒入鸡尾酒杯，完成后置于杯垫上。烈度：3.5。

22. 纽约（New York）原料：波旁威士忌45mL、姆汁15mL、红石糖浆15mL，柳橙1片作饰品。作法：用8分满冰块冰摇杯，倒入配料，摇至外部结霜，倒入鸡尾酒杯，夹柳橙片于杯口，完成后置于杯垫上。来历：本款鸡尾酒表现纽约的城市色彩，体现了五光十色的夜景，呼之欲出的朝阳，落日余晖的晚霞。烈度：3。

23. 银费士（Silver Fizz）原料：琴酒30 mL、柠檬15 mL、蛋白15 mL、糖水15 mL、打水8分满。作法：小摇杯装1/2冰块，将琴酒30 mL、柠檬汁15 mL、蛋白15 mL、糖水15 mL倒入，摇至外部结霜，将摇杯中的原料和冰块一起倒入高飞球杯内，苏打水至8分满，用吧匙轻搅2~3下。放入调酒棒，完成后置于杯垫上。来历："Fizz"是苏打水泡沫爆响的谐音，原料中基酒为琴酒，并加了蛋白，故取此名。烈度：2。

24. 白兰地姜汁（Brandy Ginger）原料：白兰地30 mL、姜汁汽水。作法：在高飞球杯中加满8分冰块。将白兰地倒入于杯中，注入姜汁水8分满，用吧匙轻搅2~3下。放入调酒棒，完成后置于杯垫上。来历：本款鸡尾酒以其配料取名。烈度：2.5。

25. 加拿大七喜（Canadian 7-up）原料：加拿大威士忌30 mL、七喜汽水8分满。作法：在高飞球杯中加满8分冰块。将加拿大威士忌倒入于杯中，注入七喜汽水至8分满，用吧匙轻搅2~3下。放入调酒棒，完成后置于杯垫上。来历：本款鸡尾酒以其配料取名。烈度：2.5。

26. 琴姜汁（Gin Ginger）原料：琴酒30 mL，姜汁汽水8分满、柠檬皮（1 cm切法）。作法：在高飞球杯中加满8分冰块。量琴酒30 mL于杯中，注入姜汁汽水至8分满，用吧匙轻搅2~3下。扭转柠檬皮擦拭高飞球杯杯口，再放入杯中，放入调酒棒，完成后置于杯垫上。来历：本款鸡尾酒以其配料取名。烈度：2.5。

27. 琴汤力（Gin Tonic）原料：琴酒30 mL、汤力水8分满、柠檬1片作饰品。作法：在高飞球杯中加满8分冰块。量琴酒30 mL于杯中，注入汤力水至8分，用吧匙轻搅2~3下。

夹柠檬片于杯口，放入调酒棒，完成后置于杯垫上。来历：本款鸡尾酒以其配料取名。烈度：2.5。

28. 咸狗（Salty Dog）原料：伏特加30 mL、葡萄柚汁8分满。作法：制作盐口高球杯（切柠檬1片，夹取之擦湿高飞球杯口，铺薄盐在圆盘上，将杯口倒放，沾满盐备用）。在盐口高飞球杯中加满8分冰块。将伏特加30 mL倒入杯中，入葡萄柚汁至8分满，用吧匙轻搅5~6下。放入调酒棒，完成后置于杯垫上。来历："咸狗"一词是英国人对满身海水船员的蔑称，因为他们总是浑身泛着盐花，本款鸡尾酒的形式与之相似，故名"咸狗"。烈度：2.5。

29. 伏特加汤力（Vodka Tonic）原料：伏特加30 mL、汤力水8分满、柠檬1片作饰品。作法：在高飞球杯中加满8分冰块。将伏特加30 mL倒入杯中，注入汤力水至分满，用吧匙轻搅2~3下。夹柠檬片于杯口，放入调酒棒，完成后置于杯垫上。来历：本款鸡尾酒以其配料取名。烈度：2.5。

30. 约翰·可林（John Collins）原料：调配威士忌（百龄坛）30 mL、柠檬15 mL、糖水15 mL、苏打水8分满，插入柠檬片与红樱桃作饰品。作法：在柯林杯中加满8分冰块。注入苏打水至8分满，用吧匙轻搅2~3下。插入柠檬片与红樱桃于杯口，放入调酒棒与吸管，完成后置于杯垫上。来历：据说本款鸡尾酒是著名的酒吧侍者约翰.可林所创，故名。又名约翰·考林。烈度：2.5。

31. 蓝色珊瑚礁（Blue Lagoon）原料：蓝柑橘糖浆30 mL、莱姆汁15 mL，苏打水8分满，柠檬片与红樱桃作饰品。作法：在柯林杯中加满8分冰块。倒入配料，注入苏打水至8分满，用吧匙轻搅2~3。插入柠檬片与红樱桃于杯口，放入调酒棒与吸管，完成后置于杯垫上。烈度：0。

32. 柳橙苏打（Orange Squash）原料：鲜柳橙汁120 mL，汽水8分满，柳片与红樱桃作饰品。作法：在柯林杯中加满8分冰块。量鲜橙汁120 mL于杯中，注入七喜汽水至8分满，用吧匙轻2~3下。夹柳橙片与红樱桃于杯上，完成后置于杯垫上。来历：本款鸡尾酒以其配料取名。烈度：0。

33. 狂热（Fever）原料：伏特加30 mL、白柑橘香甜酒20 mL、葡萄柚40 mL。作法：小摇杯装1/2冰块，倒入伏特加30 mL、白柑橘香甜酒20 mL、葡萄柚40 mL，摇至外部结霜，将摇杯中原料和较完整的冰块一起倒入古典酒杯。完成后置于杯垫上。烈度：3。

34. 非常喜悦（High Life）原料：特加45 mL、柑橘香甜酒10 mL、凤梨汁10 mL、蛋白1个。作法：小摇杯装1/2冰块，倒入伏加45 mL、白柑橘香甜酒10 mL、凤梨汁10 mL、蛋白1个，摇至外部霜，将摇杯中原料和较完整的冰块一起倒入古典酒杯。完成后置于杯垫上。烈度：4。

35. 贤妻良母（Lady Be Good）原料：白兰地20 mL，白柑橘香甜酒5 mL、苦艾酒5 mL。作法：小摇杯装1/2冰块，量白兰地20 mL，白柑橘香甜酒5 mL，甜苦艾酒5 mL，摇至外部结霜，倒入小鸡尾酒杯。置于杯垫上。烈度：4。

36. 幻想曲（Fantasia）原料：特加50 mL，樱桃白兰地10 mL，橙色柑香甜酒10 mL，葡萄柚20 mL。作法：小摇杯装1/2冰块，伏特加50 mL，樱桃白兰地10 mL，橙色柑香甜酒

10 mL，葡萄柚20 mL倒入，摇至部结霜，将摇杯中原料和较完整的冰块一起倒入古典酒杯。完成后置于杯垫上。烈度：4。

37. 帝王嘶沫（Imperial Fizz）原料：威士忌 45mL、白郎姆15 mL、柠檬汁20 mL、砂糖2茶匙、苏打水8分满。作法：小摇杯装1/2冰块，倒入威士45 mL、白朗姆酒15 mL，柠檬汁20 mL、砂糖2茶匙、摇至外部结霜，将摇杯原料和较完整的冰块一起倒入古典酒杯。加入苏打水至8分满。完成后置于杯垫上。来历：本款鸡尾酒以最具男性魅力的威士忌为基酒调制而成，彰显出“森林之王”狮子的雄威气势，又在酒中加上苏打水，故名“Imperial Fizz”。烈度：3.5。

38. 威士忌密斯特（Whisky Mist）原料：威士忌60 mL、细碎冰1杯、柠檬皮。作法：古典酒杯中倒满细碎冰，加入威士忌60 mL，挤少许柠檬皮汁于杯中。完成后置于杯垫上。来历：本款鸡尾酒中是碎冰加威士忌，看起来像被一层雾气罩住，故加碎冰块的烈性鸡尾酒称为“Mist”（薄雾），本款鸡尾酒又称“威士忌薄雾”或“威士忌米斯特”。烈度：4.5。

39. 一杆进洞（Hole In One）原料：威士忌20 mL、不甜苦艾酒10 mL、柠檬汁20 mL、柳橙汁10 mL。作法：用8分满冰块冰摇杯，倒入配料，摇至外部结霜，倒入鸡尾酒杯，完成后置于杯垫上。来历：美国是最盛行高尔夫球的国家，高尔夫球手都喜爱本款鸡尾酒，每个高尔夫球手都希望有机会一杆进洞，该酒因此得名。烈度：3。

40. 爱尔兰咖啡（Irish Coffee）原料：爱尔兰威士忌30 mL、咖啡适量、咖啡幼糖适量、鲜奶油。作法：玻璃咖啡杯加温后放入咖啡幼糖，把咖啡倒入杯中7分满，加入爱尔兰威士忌30 mL，轻轻搅拌，将打过的鲜奶油慢慢注入杯中，达到3 cm的厚度。完成后置于杯垫上。来历：寒冷的冬季，横跨大西洋的飞机在接近爱尔兰空港时，为使乘客暖和起来而提供本款鸡尾酒，故取此名。烈度：2。

41. 响尾蛇（Rattlesnake）原料：混合威士忌45 mL、酒2~3 mL、檬汁10 mL、糖水5 mL、蛋清1个。作法：用8分满冰块冰摇，倒入配料，摇至外部结霜，倒入鸡尾酒杯，置于杯垫上。来历：本款鸡尾酒力道十足，如果多饮则很容易喝醉，就像被响尾蛇咬了一口一般，故取此名。烈度：4。

42. 奥林匹克（Olympic）原料：白兰地30 mL、橙色柑香甜酒30 mL、柳橙汁30 mL。作法：用8分满冰块冰摇杯，倒入配料，摇至外部结霜，连冰带酒倒入古典杯，置于杯垫上。来历：本款鸡尾酒诞生是为了纪念1900年在巴黎举行的奥林匹克运动会而创制的，故取此名。烈度：3.5。

43. 尼古拉斯（Nikolaschka）原料：白兰地30 mL、砂糖1茶匙、柠檬薄片1片。作法：用量酒器量白兰地30 mL于香甜酒杯中，放柠檬薄片于杯口，在薄片上倒茶匙砂糖，完成后置于杯垫上。来历：据说俄国尼古拉斯二世喜欢这样一边吃柠檬一边喝伏特加，因而这款创制于德国的鸡尾酒就借用了这个名字。烈度：3.5。

44. 甜苹果（Honeyed Apples）原料：苹果白兰地60 mL，蜂蜜10 mL。作法：用量酒器量苹果白兰地60 mL、蜂蜜10 mL于小啤酒杯中搅均匀，在杯中加入60 ℃的热水至8分满，完成后置于杯垫上。来历：本款鸡尾酒以其配料取名。烈度：2.5。

45.美国丽人（American Beauty）原料：白兰地 5 mL、甜苦艾酒15 mL、红石榴糖浆15 mL、柑橘汁15 mL、白薄荷酒10 mL、红葡萄酒约15 mL。作法：用8分满冰块冰摇杯，量白兰地15 mL、甜苦艾酒15 mL、红石榴糖浆15 mL、柑橘汁15 mL、白薄荷酒10 mL倒入杯中摇至外部结霜，倒入鸡尾酒杯，用吧匙的背面顺杯壁缓缓倒入红葡萄酒，完成后置于杯垫上。来历："美国丽人"是玫瑰花的一个品种，是美国华顿特区的区花，本款鸡尾酒创于华盛顿，且红色配暗红边的酒色也酷似此花，故取此名。烈度：3。

附录二　扩展阅读英文原文

THE BRASS MAGNOLIA

When a culinary mecca like New Orleans invents flavors, you shouldn't be surprised to find these innovative creations echoing off of delighted taste buds worldwide. So if we're talking drinks, think about the fruity Hurricane cocktail or the stately Sazerac — for ages now these hometown heroes have been ambassadors for the city's credo of fun, flavor and just plain good times.

You know Carnival's all about that too, so make sure to check out The Brass Magnolia on Mardi Gras! You can imagine this onboard bar at the intersection two of NOLA's most enduring icons, the city's indelible jazz nightlife and its historic Garden District. The culture is well-represented on board by the swinging jazz trio that keeps things nice and hot... and it only takes one look at the decor to feel as if you just stepped into an elegant Southern estate.

So come on down, grab a seat and let a bartender know what your pleasure is — you'll find them in the white coats. Among the menu of Crescent City mainstays, may we suggest starting off with a true connoisseur's local favorite the Brandy Crusta.

FORTUNE TELLER

If you've had the pleasure of strolling New Orleans' French Quarter in the evening, you're not alone in the feeling that mystery and surprises lie around every corner. Carnival has its own tribute to this Crescent City neighborhood aboard Mardi Gras, and a French Quarter zone on a new ship wouldn't be complete without an unassuming little bar that feels like it's always been there... while hinting at something more.

It's this ambiance you'll find at Fortune Teller, a place where anything may just be possible. The Victorian elegance and mysterious decor suggest a rich history, whisper a word about the mystical... and our crystal ball is reminding us to not forget the amazing cocktails! High spirits truly abound here, and Fortune Teller's unnaturally talented bartenders would be pleased to conjure up recipes like the all-black New Moon, the changes-color-before-your-eyes Abracadabra, plus the Golden Galaxy... this drink is actually made with a bit of authentic gold. Call us supernatural, but we're sensing vacation fun in your future.

HAVANA BAR

A spot that's intriguing by night and friendly anytime, step into the Havana Bar™ and be transported to antebellum Cuba preserved today in old postcards, vintage literature... and classia delicacies. Take in great ocean views as you try something authentically Cuban, like cafe Cubana (that's Cuban coffee!) or handcrafted Cuban cocktails (think daiquiris, mojitos and more). And this spot definitely doesn't cool down when the sun goes down, with music and dancing keeping things hot well into the night.

BLUEIGUANA TEQUILA BAR

BlueIguana Tequila Bar is the onboard spot to chill and enjoy a slushy tequila drink or an ice-cold Mexican cerveza. The menu offers up Mexican favorites, including several brands of tequila and a slew of Mexican brews. There's a lineup of frozen concoctions, cocktails and margaritas served by the glass or by the pitcher, and even a special Mexican beer cocktail (yes, really). Where can you find this little slice of Mexican paradise? Next to the pool, of course. So stay cool and take in the bar's vacation vibe while you kick back on your cruise – that's what official bar mascot Blue the Iguana would tell you.

REDFROG RUM BAR

Guests have told us we hit on something special with the cool Caribbean chill of the RedFrog Pub. We've taken the best parts and brought them poolside with the RedFrog Rum Bar, where the frog keeps the fun hopping day and night with all the island flava you know and love. Join the party at this poolside bar featuring a great selection of frog-approved Caribbean rum-based concoctions available by the glass or pitcher, plus plenty of Carnival's signature private-label draft beer, Thirsty Frog Red.

附录三　相关英语词汇及句型

词　汇

bar 酒吧
main bar/open bar 主酒吧
service bar 服务酒吧
catering bar 外卖酒吧
poolside bar 游泳池酒吧
chair 酒吧椅
barmaid 酒吧女招待
mineral water 矿泉水
orangeade, orange squash 橘子水
lemonade 柠檬水
pepsi cola 百事可乐
ice maker 制冰机
glass chiller 冰杯机
beverage menu 饮料单
coffee grinder 咖啡研磨机
coffee warmer 咖啡保温炉
jigger 量酒器
mixing glass 调酒杯
muddling stick 碾棒
lime squeezer 柠檬夹
ice scoop 冰铲
cutting board 砧板
punch 宾治盆
soda machine 苏打水机
bar spoon 吧匙
pourer 酒嘴
ice tongs 冰夹
bottle opener 开瓶器
sugar bowl 糖盅
lounge 酒廊
lobby bar 大堂酒吧
banquet bar 宴会酒吧
mini bar 客房酒吧
counter 吧台
barman 酒吧男招待
orange juice 橘子原汁
lemon juice 柠檬原汁
coca cola 可口可乐
sprite 雪碧
enameled cup 搪瓷杯
ceramic cup 陶瓷杯
glass washing machine 洗杯机
juice squeeze 榨汁机
bistro 小酒馆
cash register machine 收银机
non-alcoholic drinks 非酒精性饮料
wine bar 葡萄酒酒吧
cooler 冰柜
ice crusher 碎冰机
draft beer machine 扎啤机
blender 搅拌机
coffee machine 咖啡机
shaker 摇酒壶
strainer 滤冰器
ice bucket 冰桶
bar knife 吧刀
mixing stirrer 调酒棒
milk jug 奶盅

cocktail pock 鸡尾酒签
coaster 杯垫
shutter bottle champagne 香槟塞
towel 口布
champagne saucer 碟形香槟杯
champagne tulip 郁金香香槟杯
wine glass 葡萄酒杯
old fashioned glass 古典杯
hurricane glass 飓风杯
sherry wine glass 雪莉酒杯
juice glass 果汁杯
beer glass 啤酒杯
shot glass 子弹杯
water goblet 高脚水杯
black tea 红茶
robe tea 大红袍
green spiral 碧螺春
mineral water 矿泉水
milk tea 奶茶
beer 啤酒
rice wine 黄酒
white wine 白葡萄酒
rose wine 桃红葡萄酒
yeast 酵母
cocktail 鸡尾酒
ingredients 辅料
long drink 长饮
morning cocktail 清晨鸡尾酒
after dinner cocktail 餐后鸡尾酒
side car 旁车
clover club 三叶草俱乐部
champagne cocktail 喜庆鸡尾酒
room temperature 常温鸡尾酒
straw 吸管
tray 托盘
funnel 漏斗
cocktail glass 鸡尾酒杯
champagne flute 笛形香槟杯
margarite glass 玛格丽塔杯
brandy glass 白兰地杯
collins 柯林杯
irish coffee mugs 爱尔兰咖啡杯
port glass 波特酒杯
milk shake glass 奶昔杯
liqueur glass 利口酒杯
sherbet 果冻杯
green tea 绿茶
oolong tea 乌龙茶
dragon well 龙井
iron mercy goddess 铁观音
milk shake 奶昔
fermented liquor 发酵酒
wine 葡萄酒
sake 清酒
red wine 红葡萄酒
sparkling wine 起泡酒
hop 啤酒花
base liquor 基酒
garnish 装饰物
short drink 短饮
appetizer cocktail 餐前鸡尾酒
supper cocktail 夜餐鸡尾酒
club cocktail 俱乐部鸡尾酒
royal clover club 皇室俱乐部
cold cocktail 冷饮鸡尾酒
hot cocktail 热饮鸡尾酒

句 型

1. Welcome to our bar.
   欢迎光临我们的酒吧。
2. Nice to meet you again.
   很高兴再次见到您。
3. Please wait a moment.
   请稍等一下。
4. Is there anything I can do for you?
   还有什么事需要为您效劳吗?
5. Thank you for your coming, Good-bye.
   谢谢您的光临，再见。
6. Thank you, we don’t accept tips.
   谢谢您，我们不收小费。
7. Would you like to have cocktail or whisky on the rocks?
   您要鸡尾酒还是要威士忌加冰?
8. Would you mind filling in this inquiry form?
   请填一下这张意见表好吗?
9. Leave it to me.
   让我来吧。
10. Please bring me a pot of hot coffee.
    请给我一壶热咖啡。
11. Can you act as my interpreter?
    你可以做我的翻译吗?
12. Do you honor this credit card?
    你们接受这张信用卡吗?
13. Please give me a receipt.
    请给我一张发票。
14. It is no sugar in the coffee.
    咖啡里没有糖。
15. I’d like to see your manager.
    我要见你们的经理。
16. Please give me another drink.
    请给我另一份饮料。

17. Please page Mr. Li in the bar for me.
请叫一下在酒吧里的李先生。
18. You should make the cocktail as directed by the recipe.
你应该按照配方说明调制鸡尾酒。
19. Would you care for a glass of sherry with your soup?
在喝汤的时候是否要一杯雪莉酒?
20. Put the cocktail on the coaster .
将调制好的鸡尾酒放在杯垫上。
21. I can only take light drinks.
我只能喝点淡酒。
22. If the guest orders a bottle of wine, please provide him/her with professional service.
如果顾客点了一瓶葡萄酒，请为他/她提供专业服务。
23. Don’t forget to clean utensils and tidy up the work table.
千万不要忘记清洁器具，整理工作台。
24. The service here deserves its name.
这里的服务果然名不虚传。
25. May I take you order?
我能为您点酒吗?
26. There is a floor show in our PUB. Would you like to see it?
酒吧里有表演，您愿意去看吗?
27. Please feel free to tell us you have any request.
请把您的要求告诉我们。
28. Miss Li is regarded as one of the best barmaid in the hotel.
李小姐被认为是酒店里最好的女调酒师。
29. Here is the drink list, sir. Please take your time.
先生，这是酒单，请慢慢看。
30. I do apologize. Is there any thing I can do for you?
非常抱歉，还有什么可以为您效劳吗?
31. Mao Tai is much stronger than Shaoxing rice wine.
茅台酒精度数要比黄酒高。
32. Have you ever heard of “pink Lady”?
你听说过红粉佳人鸡尾酒吗?
33. Snack bar usually serve fast food.
小吃吧通常供应快餐。
34. We like Shaoxing rice wine because it tastes good.
我们喜欢黄酒是因为它口味很好。

35. We have a bottle of wine that has been preserved for twenty years.
我们有一瓶保存了20年的葡萄酒。

36. Yesterday he caught a cold, so he didn›t go to work.
昨天他得了感冒，所以他没去上班。

37. Hotel staff should handle guest's complaint with patience.
酒店员工必须耐心地对待顾客的抱怨。

38. Soda, tonic water and Coca-Cola are all belong to carbonated beverage.
苏打水、汤力水和可口可乐都属于碳酸饮料。

39. "Bourbon on the rocks" is Bourbon whiskey on ice cubes.
"Bourbon on the rocks"的意思是波本威士忌加冰块。

40. I'll return to take your order in a while.
等一会儿我会回来为你点单。

41. The minimum charge for a 200 people cocktail receptions is 6,000 yuan, including drinks.
200人的鸡尾酒会最低价是6 000元，包括酒水。

42. The base of Old Fashioned cocktail is whiskey.
古典鸡尾酒的基酒是威士忌。

43. Kahlua is a kind of liqueur.
甘露咖啡酒是一种利口酒。

44. I hope that we will be meeting again soon.
我希望我们不久会再见面。

45. Many wines receive their names from the grape from which they're produced。
许多葡萄酒都是按葡萄所产的地区命名的。

46. Tsing tao is one of the world' s most popular brands of beer.
青岛啤酒是世界上最受欢迎的啤酒品牌之一。

47. What would you like to drink after dinner, coffee or tea?
晚饭后您想喝咖啡还是喝茶？

48. The children are too young to drink wine.
孩子太小还不能喝酒。

49. Would you like to have some Mao Tai? It never goes to the head.
您要喝点茅台吗？这酒从不上头。

50. A bartender should know what to do and how to do it.
一个调酒师应该知道做什么和怎么做。

51. The bar is full now. Do you care to wait for about 20 minutes?
酒吧现在客满，请稍等约20分钟好吗？

52. Would you mind if I smoke?
你不介意我抽支烟吧？

53. Would you please tell me the exchange rate today?
请你告诉我今天的外汇兑换率好吗?
54. We serve many kinds of drinks, please help yourself.
我们供应很多种饮料，请自便。
55. Would you mind opening the window by the table?
您不介意把餐桌一边的窗户打开吧?
56. How much do all these come to?
这些共计多少钱?
57. Frankly speaking, I don't like this wine.
老实说，我不喜欢这种酒。
58. I like my coffee very sweet, so does my wife.
我喜欢把咖啡冲得很甜，我夫人也是。
59. Can this wine really have been preserved for years?
这种酒真的是陈年葡萄酒吗?
60. I like Cognac , because it tastes good.
我喜欢干邑是因为它口味很好。
61. Do these drinks come by bottle?
这些酒都是按瓶点的吗?
62. Go easy on the alcohol .
少放点酒。
63. It has an outstanding flavor, long-lasting taste .
它香味突出，回味悠长。
64. We have different kinds of strong drinks here for your choice.
我们有各种不同烈性酒供你选择。
65. What brand do you want?
你想要什么牌子?
66. Would you like it with sprite or water?
你想加雪碧还是水?
67. The base liquor of pink lady is gin.
红粉佳人的基酒是金酒。
68. Please feel free to tell us if you have any request.
如有需求，请随时告诉我们。
69. The sprite is flat.
雪碧走味了。
70. Remy Marttin XO tastes incredible.
人头马XO味道好极了。

附录四　综合测试题

试题练习1

一、判断题

1. 啤酒瓶上标注的度数与白酒酒瓶上标注的度数不同。（　　）
2. 国外正始场合中，调酒师使用Bartender一词。（　　）
3. 果味型汽水中果汁含量低于2.5%，营养价值低。（　　）
4. 仪容仪表是调酒师给顾客的第一印象。（　　）
5. 美国波本whisky在生产原料中加入了至少51%的玉米。（　　）
6. 黑小麦是酿造朗姆酒的主要原料。（　　）
7. 员工的制服上有污渍时必须及时更换。（　　）
8. Gordon’s、Beefeater、Bols都是世界著名金酒品牌。（　　）
9. 单宁是构成红葡萄酒口味结构的主要成分。（　　）
10. 吧匙是酒吧辅助量酒用具。（　　）
11. 世界上著名的威士忌生产国有美国、加拿大、苏格兰和爱尔兰。（　　）
12. 世界三大无酒精饮料包括咖啡、可可、茶。（　　）
13. 量杯的英文名称是shaker。（　　）
14. 咖啡机分为半自动和全自动两种。（　　）
15. 每个制冰机只能制作某一形状和型号的冰块。（　　）
16. 使用不锈钢组合量杯时应将酒倒至刻度线处。（　　）
17. 酒吧一般常用干抹布擦抹冰柜外侧，确保擦干净。（　　）
18. 苏打水属于矿泉水类。（　　）
19. VDF指的是地区餐酒。（　　）
20. Chivas、Ballantine是苏格兰威士忌的著名品牌。（　　）
21. 爱尔兰威士忌是世界著名威士忌之一。（　　）
22. 碳酸类饮料包括咖啡甘露、柠檬汁、橙汁。（　　）
23. 餐前鸡尾酒通常含糖分较少，具有生津开胃的作用。（　　）
24. 长饮酒品非常容易变质，酒精含量极高。（　　）
25. 在鸡尾酒调制中进行示瓶时，应把瓶口展示给顾客。（　　）
26. 酸奶在低温下饮用口味最理想，如需加温，直接放在火源上加热。（　　）

27. 在邮轮上一般使用电动磨豆机，研磨时一次不要磨多，磨豆机使用时间越长，越容易发热。（　　）
28. “红粉佳人”的基酒是伏特加。（　　）
29.金酒又称为琴酒或杜松子酒。（　　）
30.调酒师的专业素质是指调酒师的服务意识、专业知识及专业技能。（　　）

二、单项选择题

1. 世界上白兰地品质最高的是出产于（　　）。
A. 苏格兰地区　B. 法国干邑　C. 中国河北　D. 美国肯塔基
2. 黑俄罗斯是一款经典鸡尾酒，其基酒是（　　）。
A. 威士忌　B. 伏特加　C. 金酒　D. 白兰地
3.（　　）通常翻译成中文是格兰菲迪。
A. Hine　B. Dask　C. Glenfiddch　D. Gunhill
4. “sikes”是（　　）的表示方法。
A. 标准酒度　B. 英制酒度　C. 美制酒度　D. 法制酒度
5. 朗姆酒的著名品牌是（　　）。
A. 杰克丹尼　B. 奥美加　C. 百加得　D. 绝对
6. 产自法国的（　　）通常翻译成中文是君度。
A. Cointreau　B. Dask　C. Advocat　D. Dunhill
7. 在鸡尾酒调制中进行示瓶时，应用右手托住瓶子（　　）。
A. 上底部　B. 瓶口　C. 下底部　D. 瓶颈
8. 典型的调酒杯容量为（　　）mL。
A. 400~430　B. 430~450　C. 450~480　D. 480~510
9. 先在调酒杯内放入适量冰块，然后依次放入所需材料，最后用吧匙搅动的是（　　）调酒法。
A. Shake　B. Stir　C. Build　D. Blend
10. Havana Club 属于（　　）。
A. Gin　B. Rum　C. Whisky　D. Brandy
11. 朗姆酒的主要原料是（　　）。
A. 龙舌兰　B. 甘蔗　C. 谷物　D. 葡萄
12. 洗涤槽是用来对杯子进行清洗、冲洗和（　　）的设备。
A. 消毒清洗　B. 烘干　C. 除尘　D. 加温
13. 评判啤酒质量高低的要素有（　　）。
A. 颜色　B. 香气　C. 口味　D. 泡沫
14. ABSOLUT 是（　　）的品牌。
A. 金酒　B. 伏特加　C. 朗姆　D. 特基拉

15. wild Turkey 属于（　　　）。

A. 伏特加　B. 朗姆酒　C. 威士忌　D. 白兰地

16. 白兰地的英文名称是（　　　）。

A. Brandy　B. Blend　C. Bell　D. Rum

17. 被称为“海盗之酒”的是（　　　）。

A. 伏特加　B. 特基拉　C. 朗姆酒　D. 金酒

18.（　　　）是金酒中的著名品牌。

A. 摩根船长　B. 杰克丹尼　C. 人头马　D. 哥顿

19. 法国葡萄酒的最高级别是（　　　）。

A. VDQS　B. AOP　C. VDF　D. IGP

20.白兰地的主要原料是（　　　）。

A. 龙舌兰　B. 甘蔗　C. 谷物　D. 葡萄

21. 当鸡尾酒中含有鸡蛋、蜂蜜时，必须采用（　　　）。

A. 摇和法　B. 调和法　C. 兑合法　D. 搅拌法

22. 作为一个设备设施比较完善的酒吧，瓶酒储藏柜应放置在（　　　）。

A. 装饰物配料盒上面　B. 废物箱下面

C. 后吧　D. 前吧

23.（　　　）负责酒吧补给物品的领取和搬运。

A. 调酒师　B. 助理调酒师　C. 吧员　D. 酒吧服务员

24. 优质啤酒原麦芽汁含量为（　　　）。

A. 12°　B. 10°　C. 3.5°　D. 7°

25. 葡萄酒酒标上的年份指的是（　　　）。

A. 种植的年份　B. 收获的年份　C. 造酒的年份　D. 卖酒的年份

26.（　　　）是最好的开胃酒。

A. 味美思　B. 雪莉酒　C. 茴香酒　D. 波特酒

27. 金酒的原材料是（　　　）。

A. 玉米　B. 谷物　C. 糯米　D. 高粱

28. 酒吧服务中，当顾客杯中酒水喝到只剩（　　　）时应及时斟满。

A. 1/3　B. 1/2　C. 2/3　D. 2/5

29. 干邑白兰地的颜色来源于（　　　）。

A. 自然生色　B. 人工增色

C. 酿酒原料本身颜色　D. 橡木桶储存容器

30. 酒杯的清洗程序是（　　　）。

A. 清洗-消毒-过滤　B. 消毒-清洗-过滤

C. 清洗-过滤-烘干　D. 清洗-烘干-过滤

三、多项选择题

1. 酒水存放的基本要求有（　　）。
A. 良好的通风　B. 避免强光照射　C. 保持干湿度　D. 适当温度
2. 下列属于甜味美思的有（　　）。
A. 杜瓦尔　B. 香百里　C. 马天尼　D. 仙山露
3. 下列属于利口酒的有（　　）。
A. 君度　B. 金万利　C. 金巴利　D. 加力安奴
4. 用葡萄酒蒸馏而成的酒有（　　）。
A. 干邑白兰地　B. 雅文邑白兰地　C. 杜松子酒　D. 伏特加
5. 鸡尾酒由下列哪几部分构成？（　　）。
A. 基酒　B. 辅料　C. 配料　D. 装饰物
6. 鸡尾酒按饮用目的分为（　　）。
A. 短饮鸡尾酒　B. 长饮鸡尾酒　C. 餐前鸡尾酒　D. 餐后鸡尾酒
7. 下列属于威士忌的有（　　）。
A. Teacher's　B. Ballantine　C. Glenfiddich　D. old Tom
8. 下列属于碳酸饮料的是（　　）。
A. Soda Water　B. Coca Cola　C. Tonic Water　D. Sprite
9. 酒吧服务程序包括（　　）。
A. 营业前准备　B. 营业中服务　C. 营业中准备　D. 营业后服务
10. 下列属于服务用品的有（　　）。
A. 点酒单　B. 烟灰缸　C. 餐巾纸　D. 记录本

四、简答题

1. 简述酒吧员工培训的目的。
2. 简述斟酒的注意事项。
3. 简述彩虹鸡尾酒调制原料、方法及步骤。
4. 请列举七种调酒用具，并简要说明其用途。
5. 简述待客服务程序。

试题练习2

一、判断题（本大题共30小题，每小题1分，共30分）

1. 荷兰最具影响力的啤酒是喜力。（　　）
2. 啤酒含有多种氨基酸和维生素，有“液体面包”的美称。（　　）

3. 崂山矿泉水是世界上独一无二含汽矿泉水。（　　）
4. 前吧台主要包括吧台面及操作台。（　　）
5. 为节约成本，调酒师可以用水稀释烈酒。（　　）
6. 在邮轮上一般不使用现金，而是将顾客的房卡作为结账的依据。（　　）
7. 红粉佳人以威士忌为基酒，加各种辅料调治而成。（　　）
8. 吧匙的英文名称是bar spoon。（　　）
9. 白葡萄酒只能用白葡萄酿造。（　　）
10. 量杯是酒吧的主要量酒用具。（　　）
11. 在摇酒壶内，可以投入含气体的汽水类材料。要大力摇匀。（　　）
12. 世界三大无酒精饮料包括咖啡、可可、矿泉水。（　　）
13. 摇酒壶的英文名称是shaker。（　　）
14. 咖啡机分为半自动和全自动两种。（　　）
15. 每个制冰机只能制作某一形状和型号的冰块。（　　）
16. 使用玻璃量杯时应将酒倒至刻度线处。（　　）
17. 啤酒的最佳饮用温度是12~20 ℃。（　　）
18. 冰激凌属于乳饮料类。（　　）
19. AOP指的是优良地区餐酒。（　　）
20. AOC级别的葡萄酒，其中O代表原产地，区域越小，葡萄酒质量越佳。（　　）
21. 爱尔兰威士忌是世界著名威士忌之一。（　　）
22. 鸡尾酒是一种配制酒。（　　）
23. 蒸馏酒是将发酵得到的酒液经过蒸馏提纯得到的酒精含量较高的酒液。（　　）
24. 仪容仪表是调酒师给顾客的第一印象。（　　）
25. 酒吧在填补职位空缺时，先考虑招聘新员工。（　　）
26. 咖啡豆烘焙程度越低，酸味越强，烘焙程度越深，酸味渐失，苦味越重。（　　）
27. 特吉拉的主要原料是龙舌兰的根茎。（　　）
28. 冰镇酒杯可以用冰箱冷藏也可以溜杯。（　　）
29. 邮轮酒吧用量一般采用毫升制。（　　）
30. 国外正式场合中，调酒师使用bartender一词。（　　）

二、单项选择题（本大题共30小题，每小题1分，共30分）

1. 啤酒的色泽和口味可分为三种是（　　）。
   A. 浓啤、淡啤、黑啤　　B. 淡啤、黄啤、黑啤
   C. 生啤、熟啤、黄啤　　D. 黄啤、黑啤、白啤
2. 红葡萄酒要斟至酒杯的（　　）。
   A. 2/3　　B. 1/2　　C. 3/4　　D. 1/5
3. 常见的调酒壶有普通型和（　　）。
   A. 索来尔型　　B. 波士顿型　　C. 卡里布型　　D. 罗斯型

4. “sikes”是（　　）的表示方法。
A. 标准酒度　B. 英制酒度　C. 美制酒度　D. 法制酒度
5. 不属于酒吧营业前准备工作的是（　　）。
A. 个人仪表　B. 酒吧卫生　C. 领存物品　D. 盘存酒水
6. 服务员在为顾客添加饮料后，应及时更换（　　）。
A. 口布　B. 桌卡　C. 空瓶或空杯　D. 杯垫
7. 在鸡尾酒调制中进行示瓶时，应用右手托住瓶子（　　）。
A. 上底部　B. 瓶口　C. 下底部　D. 瓶颈
8. 下列说法错误的是（　　）
A. 当顾客来到酒吧时，服务员要主动问好
B. 引座时应女士优先
C. 顾客在座位坐好后，服务员放一张酒单在桌面上，等待顾客点酒
D. 顾客点单后，应当重复酒水名称
9. 量杯是酒吧的（　　）用具之一。
A. 运输　B. 储物　C. 清洁　D. 调酒
10.（　　）是酿制特基拉酒的主要原料。
A. 淀粉　B. 龙舌兰　C. 甘蔗　D. 甜菜
11. 朗姆酒的主要原料是（　　）。
A. 龙舌兰　B. 甘蔗　C. 谷物　D. 葡萄
12. 下列（　　）属于开胃酒。
A. 马天尼　B. 加力安奴　C. 雪莉酒　D. 波士鸡蛋酒
13. 以伏特加为基酒调制著名的鸡尾酒有（　　）。
A. 血腥玛丽　B. 长岛冰茶　C. 蓝妹妹　D. 干马天尼
14. 特基拉产于（　　）。
A 苏格兰　B. 墨西哥　C. 美国　D. 意大利
15. 以果实为原料的蒸馏酒被称为（　　）。
A. 伏特加　B. 朗姆酒　C. 金酒　D. 白兰地
16. 白兰地的英文名称是（　　）。
A. Brandy　B. Blend　C. Bell　D. Rum
17. 标准状态下乙醇的冰点为（　　）。
A. －114 ℃　B. 0 ℃　C. －78.3 ℃　D. －100 ℃
18. 酒吧打烊（　　）的电源不能关闭。
A. 电冰箱　B. 暖杯机　C. 咖啡机　D. 榨汁机
19. 标准酒度是指在（　　）条件下，每100 mL酒液中含有酒精的毫升数。
A. 18 ℃　B. 20 ℃　C. 22 ℃　D. 24 ℃
20. 味美思酒属于（　　）酒。
A. 餐前酒　B. 佐餐酒　C. 餐后酒　D. 甜食酒

21. 世界上最常见的一种啤酒生产方法是（ ）。
A. 上发酵 B. 下发酵 C. 蒸馏 D. 发酵
22. 调酒师接触顾客多，必须（ ）。
A. 看人服务 B. 仰视权贵 C. 平等待人 D. 视钱而定
23. 下列属于乳饮料的是（ ）。
A. 高乐高 B. 圣代 C. 阿华田 D. 意式咖啡
24.（ ）咖啡豆的风味香浓，口感苦醇，但是不带酸味。
A. 蓝山 B. 曼特宁 C. 摩卡 D. 哥伦比亚
25. 葡萄酒酒标上的年份指的是（ ）。
A. 种植的年份 B. 收获的年份 C. 造酒的年份 D. 卖酒的年份
26.（ ）威士忌具有浓烈的烟熏味 。
A. 苏格兰 B. 爱尔兰 C. 加拿大 D. 美国
27. 金酒的原材料是（ ）。
A. 玉米 B. 谷物 C. 糯米 D. 高粱
28.（ ）的原材料是马铃薯、玉米。
A. 龙舌兰 B. 朗姆酒 C. 伏特加 D. 威士忌
29. 产自法国的（ ）通常翻译成中文是芳津杏仁。
A. Marc B. Kirswasser C. Amaretto D. Tequila
30.（ ）分为单纯威士忌、混合威士忌、淡质威士忌。
A. 苏格兰威士忌 B. 爱尔兰威士忌 C. 美国威士忌 D. 加拿大威士忌

三、多项选择题（本大题共10 小题，每小题2 分，共20 分）

1. 常用的葡萄品种有（ ）。
A. 赤霞珠 B. 美乐 C. 雷司令 D. 张裕
2. 常见的单品咖啡品种有（ ）。
A. 蓝山咖啡 B. 卡布奇诺咖啡 C. 曼特宁咖啡 D. 拿铁咖啡
3. 下列属于利口酒的有（ ）。
A. 百利甜 B. 咖啡甜 C. 鸡蛋利口酒 D. 当酒
4. 关于调酒师的打扮，下面说法正确的有（ ）。
A. 男调酒师不蓄长发和胡子 B. 女调酒师要化浓妆，显得漂亮
C. 女调酒师不留披肩散发 D. 女调酒师可以涂抹指甲油
5. 酒水营销的手段有（ ）。
A. 赠送 B. 有奖销售 C. 时段促销 D. 消费折扣
6. 苏格兰威士忌著名的品牌有（ ）。
A. 格兰菲迪 B. 百龄坛 C. 金铃 D. 加拿大俱乐部
7. 斟酒的方式有（ ）。
A. 桌斟 B. 捧斟 C. 叉开右手拇指 D. 掌心贴于瓶身中部

8. 朗姆酒是采用（　　　）发酵而成。

A. 马铃薯　　B. 糖浆　　C. 甘蔗汁　　D. 大麦

9. 金酒的分类（　　　）。

A. 伦敦干金酒　　B. 荷兰金酒　　C. 伏特加酒　　D. 朗姆酒

10. 下列属于蒸馏酒的是（　　　）。

A. 白酒　　B. 清酒　　C. 黄酒　　D. 白兰地

四、简答题

1. 简述酒吧员工的职业道德。
2. 简述葡萄酒的分类。
3. 简述示瓶的操作程序。
4. 简述营业前的准备工作。
5. 简述擦拭酒杯的步骤。

参考文献

[1] 肖健. 邮轮酒吧服务管理[M]. 大连: 大连海事大学出版社，2015.

[2] 张蕊. 鸡尾酒调制双语实训指导[M]. 大连: 大连海事大学出版社，2019.

[3] 杨真. 调酒师（初级、中级、高级）[M]. 北京：中国劳动社会保障出版社，2001.

[4] 佟童. 新编吧台与酒水操作[M]. 沈阳：辽宁科学技术出版社，2010.

[5] 吴雪艳. 调酒基本技能[M]. 北京: 中国劳动社会保障出版社，2016.

[6] 周林. 国际专业调酒师[M]. 北京: 九州出版社，2018.

[7] 郝志阔. 菜点与酒水知识[M]. 北京: 科学出版社，2012.

[8] 贺正柏. 菜点酒水知识[M]. 北京: 旅游教育出版社，2007.

[9] 高富良. 菜点酒水知识[M]. 北京: 高等教育出版社，2003.

[10] 宋锐. 茶艺与调酒技艺[M]. 北京: 电子工业出版社，2014.

[11] 黄梅. 酒水与咖啡的品鉴和调制[M]. 大连: 大连海事大学出版社，2019.

[12] 杨辉，侯广旭. 咖啡调制技能指导[M]. 北京: 中国人民大学出版社，2011.

[13] 殷开明，田怡. 酒水知识与酒吧管理[M]. 桂林: 广西师范大学出版社，2017.

[14] 吴书仙. 葡萄酒一本通[M]. 上海: 上海人民出版社，2016.

[15] 费寅，韦玉芳. 酒水知识与调酒技术[M]. 北京: 机械工业出版社，2010.

[16] 王森. 咖啡・鸡尾酒大全（异域风）[M]. 青岛: 青岛出版社，2015.

[17] 郭慕，周小芮.调好一杯鸡尾酒[M]. 北京: 中国轻工业出版社，2016.

[18] 日本文艺社.鸡尾酒制作大全[M]. 邓楚泓，译. 沈阳: 辽宁科学技术出版社，2014.

[19] 贾斯汀帕克特，海默克. 把这瓶开了！[M]. 王琰，译. 南京: 江苏凤凰文艺出版社，2016.

[20] 姜玲. 酒吧调酒师岗位英语[M]. 北京: 旅游教育出版社，2007.

[21] 邹勇文，赵彤，缪圣桂. 中国茶文化与茶艺[M]. 北京: 中国旅游出版社，2017.